刑事司法改革试点研究

Xingshi Sifa Gaige Shidian Yanjiu

刘 辉 / 著

中国检察出版社

图书在版编目（CIP）数据

刑事司法改革试点研究／刘辉著. —北京：中国检察出版社，2013.8
ISBN 978 – 7 – 5102 – 0976 – 5

Ⅰ. ①刑… Ⅱ. ①刘… Ⅲ. ①刑事诉讼 – 司法制度 – 体制改革 – 研究 – 中国 Ⅳ. ①D925. 204

中国版本图书馆 CIP 数据核字（2013）第 195882 号

刑事司法改革试点研究

刘 辉 著

出版发行：中国检察出版社
社　　址：北京市石景山区香山南路 111 号 （100144）
网　　址：中国检察出版社（www. zgjccbs. com）
电　　话：(010)68658769(编辑) 68650015(发行) 68636518(门市)
经　　销：新华书店
印　　刷：河北省三河市燕山印刷有限公司
开　　本：720 mm×960 mm　16 开
印　　张：15. 25 印张　插页 4
字　　数：226 千字
版　　次：2013 年 8 月第一版　2013 年 8 月第一次印刷
书　　号：ISBN 978 – 7 – 5102 – 0976 – 5
定　　价：38. 00 元

序

    刑事司法改革试点是创新性制度或机制的试验，主要功能是试错。可不可以在刑事司法改革中搞试点，长期以来理论界莫衷一是。

    赞同者认为，试点是"试验田"，可以使改革少走弯路，降低了司法改革的风险。的确，从最近十余年中国刑事司法改革的经验来看，很多行之有效的制度最初都是由基层司法机关通过试验摸索出来的。反对者则主张，国家法具有至上性，任何公权力的行使必须严格遵守法律的授权和法律的约束。司法的统一性以至法制的统一性是任何情况下都不能变通的原则，局部性的制度试验意味着对"法律面前人人平等原则"的破坏。正如耶林所说，世上不法之事莫过于执法之人自己破坏法律，此乃天底下最悖公理之事。

    自第一轮司法改革以来，司法实务部门和学术机构就已经开展了一系列的试点，但对这种试点的依据和理论阐述至今不甚明晰。对刑事司法改革试点从理论和实践结合的角度进行研究——尤其是关于试点的合法性问题，不论对试点本身还是对整体司法体制改革都是十分必要的。

    刘辉的博士论文《刑事司法改革试点研究》独到之处在于，并非从常规角度对试点进行具体的制度分析，而是以近三十年来一系列颇具影响力的试点为观察样本，从社会学的视角进行了完整梳理，包括试点的主体、动因、制度内容、发展过程、争议和影响等全方位信息，体现了对刑事司法改革自身方法问题的关注。

    关于试点的争论并不是单纯的试点是否突破了现行法框架的合法问题，而是试点作为刑事司法改革的方法本身是否具有合法性的问题。而合法性与公众的认同度相关，面临合法性质疑的改革方法会使改革背离设计初衷，丧失了合法性的司法改革将导致整个法治体系的崩塌。故此，以"良性违法"为试点做开脱显得过于轻率。不解决合法性的问题，刑事司法改革试点无疑是在碰运气。为什么试点会出现合法性危机？从认识论的角度出发，产生评价分歧主要有两点原因——评价事实和评价标准。就试点分歧来看，关键是评价标准不统一。

试点评价标准建立于试点合法性的基础理论之上。合法性的研究范式一般可以划分为经验主义、规范主义和重建式的程序主义。为解决试点作为刑事司法改革方式正当性的争议，实质/形式割裂的二维标准一直以来是较具影响力的判断试点合法性标准，它们脱胎于经验主义和规范主义合法性研究范式。实质合法性的判断标准是某种法外优位价值，就评价试点而言可以表现为试点者的动机、试点的功效以及试点制度内容所彰显的价值等。近年来，以实质合法的理由抵抗对于刑事司法改革试点的质疑已力不从心。通过观察试点现象可以发现，刑事司法改革试点实际上处于多元价值语境中，有关试点的各种价值标准多向交织并不断碰撞和磨合，难以用某种优位价值予以评判，因此以实质合法证成试点合法性欠缺说服力。形式合法性则意图将试点合法性标准界定为"法律框架"——一种以立法程序设定的规范文本为载体的合法性形式，但由于试点本身所具有的创新性，因此必然面临着形式违法的指责。表面上存在三条可能的出路：一是通过法律解释将法律框架弹性化；二是默认良性违法理论；三是依托刑事政策，但其实难以行得通。法律实施的合法标准并非评价改革试点的适宜标准，对于试点更应关注的是合法性问题而不是合法，应当为试点合法化寻求新的理论框架。

放弃二维对立评价模式，以程序主义的一维模式重新确立讨论试点合法性的框架是作者新的理论尝试。程序主义是处于多元"价值博弈"中的合法性生存之道，它诉诸于程序，但不放弃价值，兼有形式性与实质性。程序主义的实质性与实质合法性并非同一所指。程序主义的实质性不认同优位价值，承认刑事司法改革试点现象处于多元价值语境，比如摸着石头过河与顶层设计、立法推进主义与司法推进主义、制度生长与程序法定。这些价值理念具有多元性和平等性，研究的目的并不是要通过介评分出高下，而是要将它们尽可能地输入到论辩程序中，进行持续的沟通协调。同时，程序主义试点的形式性也与以往形式合法性研究的旨趣不同，程序主义的形式性既不回避试点逾越现行法律的现实问题，也不诉诸"良性违法"得以解脱，而是谋求通过试点制度的程序化，实现试点的合法化。

程序主义主张商谈的平等性、无强制性、开放性，但同时也主张应对商谈进行程序控制，以避免商谈的持久化。试点程序是诉讼程序和立法程序之外，应对刑事法律变迁需求的装置，是实现试点合法化的辩论平台。遵循程序原理，试点程序首先应具备基本程序要素，进而通过运行机制设计，如启动—交流反馈—评估等，推动静态程序要素的动态运作，以实现预设的各项程序功能。这种以法律程序出现的商谈民主程序可以被理解为确保理想商谈条件的建制化。虽然经由程序的试点难以进行实证化的合法性效度检测，但程序主义合法性的基础理论以及试点程序本身所具有的功能，可以在一定程度上解释试点合法性产生的理据。

除了选题的价值，论文在结构方面也比较合理，逻辑清晰，文字简洁，在一定程度上弥补了部分章节理论性过强造成的阅读不便。

刘辉在我指导的博士研究生中工龄较长，入学时已在国家检察官学院工作了二十年。由于工作中常能接触到来自全国各地的检察官，所以，对司法实务较为了解，尤其是近两年，她参加了我主持的"未成年人刑事司法实证研究"、"刑事司法考评指标实证研究"等课题，对司法实践中的改革试点有了更多的认识，促使她对这一现象进行了较为系统的观察和反思。虽然文章还有一些尚待改善之处，但毕竟是研究改革试点合法性问题的开创性著述，而且是从诉讼法学、法哲学以及社会学等多角度进行的讨论，这种探索的精神值得肯定。如今她的博士论文即将出版，作为老师甚感欣慰。

是为序。

宋英辉

2013 年 7 月

目 录

导　论

一、问题提出

刑事司法改革试点是发生于刑事司法领域，创新性制度或机制的试验，主要特征是暂时性、局部性和创新性，主要功能是试错。作为刑事司法改革的方法，试点的目的是通过小规模的制度试验来检验某项刑事司法改革方案的效果和可操作性。无论在理论上正当与否，刑事司法改革试点现象在我国已经存在二十年，遍布从侦查、审查起诉到审判各刑事诉讼环节，试点机构也涵盖了公检法各家及部分学术研究机构。从表面看，试点改革比一步到位的修律式改革显得更务实和具有策略性，但同时也面临着激烈的争论和隐藏着巨大的危险性。如果简单地视之为权宜之计或法制不成熟的表现，不屑于进行认真的理论研究，则未免失之轻率。

从我国司法改革大背景看，随着司改的推进，宏观层面的讨论逐步向技术层面的措施和途径过渡。于是，出现了由基层实务部门自发进行的改革探索。20世纪90年代后期，这种局面渐成雨后春笋之势，有关试点正当性的争论也随后频现于报端。批评者认为，试点有"司法违法"之嫌，无论动因如何，司法机关都不能损害法律的至上性和权威性；而试点者本人则有肆意作秀、沽名钓誉之嫌。赞同者却认为，试点是改革的"试验田"，可以降低改革风险，何乐而不为？试点评价分歧暴露出了试点所隐藏的巨大危险——试点合法性危机。所谓试点合法性危机，研究的落脚点并不在于某些试点是否超越了现行法的框架，即合法或违法的问题，虽然这确实是引发试点现象争议的重要原因之一，但不是问题的实质，更深层的危机是试点作为刑事司法改革方法的正当性。合法性事关人心归向，即公权运行的认同度问题，丧失了合法性的司法改革不仅会因措施不当而抵销效果，而且还可能导致整个法治体系的崩塌。

基于正当性角度的合法性问题是哲学、政治学、法学、社会学等多学科领域的话题。法哲学家、法社会学家已经确立了经验主义、规范主义和重建式的合法性研究范式。刑事司法改革试点合法性的基础理论和合法化路径也蕴含其中，有待挖掘和梳理。其中的重点和难点是从认识论角度出发，评价分歧的根源探究；合法性、合法律性、合法等概念内涵和理论基础的辨析；试点合法性产生原理的阐释；技术性程序的建构。

二、研究现状

既有理论以形式/实质二维合法性评价模式来研究试点合法性问题。试点赞同说以实质合法性来塑造试点合法性的根基；而质疑说则对此不以为然，要么认为某些试点连实质合法性也不具备，要么认为即使存在试点的实质合法性，也不能替代形式合法性，进而主张支撑试点合法性至少需要具有形式合法性，或者兼有形式合法性与实质合法性。形式/实质二维合法性评价模式虽有合理之处，但尚存瑕疵：一是二维模式没有兼顾到更趋成熟的程序主义合法性评价理论；二是二维模式在试点评价中已力不从心，难以将试点从合法性危机的困境中解脱出来。

实质合法性的研究思路脱胎于规范主义合法性理论，也就是说，研究者先要确立某种法外的优位价值观，然后，以此为衡量标准，如果试点中彰显的价值观与此标准相符合，则试点具有实质合法性；如果不符合，则不具有实质合法性。但实际上，这是非常困难的，尤其对于试点评价而言。有学者主张，法的实质合法性评价标准是所在社会当时占主导地位的社会政治思想和价值观念。也就是说，只有当立法机关的立法权及其立法活动符合当时广大社会成员，特别是社会精英的关于社会权力的取得和运作的一套理论或观

念时，才被认为是合法的。否则，则为不合法。① 这一实质合法性评价标准
中，有几个问题是模糊的：第一，实质合法性的判断标准是社会公众的价值
观，还是精英的价值观？如果两者不一致，以谁为准？第二，如果不同阶层
的公众、不同派别的精英，有不同的社会政治理想、价值观念，又该怎么取
舍？在这一实质合法性判断标准中，有一句潜台词——某一特定历史时期的
社会价值观是统一的。这种状况在神权、君权压制性统治的时期是可能的，
在现代社会已经被社会价值多元所取代。此外，即使存在某个统一的标准，
既有理论在选择上也显得举棋不定——徘徊于"占主导地位的社会政治思
想和价值观念"、"政权稳固"、"社会实际效果"、"宪法文本"之间。因
此，不得不承认，以抽象意义上的优越价值来评价法的实质合法性，在标准
上显得太过模糊，欠缺说服力。

　　就试点评价而言，有研究者主张，实质合法性是以考察试点内容为方
向，② 这种观点在试点样本中有一定的代表性。具体说，即主张实质合法性
的最低判断标准是国际人权公约，同时，允许各国根据本国的实际情况在正
义的不同价值范畴之间进行权衡和选择，以确定最终的实质合法性标准。问
题是，如果是权衡，就会出现差异，在标准上难以达到统一化。此外，以试
点制度的内容作为试点实质合法性的评价标准也并非公论。比如，试点
"试验田"理论强调的是试点的功效，主张试点有利于克服立法的盲目性和
理想主义，避免闭门造车，从而使改革少走弯路，降低耗费，增强司法改革
的保险系数和保持法律的稳定性。③ 另外，还有研究者是从试点单位处于司
法一线，最了解法律立、改实际需求的角度来阐释试点的实质合法性。④ 另
有论者是从试点制度实施后的反馈情况来论证，比如普通程序简易审有利于
提高诉讼效率；实行人民陪审团制度有利于公众参与司法，降低信访率，提

① 严存生：《法的价值问题研究》，法律出版社 2011 年版，第 820—821 页。
② 史立梅：《论司法改革的合法性》，载《北京师范大学学报（社会科学版）》2005 年第 6 期，第
　 127 页。
③ 柯葛壮：《创设司法改革的"试验田"》，载《政治与法律》1999 年第 3 期，第 1 页。
④ 纵博、郝爱军：《近年台湾地区的刑事诉讼改革及其启示》，载《台湾研究集刊》2010 年第 3
　 期，第 42—43 页。

高公众对司法的满意度。① 凡此种种都是试点样本中所呈现出的试点具有实质合法性的论据。

所以，在实质合法性理论中，无论是主张试点具有实质合法性还是否认试点具有实质合法性，都必须找到一个"正确答案"来支撑自己的论点，不能存在多元价值的冲突，否则，论点就不能成立。因此，这就导致了研究中的一个问题——对不同价值观念有意或无意的忽视。大部分评论主张试点是具有实质合法性的，即以有利人权保障，培养现代刑事诉讼理念，促进司法公正、效率为理由，而不谈及其他；主张试点不具有实质合法性的，一般是以司法违法，有悖司法权威、公正，作秀揽名为反对理由，而对于试点者的善良动机视而不见。

形式合法性理论一般是以试点是否符合现行法规定为判断合法性标准。但问题在于，试点是在我国刑事法律框架基本成熟的情况下开展起来的，试点者并不满足于修修补补式的改革探索。所以，在形式合法性理论下，可能的出路有三个：一是通过法律解释将法律框架弹性化，让试点具有在现行法规范内腾挪的空间。在方法上，有研究者提出，可以通过区分规范约束的类型和重要程度来解决，可以允许突破较为次要的规范约束，突破的程度取决于由谁来作出这种突破的决定，但刚性规范约束则不可突破。② 但是，这一思路的可操作性其实是一个疑问。第一，不可否认，这种机制的建立需要丰富的改革实践经验和精深的法律技艺做支撑。司法者的普遍素质是不是能满足这一要求？第二，试点中法律的技术性解释或扩张解释需要规范的表达，不可能是实务部门的率性而为。即便是解释也有统一性和权限等问题，如果法律解释的程序问题不解决，试点藉由解释而获得的合法性空间也是难以证成的。二是默认良性违法。默认良性违法是试点可能躲过形式违法批评的另

---

① 详细内容可参见孙长永：《试论"普通程序简化审"》，载《学术研究》2001 年第 12 期；徐建东：《"刑事普通程序简化审"之思考》，载《审判研究》2002 年第 7 期；周国均、李静然：《试析普通程序简化审及其完善》，载《法律适用》2004 年第 12 期；汤维建：《人民陪审团制度试点的评析和完善建议》，载《政治与法律》2011 年第 3 期。

② 苏宇：《略论"试点"的合法性基础》，载《政治与法律》2010 年第 2 期，第 82 页。

一个可能出路。它实质上是承认了形式违法这种改革变通手段的合理性，理由是这种违法是良性的。但遗憾的是默认良性违法并没有形成观念上的共识，反对者的态度异常坚决——良性违法也是违法，甚至比恶性违法还具有危险性，因为它更容易使人们丧失警惕，两者在本质上都是与法治背道而驰的。退一步讲，即便良性违法是可以被宽容的，那"善良"、"良性"的判断标准也是模糊的。三是依托刑事政策。刑事政策虽与刑事程序法律有互动关系，但政策并不能成为法律实施的依据。

现有的形式/实质二维合法性评价模式，在解释和实现试点合法化问题上已陷入困局，"当价值前提并非不证自明的时候，程序就一跃而成为价值的原点"。① 程序主义的一维模式可以接替成为新的试点合法性评价模式和研究工具。

三、研究意义

研究的意义在于研究内容、角度和方法的创新。

第一，试点现象的完整梳理。现象是观察式研究的出发点、价值认识的前提。进行刑事司法改革试点研究，分析有关试点的评价分歧、产生原因，以及寻求解决之道，都必须建立于对试点现象的细致观察。就试点评价而言，在认识论中，作为评价基础的事实既包括客体的属性，也包括主体的需要。这种事实被称为价值事实，价值事实具有复杂性。所以，如果想要作出正确的评价，就必须准确界定刑事司法改革试点的内涵和外延，并通过对一定数量试点样本的观测，详细描绘各个具体试点的主体、动因、背景、制度内容、发展过程、引发的争议和产生的影响等全方位信息，以及不同时期、不同模式的试点信息，不能只谈现在不顾以往；也不能以偏概全，只说有利或不利的一面。我们对价值认识的正确程度与对客体事实了解的深度和广度成正比。

---

① 季卫东：《法律程序的意义——对中国法制建设的另一种思考》，中国法制出版社2004年版，第90页。

第二，研究角度的创新。观察和反思刑事司法改革试点现象，关注刑事司法改革自身问题、方法问题是一种新的研究角度。已有的试点研究主要集中于注释法学或对策法学层面，比如，如何降低羁押率、如何提高诉讼效率、如何保障涉罪未成年人权益，侧重的是具体改革措施的设计和评判，对刑事司法改革方法或路径探讨不多。转换角度，以现实发生的试点为观察样本，并将其融入社会现象的组成，可以从法律社会学开阔视阈，全方位研究、审视刑事司法改革试点问题。

第三，试点合法性理论框架的重构。既有理论存在三个方面的缺陷：一是混淆"合法"、"合法性"以及"合法律性"。大多数对试点的批评是从违反程序法定角度出发的，但往往却被直接归为合法性的问题。二是忽视了合法性问题的严重性。因为误读了合法性的内涵，所以失去了应有的关注。合法性问题事关人心归向，任何时代无法回避，在变革时代会变得更加严峻，丧失了合法性的司法改革不仅会抵销改革效果，还可能导致整个法治体系的崩塌。三是既有的形式/实质二维合法性评价模式已经出现困境，实质合法性理论难以寻找到一种优位的价值观，形式合法性理论苦恼于司法改革到底是应该在现行法律的框架之下进行，还是可以突破法律的既有规定。因此，需要新的理论框架予以替代。

第四，程序载体的具体化。规范试点似乎是不言而喻的，但如何规范？效度如何？无论采用何种分析工具，都要回答具体解决措施的问题。程序主义理论需要技术上的试点程序予以保障，否则只能停留于理念层面。遵循程序的基本原理可以设计出启动、交流反馈、评估等程序运行机制，以保障预设的程序功能得以实现。

四、研究方法

研究方法是人们认识社会的软件工具，正确、恰当的方法不仅可以引领我们达到预期的研究目标，而且也可以使我们的研究少走弯路。恩格斯曾说过："从歪曲的、片面的、错误的前提出发，循着错误的、弯曲的、不可靠的途径行进，往往当真理碰到鼻尖上的时候还是没有得到真理。"① 因此，想要达到预期的研究目的，首先要选择恰当的研究方法。

研究方法取决于研究内容，如果以现实发生的试点现象为研究内容，实证研究应是主要方法，即按照一定程序规范和经验法则对各种信息进行定性与定量的分析。实证研究与法学界长期所盛行的思辨研究方法相比较，后者注重从概念出发进行逻辑性的理论建构，而实证研究显然侧重于定量分析。定量分析的优势在于研究成果更直观、更具说服力。实证研究的具体方法包括：观察、调查、文献分析、实验等。文中主要运用的是调查和文献分析的方法。调查是向参加过试点制度的人员了解情况，记录他们对试点起因、过程和结果的描述；而文献分析的范围则更为广泛，文献以浓缩和凝聚的方式积淀和固化着各种社会信息，是社会主体对他们所处社会的记载，波普诺说："实证研究人员不必总是出去收集资料，以前别人所作的研究在经过重新提炼、整理和分析之后，又变成了回答新问题的主要信息来源。"② 对于刑事司法改革试点研究来讲，文献的范围相当广泛，有新闻性的报道、学者论评、试点单位经验介绍、座谈会记录、相关规范性文件等。当然文献研究也有一定的风险性，比如文献中记载的出版日期有差错、地名有误或不存在、作者张冠李戴。因此，有条件的情况下需找到最原始的出处，尽量避免转引。实证研究的目的在于用事实说话，尽可能客观地回答我国刑事司法改革试点"是什么"的问题，避免纯价值分析式的批判或颂扬。

实证研究中要防止两种倾向，一是要防止成为魏舍尔③所说的"材料专业户"。将观察来的数据、统计资料、总结报告堆在一起，缺乏贯穿于全文始终的理论红线。即使码放得整齐有序，充其量也只能是一个资料库。二是

---

① 《马克思恩格斯选集》（第20卷），中共中央马克思恩格斯列宁斯大林著作编译局译，人民出版社1971年版，第577页。

② ［美］波普诺：《社会学》，李强等译，中国人民大学出版社2007年版，第59页。

③ 魏舍尔是德国哲学家、神学家，他依据黑格尔的辩证法建立了一个哲学的美学体系，著有《美学或美的科学》。

要防止用"理念"去剪裁社会现实。实证研究方法并不排斥预先的理论假设，事实上，正是一个或一套理论假设构成了一条连贯全篇的理论红线，否则，大量的事实描述就成为失去统帅的散兵游勇，不堪一击。但必须要避免用预先的理论假设去剪裁观察结果，把预先的理论假设当做"普罗克拉斯提斯之床"① 来使用。

实证研究中，处理好事实性的观察材料、逻辑推理以及理论提升三者之间的关系，是决定研究成功与否的关键。培根在《新工具》中的蚂蚁、蜘蛛与蜜蜂的比喻颇具启发性：历来处理科学的人，不是实验家，就是教条者。实验家像蚂蚁，只会采集和使用；推论家像蜘蛛，只凭自己的材料来织成丝网。而蜜蜂却是采取中道的，它在庭园里和田野里从花朵中采集材料，而用自己的能力加以变化和消化。②

实证研究中避免采集信息的杂乱堆砌可以采用两种方法：一是提炼，进行试点样本信息中属性与变量的归纳；二是模式化约，把表面看上去错综复杂的试点现象还原为相对简洁的核心元素构成，再通过对最基本元素的分析去探查整体现象的原理和变化规律，以达到以小见大的目的。

---

① 在古希腊神话中，强盗普罗克拉斯提斯强迫被抓获的过路行人躺在他的床上。如果行人身子比床短，他就把行人拉长；如果行人比床长，他就砍掉行人的脚。转引自［德］马克斯·韦伯：《社会科学方法论》，李秋零、田薇译，中国人民大学出版社 1999 年版，第 35 页。

② ［英］培根：《新工具》，许宝骙译，商务印书馆 1984 年版，第 81 页。

第一章　试点现象

在现有的评价体系中，人们对刑事司法改革试点的价值认识充满了矛盾，是"司法造法"，还是"改革试验田"？莫衷一是。面对新生、复杂的社会现象，大多数人难免会陷入盲人摸象般的认识困境。价值认识的前提是事实认识，现象是观察式研究的出发点。不同于主观的"认为"，现象是基于观察、调查、文献研究的"发现"，是有出处的事实。对于刑事司法改革试点现象的描述、变量的分析和模式的整理是讨论的逻辑起点。

一、界说

假如未来的人们向历史的深处回眸，改革必将是他们描述当代中国社会的最强势话语。"试点"与"改革"语义相关，是公众所关注和熟悉的语汇。在当代中国，"试点"一词语境广泛，辐射经济、行政和司法等领域。根据《现代汉语词典》的解释，作为动词，"试点"指的是正式进行某项工作之前，先做小型试验，以便取得经验，比如，先试点，再推广。作为名词，"试点"是指正式进行某项工作之前做小型试验的地方。①

试点主要的特征是：第一，时间上的暂时性，是相对于长期或无期限的某一合理时间段；第二，地域上的局部性，是相对于全局来讲的部分地区，合理区域内；第三，内容上的创新性，既包括制度创新也包括机制创新。

刑事司法改革试点在内涵上是发生于刑事司法领域的地区性制度或机制

---

① 《现代汉语词典》（第5版），商务印书馆2011年版，第1247页。

创新，因其创新性，故往往缺乏现行法依据，不同于法律试行。同时，试点也是刑事司法改革的一种方式。试点与刑事司法改革是方法与目的的关系。试点是实现刑事司法改革的方法和手段之一，刑事司法改革是试点的目的所在。刑事司法改革从一开始，在方法问题上就面临着"先改革，后规则"还是"先规则，后改革"的选择。前者是指先将改革的制度应用于司法实践，然后再进行旧法的修改、完善。后者则要求先修律后实施。这里所谓的先改革，并不是某项创新制度全局性的统一应用，而是通过小规模的试点来检验某项刑事司法改革方案的可操作性和效果，通过评估后，上升为法律制度。这种试点式的改革比一步到位的修律式改革显得更务实和具有策略性。因此，在司法改革的初期，就有学者提出创设司法改革"试验田"的理论。所谓"试验田"就是"由国家立法机关明确授予司法机关特殊政策，在指定的较小的区域范围内放开手脚搞改革试点，允许突破现行法律条文的限制，大胆创新，自由探索。经一段时间试验证明某项改革方案、改革措施获得成功，再提炼上升为正式法律全面推广实施"。① 但改革试验田的理论和做法受到了学界的强烈反对。但不管争论如何激烈、理论上正当与否，试点现象已经发生。早期的试点既没有最高司法机关的统一部署，更没有修法的制度保障，试点机构摸着石头过河。刑事司法改革由"自然演进型"转向"权威推进型"后，② 试点正在逐步得以规范。

刑事司法改革试点在外延上表现为各地司法机关纷纷出台改革举措，如暂缓起诉制度、零口供制度、辩诉交易制度等，有学者统计，仅 2002 年，各地司法机关就出台改革措施百余项，令人眼花缭乱。③ 近年来的"刑事和解"、"未成年人刑事司法改革试点"、"量刑程序试点"也属于此类范畴。通过与相邻现象的比较，有助于进一步将刑事司法改革试点从关联现象中区分出来。

---

① 柯葛壮：《创设司法改革的"试验田"》，载《政治与法律》1999 年第 3 期，第 1 页。
② 《法学家盘点依法治国十年》，载新华网快讯 http://news.xinhuanet.com/legal/2007 - 07/18/content_ 6391293_ 1. htm，2012 - 9 - 13。
③ 万毅：《转折与展望：评中央成立司法改革领导小组》，载《法学》2003 年第 8 期，第 30 页。

（一） 刑事司法①改革与试点

刑事司法改革是对国家刑事司法体制机制的改革，试点与刑事司法改革是方法与目的的关系。试点是实现刑事司法改革的方法和手段之一，刑事司法改革是试点的目的所在。从过程看，首先要确定改革的目标，寻找到问题点，然后运用恰当的方法推行改革的措施。目的决定方法，但也同时受制于方法，如果司法改革是要渡河，方法就是渡河的船和桥。因此，对刑事司法改革方法的选择应当慎重，方法不正确可能会使改革背离其设计初衷。同时，脱离刑事司法改革背景去讨论试点也是没有意义的。刑事司法改革关涉庞杂，其中与试点密切相关的基础性问题是刑事司法改革内涵和发展轨迹。

刑事司法改革是司法改革的有机组成部分。关于"司法改革"学界还没有形成标准化的定义，② 苏永钦教授定义司法改革为："有权者基于改善司法功能的目的，而对与司法相关的人、物、规范、制度所采取的各种教化、兴革措施。"③ 从背景和内容看，当代中国的司法改革始于 20 世纪 90 年代中期，是我国经济体制由计划体制向市场体制转轨和民主与法制发展的一个必然过程。司法改革是创立或变更司法体制的过程，我国司法改革既涉及囊括了刑事、民事、行政司法体制自身的改革问题，也涉及司法体制与体制外部关系的改革问题。从发展的路径看，我国的司法改革由司法实践推动而生，进而向诉讼制度改革和司法体制改革方向发展。

---

① 本文中，为讨论的方便，"司法权"采中义说，即公检法三机关依法行使的侦查权、检察权和审判权，而没有采用目前占据主流地位的司法权狭义说，即司法权仅指人民法院的审判权和检察机关的检察权。参见胡夏冰：《司法权探析》，载张卫平：《司法改革论评》（第 1 辑），中国法制出版社 2001 年版，第 267—289 页。

② 学界对"司法改革"的多种理解可参见谢海定：《中国司法改革的回顾与前瞻》，载张明杰：《改革司法——中国司法改革的回顾与前瞻》，社会科学文献出版社 2005 年版，第 4 页。

③ 转引自谢海定：《中国司法改革的回顾与前瞻》，载张明杰：《改革司法——中国司法改革的回顾与前瞻》，社会科学文献出版社 2005 年版，第 4 页。

就刑事司法领域的改革而言，大致可划分为三个发展期：①（1）审判方式的改革期。我国的司法改革始于实务部门的审判方式改革，② 陈卫东教授在《司法改革十年检讨》中回忆："在 20 世纪 90 年代的前五年，司法改革的讨论主要集中在刑事诉讼方面，尤其集中在法院刑事审判方式的改革。"③（2）局部性诉讼制度的改革期。继实务部门对公诉庭审方式进行改革，并引起检法两家一定范围的争论之后。学界也对刑事诉讼中废除收容审查、取消免予起诉、增设简易程序、律师介入诉讼的时间等进行了广泛深入的探讨，1991 年至 2000 年十年间诉讼法学年会的主题词均为刑事司法制度的改革。学界的努力推动了刑事司法制度的改革和完善，1996 年刑事诉讼法修改就大量吸收了学界的研究成果。（3）全局性的体制机制改革期。司法改革从局部制度向宏观体制的转轨则应以 1997 年党的十五大提出"依法治国，建设社会主义法治国家"为起点。第一个发展阶段（1997—2004 年）最高人民法院、最高人民检察院"各自为战"。十五大要求"推进司法改革，从制度上保证司法机关依法独立公正地行使审判权和检察权"。于是，保证司法独立、公正、高效和权威成为司法改革的目标所在，进而司法体制改革的内容被提上议事日程，如公检法三机关的关系、侦查权的归属、检察权的配置、司法官遴选、审判委员会改革等问题成为司法改革的热点话题。最高人民法院和最高人民检察院分别于 1999 年 10 月和 2000 年 1 月先后出台了《人民法院五年改革纲要》和《检察改革三年实施意见》。2002 年十六大报告中则明确提出"推进司法体制改革"部署，明确了司法改革从局部性制度改革向体制机制改革的跨越，也将包括刑事司法改革在内的整体性司法改

---

① 亦有学者认为我国的司法改革大致可以划分为以下三个阶段：第一个阶段为改革的起步阶段（1989—1996 年）。第二个阶段为改革的全面展开阶段（1997—2006 年）。第三个阶段为改革的攻坚阶段（2007—至今）。参见谭世贵：《中国司法改革的回顾与反思》，载《法治研究》2010 年第 9 期，第 3—5 页。

② 1993 年《关于第一审刑事（公诉）案件开庭审判程序的意见》出台后，检察机关表示了不同的看法，代表性观点如，戴玉忠等：《我国公诉人和刑事审判人员庭审地位浅析》，载《人民检察》1994 年第 11 期，第 7 页。

③ 陈卫东：《司法改革十年检讨》，载张明杰：《改革司法——中国司法改革的回顾与前瞻》，社会科学文献出版社 2005 年版，第 22 页。

革带入一个新的发展期。第二阶段（2004—2012 年），2004 年 12 月中央政法委发布了《关于司法体制和工作机制改革的初步意见》，提出了改革和完善诉讼制度、检察监督体制、劳动教养制度、监狱和刑罚执行体制等 35 项任务，全面启动司法体制机制改革。其后，为加强对政法工作的指挥协调，中央印发了《关于进一步加强和改进党对政法工作领导的意见》、《关于进一步加强和改进公安工作的决定》、《关于进一步加强人民法院、人民检察院工作的决定》，最高司法机关也随后发布了相应的落实方案。① 2007 年 10 月，十七大对深化司法体制机制改革又作出新部署，2008 年 12 月，中央转发《中央政法委员会关于深化司法体制和工作机制改革若干问题的意见》，从优化司法职权配置、落实宽严相济刑事政策、加强政法队伍建设、加强政法经费保障等方面，再次提出 60 项改革任务。两轮中央司法改革意见的发布，将司法体制机制改革，包括刑事司法改革纳入到中央全局性部署之中，逐步消除了实务部门"各自为战"的司法改革局面。②

　　刑事司法改革内容变迁表现为：从具体的庭审方式改革向诉讼制度改革和司法体制改革方向发展。但缘于制度、体制、机制三者之间交叉关系的复杂性，③ 刑事司法改革难以对制度、体制、机制改革做出截然划分。刑事司法改革试点大多是针对刑事司法中的某项具体制度或程序进行的，如刑事和解制度的试点、量刑程序的试点、普通程序简易审试点、未成年人刑事司法

---

① 2005 年，最高人民法院发布了《人民法院第二个五年改革纲要（2004—2008）》涉及八个方面共计 50 项改革措施。最高人民检察院 2005 年制定了《关于进一步深化检察改革的三年实施意见》，以保障在全社会实现公平和正义为目标，以解决制约司法公正和人民群众反映突出的问题为重点，以强化法律监督职能和加强对自身执法活动的监督制约为主线，确定了检察体制和工作机制改革主要任务。

② 有关两轮中央司法体制机制改革的背景、调研决策过程、出台改革措施和贯彻落实情况，参见中央政法委员会政法研究所编：《司法在改革中前行》，中国长安出版社 2011 年版。

③ 有关制度、体制、机制之间的关系，一般认为，三者同属于制度范畴。制度的含义一是指办事规程或行动准则；二是指社会制度。体制，也可称为制度体制，是社会活动的组织体系和结构形式，包括特定社会活动的组织结构、权责划分、运行方式和管理规定等。机制，也可称为制度机制，原指机器的构造和运作原理。引入社会科学研究后，指社会有机体各部分的相互联系、相互作用的方式。制度侧重于静态的规范；体制侧重于外在的形式；机制侧重于动态的运行。参见孔伟艳：《制度、体制、机制辨析》，载《重庆社会科学》2010 年第 2 期，第 96—98 页。

程序改革试点等。就制度与机制的关系而言，这些试点的共同点是对已有制度的创新或机制的完善，前者是在一定程度上超出了现行规定的试点，如附条件不起诉试点、辩诉交易试点；后者的情况较为复杂，这种试点的目的是弥补制度运行的某些预留空间，属于制度规范的灰色地带，如非法证据排除试点。因为在成文法典提供的抽象法律原则之间，预留了法律细则、法律解释以及地方性法规生长的制度空间，以及这些细则和解释不同排列组合的机制空间，这就是灰色地带的试点。因此，有时很难说清这一区域的试点属于制度改革还是机制改革，如附条件逮捕即面临着机制创新还是制度创新的争议。① 想要严格地区分制度/机制创新，前提需保证现有的刑事诉讼法律体系已经达到了韦伯所谓的"逻辑的理性法"。②逻辑理性法被认为是法律理性化的最高阶段，它被假设为是一种逻辑清晰、内部一致，没有漏洞和制度空隙的规则体系。也就是说，要求法律规范具有严密性、确定性以及逻辑性。当然，这只是相对而言的，"任何一种实在的法律制度必然都是不完整的和有缺陷的，而且根据逻辑推理的过程也并不总能从现存法律规范中得出令人满意的判决"。③ 这时，可以由裁判者的能动性作为补充。即便如此，我国刑事诉讼法在形式理性方面还是受到了研究者的批评，有论者认为，现有规则体系既没有体现法的周延性，也缺乏法的和谐性，更缺少法的独立性和权威性。④ 所以，我国的刑事诉讼法律体系尚没有达到"逻辑的理性法"的境界，这种形式性欠缺导致难以进行制度与机制创新试点的区分，故此，不妨

---

① 附条件逮捕是检察机关将"有证据证明有犯罪事实"这一逮捕的事实证据条件做情形上细化的试点，分歧在于附条件的前提是已达逮捕条件还是未达逮捕条件，前者认为不存在制度创新，只是对逮捕案件进行分流的机制创新，后者认为是对现行法定逮捕条件的突破，是制度创新，并有以捕代侦之嫌。

② 郑戈：《韦伯论西方法律的独特性》，载李猛、韦伯：《法律与价值》，上海人民出版社 2001 年版，第 80 页。

③ ［美］博登海默：《法理学——法律哲学与法律方法》，邓正来译，中国政法大学出版社 1999 年版，第 9 页。

④ 汪海燕：《形式理性的误读、缺失与缺陷——以刑事诉讼为视角》，载《法学研究》2006 年第 2 期，第 113—125 页。

将它们统归在制度范畴下。但可以确定的是，法律实施的试点、过渡期的试点①、司法机关内部管理规范化的试点②不在接下来的讨论范围之内。

刑事司法改革与试点的关系可以概括为两个方面：第一，试点与刑事司法改革是方法与目的的关系，试点是实现刑事司法改革的方法和手段，刑事司法改革是试点的目的所在。与刑事司法改革的发展轨迹相同，试点也经历了由自发式向顶层设计式③的转变过程。第二，刑事司法改革与刑事诉讼制度、程序制度的改革旨趣相同，只是称谓和理解角度不同，而内容上却具有重合性。大多试点是针对刑事司法中的某项具体制度或程序进行的，是对已有制度的创新或机制的完善，但制度与机制的区分常常是困难的。

（二）刑事司法中的试行与试点

刑事司法中的改革试点不同于制度试行。刑事司法改革试点最为形象的说法是——试验田，即在某个较小的区域范围内，进行创新性的刑事司法制度或程序的试验，取得效果后，再提炼上升为正式法律全面推广实施。而刑事司法中的制度试行则归属于法律试行的范畴。

法律试行在我国是一种长期持续、规模盛大的法律现象。据统计，在

---

① 例如，2012年3月14日十一届全国人大五次会议通过了《中华人民共和国刑事诉讼法修正案》，修订后的刑事诉讼法2013年1月1日正式实施。从2012年3月起，一些地区的检察机关着手进行修改内容的试点工作，如简易审出庭、非法证据排除、合适成年人介入、犯罪记录封存等。最高人民检察院要求各地把握好过渡期内法律适用问题，对于有利于人权保障的修改内容，可着手试点执行；但属于公权力机关新授权的内容，如延长拘传时间，则必须在法律正式实施后执行，不得试点。参见曹建明：《努力做到"六个并重"确保刑诉法全面正确实施》，载正义网 http://news.jcrb.com/jxsw/201207/t20120723_910043.html，2012-7-24。
② 例如，《检察日报》2011年12月17日曾报道，全国检察机关规范化管理机制试点工作经验交流会在蚌埠召开。最高人民检察院近年来组织开展了以执法规范化为重点的规范化管理机制试点工作，先后确定了两批共63个检察院为试点单位，为实现检察机关管理科学化积累了有益经验。检察机关建立规范化管理体系，旨在遵循科学管理的通用原则，系统地识别和界定以检察业务为核心的检察工作管理过程，并运用过程方法实施过程控制，形成实现有效预防、持续改进的管理体系和机制，保障各项检察工作的有效衔接和高效有序运转，从而有效保障办案质量，提升检察机关执法公信力。
③ 《向建设公正高效权威的中国特色司法制度迈进——深化司法体制机制改革取得重要阶段性成果》，载《检察日报》2012年2月25日。

1979 年之后的大约 20 年制定的法律、行政法规中，暂行、试行规定的比例平均高达 1/4，最多的年度曾经达到过 36%。① 我国法律试行的产生可以追溯到 20 世纪 50 年代。由于在新中国成立之初，社会政治经济形势不稳定，难以及时出台长效性法律法规，应对的方法只能是颁行暂行性的条例、决定等，通过积累经验，再制定长期适用的法律。这种情况一直延续到 20 世纪 80 年代。六届人大三次会议上彭真委员长曾指出："经验证明，凡是新的重大问题、重要改革，总要经过群众性的探索、试验，即社会实践检验的阶段。先用政策作指导，在探索、试验中，成功的，就坚持；不成功的或者不完全成功的，就修正，就是坚持真理，随时修正错误。错了，不改，小问题就可能会变成大问题；改了，就会推动工作的前进。在这个基础上，经过对各种典型、各种经验的比较研究，全面权衡利弊，制定法律。在社会主义历史阶段，伴随社会和各项事业的发展，立法工作经常存在着这种过渡。"所以，在中国，法律试行与其说是一种权宜之计，毋宁说已经慢慢演化为一种经常性的制度。

在内涵上，法律试行同法律试点一样，具有模糊性。法律试行的目的在于通过对试行法律实施效果的观察发现制度中存在的问题，实质上是将法律实施作为试错的手段，来确保立法的合理性。因此，从某种意义上讲，法律试行是把试行法的实施作为立法过程的延长，是立法的有机组成部分。法律试行的过程是对正式制度的观察、试验和纠错。刑事司法领域中，试行性的规范性文件如：2002 年最高人民法院《关于规范人民法院再审立案的若干意见（试行）》、2003 年最高人民法院、最高人民检察院、司法部《关于适用普通程序审理"被告人认罪案件"的若干意见（试行）》、2006 年最高人民法院、最高人民检察院《关于死刑第二审案件开庭审理程序若干问题的规定（试行）》等。

法律试行与改革试点的最本质差别在于季卫东教授所说的"媒介项"

---

① 季卫东：《法治秩序的建构》，中国政法大学出版社 1999 年版，第 148 页。

或"中间法"的性质不同。[①] 试行法已经具备了作为法律规范的普遍约束力，而改革试点要么根本不存在"媒介性规范"，要么只是所谓的内部规定，不具有法律规范的约束力和正当性。

二、概貌

（一）刑事司法改革试点样本简略汇总

文献显示，20世纪90年代以来，我国刑事司法领域各项改革举措如雨后春笋，蔚为壮观，被学者称为"刑事司法制度改革集群"。刑事司法改革触及司法权在国家权力体系中的定位，司法官的遴选，权力配置以及运行机制等多角度问题。刑事司法可以分为刑事司法体制[②]和刑事诉讼程序或刑事司法程序两个基本方面。[③] 刑事司法改革包括刑事司法体制改革和刑事诉讼程序改革，刑事诉讼程序是作为刑事司法体制核心的刑事司法权运作的制度空间，是其发挥效力的前提和基础，故此刑事诉讼程序改革是刑事司法改革较为核心的内容。本书着重研究与刑事诉讼程序改革密切相关的各项试点，既包括制度创新，也包括机制完善，但不包括已正式生效法律的初期实施或试验性实施，或者法律已颁布但尚未正式实施过渡期的试点，同时，也不涵盖司法机关调整内部工作关系所进行的管理规范化方面的试点。

试点样本信息以获取方式划分：一是在自身参加的试点调研中，通过观察、访谈、调查所获取的样本信息。二是文献研究获取的资料，文献种类主要有：网络和纸面媒体有关试点的消息性报道；发表于期刊或专著形式的试点结项报告；各类试点研讨会会议文件；试点中出台的规范性文件。持续时

---

① 季卫东：《论法律试行的反思机制》，载《社会学研究》1989年第5期，第81—91页。
② 刑事司法体制是为了实现一定的目的，通常是刑事司法公正、刑事司法效益和执行刑事司法任务而合理配置刑事司法权，并将刑事司法机关和刑事司法人员组织起来，进行这种司法权配置和组织工作所择定的原则、体系、方式。张建伟：《刑事司法体制原理》，中国人民公安大学出版社2002年版，第2页。
③ 卞建林：《中国刑事司法改革探索——以联合国刑事司法准则为参照》，中国人民公安大学出版社2007年版，第6页。

间较长、形成一定试点规模、引起较广泛关注，并对试点内容、方法、效果进行较为详细公开性报道的试点经过筛选有以下十余种（见表1），小范围的内部试点由于缺乏公开资料，确实难窥堂奥。

试点样本以时间为序，试点名称、启动主体、试点时间和地点等简要信息可汇总如下，有关试点样本更详细的资料，以相同顺序附于全文后备查，包括试点产生的背景和动因、内容和方法、试点中引发的争议、试点效果以及试点过程等。

表1　试点样本汇总表

序号	试点名称	启动主体	试点启动时间	试点地点
1	附条件不起诉	上海市长宁区人民检察院、湖北省武汉市江岸区人民检察院、河北省石家庄市长安区人民检察院	1992年	试点范围由上海市长宁区、湖北省武汉市江岸区、河北省石家庄市长安区逐步扩展到山东、河南、吉林、江苏、辽宁等全国1/3的地区
2	普通程序简化审	北京市海淀区人民法院与人民检察院联合启动	1999年5月	北京市海淀区
3	零口供	辽宁省抚顺市顺城区人民检察院	2000年8月	辽宁省抚顺市顺城区
4	刑事和解	北京市朝阳区人民检察院、上海市杨浦区司法局、杨浦公安分局	2002年	北京、上海、江苏、浙江、河北、湖南、广东等地
5	三项制度试点——侦查讯问全程律师在场、录音、录像制度	第一阶段：北京市海淀区公安局、广东省珠海市人民检察院。第二阶段：北京市海淀区、河南省焦作市、甘肃省白银市公安局	第一阶段：2002年2月—2004年9月；第二阶段：2005年4月—2005年12月	第一阶段：北京市海淀区、广东珠海市；第二阶段：北京市海淀区、河南省焦作市、甘肃省白银市
6	人民监督员制度	最高人民检察院	2003年8月	从天津、辽宁、河北、内蒙古、黑龙江、浙江、福建、山东、湖北、四川10省开始试点，2010年推及全国

续表

序号	试点名称		启动主体	试点启动时间	试点地点
7	未成年人刑事司法改革试点	合适成年人	上海市长宁区人民检察院、云南省昆明市盘龙区政府	2004年4月	上海市、昆明市盘龙区、北京市海淀区、厦门市同安区、浙江、江苏、天津等地
		刑事记录封存	上海市浦东新区人民检察院、山东省青岛中级人民法院、山东省德州中级人民法院、贵州省瓮安县政法委	2004年4月	青岛、德州、太原、贵州省瓮安县、上海（浦东新区、卢湾区、闵行区、杨浦区）、厦门市思明区等地
		律师参与审查批捕	重庆市沙坪坝区人民检察院、上海市浦东新区人民检察院	2009年3月	重庆市沙坪坝区、上海市浦东新区和长宁区
		审前羁押替代措施	上海市闵行区人民检察院	2003年5月	上海市、江苏省无锡市和江苏省常州市
8	附条件逮捕		最高人民检察院	2005年5月	全国范围
9	刑事审判程序改革		中国政法大学诉讼法学研究中心与英国文化协会合作，参与试点单位山东省东营市中级人民法院、广东省佛山市中级人民法院	2005年7月—2006年3月	山东省东营市、广东省佛山市
10	取保候审制度的改革与辩护律师作用的扩大		北京大学法学院与山东省平邑县人民检察院合作	2006年3月—2007年8月	山东省平邑县
11	羁押场所巡视		中国人民大学诉讼制度与司法改革研究中心与吉林省辽源市人民检察院、辽源市公安局	2006年11月—2008年9月	吉林省辽源市

续表

序号	试点名称	启动主体	试点启动时间	试点地点
12	量刑改革	最高人民法院、最高人民检察院	2008 年 8 月	江苏省泰州市、福建省厦门市、山东省淄博市、广东省深圳市 4 个中级人民法院，以及北京市海淀区、上海市浦东新区、江苏省姜堰市、江西省南昌市青山湖区、山东省淄博市淄川区、湖北省武汉市江汉区、云南省个旧市、陕西省西安市碑林区 8 个基层人民法院共 12 个试点法院，后推及全国范围
13	职务犯罪逮捕权"上提一级"	最高人民检察院	2009 年 9 月	全国范围
14	人民陪审团	河南省高级人民法院	2009 年 2 月	由郑州、开封、新乡、三门峡、商丘、驻马店 6 市推及河南全省各级人民法院
15	非法证据排除	中国政法大学诉讼法学研究院与江苏省盐城市中级人民法院及其所辖基层人民法院	2009 年 3 月	江苏省盐城市

（二）试点样本中的变量与属性

全部试点样本所呈现出的信息异常纷繁复杂，如果像"摆地摊"一样把每一个试点样本排列，将无助于对试点现象的进一步解释和分析，因此，必须找到对这些凌乱信息进行处理的方法。

在社会学研究中，"属性和变量间的关系是科学描述和解释的核心"。① 社会研究就是对变量以及构成变量的属性的探索。也就是说，社会理论是以

---

① ［美］艾尔·巴比：《社会研究方法基础》（第 4 版），邱泽奇编译，华夏出版社 2010 年版，第 13—15 页。

变量语言写成的，而个体之所以被涉及，仅仅是因为他们承载了构成变量所需要的属性，或曰变量的介质。刑事司法改革试点是一种法律现象，也是一种社会现象。对刑事司法改革试点现象的研究，也是社会研究的组成。因此，可以利用社会学研究中属性和变量分析法，对试点样本的信息进行处理。所谓属性，指的是事物的特征或本性。[①] 而变量则是很多属性的逻辑组合。[②] 参照这一研究模式，以各独立的刑事司法改革试点样本为介质，通过属性归纳，可以提炼出的变量主要有：试点主体、动因、方法、内容、争议、效果等。

1. 主体

对于样本中主体变量的分析，主要是从引发刑事司法改革试点的启动力量角度而言的，重点不在参与主体或合作主体，例如，在学者主持的研究型试点中，由于研究机构缺乏实践操作的平台，因此，必须寻求实务部门的配合，这些实务部门即属于参与主体。例如，2005 年 7 月至 2006 年 3 月，中国政法大学诉讼法学研究中心与英国文化协会合作开展了刑事审判程序改革试点，试验项目包括：如何完善证人出庭制度、保障辩护人的到位、对法官庭外调查取证的研究、如何发挥审判长在庭审中的作用、刑事判决书的制作以及对审判委员会的改革 6 个专题。如果没有审判机关的合作，这些试点项目根本无法进行。该试点项目的合作法院是山东省东营市中级人民法院、广东省佛山市顺德区人民法院。另外，即使是实务部门启动的试点，有时也需要其他机构的配合和参与，如未成年人刑事司法改革试点项目中合适成年人制度的试点、刑事记录封存的试点，虽然启动的主体是法院或检察院，但必须得到公安机关、教育部门等机构的配合。

试点样本中的启动主体有三类：第一类，实践型主体，包括法院、检察院。在试点样本中，实践型主体占相对多数，如附条件不起诉、零口

---

① 比如，社会学研究中，在描述人的特征和本性时，会出现女性、亚裔、保守、诚实、聪慧、白领等，这些形容性的词汇，涉及的都是属性的问题。

② 比如，男性和女性都是属性，而性别则是由男性和女性两个属性组合的一个变量。同理，职业变量则是由工人、教师、职员等属性组成的。

供、人民监督员、附条件逮捕、职务犯罪逮捕权"上提一级"、人民陪审团等试点的启动主体。实践型启动主体既有法院，也有检察院，后者占绝对多数；既有部门单独启动的试点，也有检法联合进行的试点，以及多机构联合开展的试点，如上海市杨浦区开展的刑事和解试点，即是由杨浦区公检法司四家单位联合开展的；从层级看，既有最高司法机关启动的试点，也有基层院启动的试点。第二类，研究型主体，主要指学术研究机构，如中国人民大学诉讼制度与司法改革研究中心、中国政法大学诉讼法学研究中心等。第三类，混合型主体，指某一试点项目，既有实践型主体启动的，也有学术研究机构发起的，开展试点的时间一般有前后顺序，试点地点一般也不相同。样本中有研究型主体启动在先，实践型主体随后跟进的混合型，如三项制度试点——侦查讯问全程律师在场、录音、录像制度；也有实践型主体启动在先，研究型主体随后的试点，如刑事和解试点、普通程序简化审试点。

主体变量与属性之间的关系呈现出如下特征：第一，检察机关在试点启动主体中占绝对多数。原因可能是：一方面，在刑事司法程序中，相对于法院和公安机关而言，检察机关的职责所覆盖的程序最为广泛，从侦查阶段（包括自侦案件的侦查和对公安机关的侦查监督）到审查起诉、提起公诉、审判监督以及执行监督各领域。由于所涉及的程序环节较多，所以引发的改革内需也更强烈。另一方面也与检察机关机构专门化、人员专业化建设有关，譬如 20 世纪 90 年代以来，未成年人检察机构的专门化设置与未成年人刑事司法改革的火热场面即有密切关系。第二，试点启动主体的层级是决定试点规模的重要因素。基层院启动的试点在规模上相对于上级院试点必然有很大的差距，例如，附条件不起诉试点中，上海市长宁区人民检察院 1992—2003 年仅对 20 名未成年人作出暂缓起诉处理。[①] 而省级院试点规模就要扩大很多，河南省人民法院开展的人民陪审团试点，由省法院对各下级院下达必须完成的试点案件数量要求，中院不得少于

---

① 李郁：《上海长宁区检察院最早探索暂缓起诉》，载《法制日报》2003 年 8 月 19 日。

10 件，基层院不得少于 5 件，试点一年后，各地上报完成试点案件 361 件，人民陪审团成员库的人数达 15 万，而截至 2012 年，全国人民陪审员数才达到 8.3 万。① 第三，启动主体出现由基层向高层转化的趋势。从表 1 中，可以较为明显地看出，基层法院、检察院启动的试点已经逐步让位于最高司法机关。第四，同一内容的试点会在不同的地区、不同的时间，由不同的主持者启动，例如在河南省人民法院和陕西省人民法院都进行了人民陪审团制度的试点，这一现象折射出试点的无序性和重复性。让人感兴趣的是：有些机构作为试点的启动主体多次在样本中出现，比如上海市多家检察院、北京市海淀区检察院等。②

2. 动因

在试点样本中出现的"案件积案，实务部门难以应对"，"公众对程序公正的质疑"，"社会矛盾加剧"，"主诉检察官制度改革产生的办案压力"，"办案人员对现行证据制度的反思"，"诉讼文明的进步"等属性都可以归为试点的动因变量中。

实务部门开展试点的动因直接且务实：一方面是由于诉讼案件的大量增加，使得原有的刑事司法制度难以应付；另一方面是实务部门人员逐渐受到了现代刑事司法理念的影响，于是意图在实践中加以应用。当然，其他的影响因素还有业绩考核，以及孕育于我国司法层级结构中上命下从的权力运行机制等。③ 对学术研究机构而言，不涉及工作实践所催生的直接动力，但司

---

① 刘加良：《人民陪审团制：在能度与限度之间》，载《政治与法律》2011 年第 3 期，第 19 页；杨维汉、陈菲：《推进司法改革促进司法公正》，载《人民法院报》2012 年 4 月 2 日。

② 笔者曾就此问题询问过检察机关的相关负责人，他们的回答可以归纳为两点：第一，司法实践的需要，比如位于高校集中的区域，所以，关于涉罪学生的刑事处遇是他们日常工作中经常要思考的问题；第二，机构专门化的影响。可以发现，试点样本中，未成年人司法改革试点较多的地区一般也是未成年专门机构成立早、工作机制成熟的地区。

③ 笔者向参与过试点的 53 位检察官做过调查，当问及其所在单位开展刑事司法改革试点的动因时，回答是"上级院统一要求的"有 40 位，占 75.5%，比例最高。其他依次是："现有制度存在弊端或漏洞，无法满足司法实践的需要"，有 25 人，占 47.2%；"践行现代刑事司法理念"，有 20 人，占 37.7%；"考评考核的需要"，有 15 人，占 28.3%；"引入域外先进制度"，有 2 人，占 3.8%。

法实践中的需求会通过专家咨询、座谈会、研讨会、专项课题、挂职锻炼等形式反馈到学术研究领域，引发学者们对现行制度弊端的深刻反思，从而希望通过小规模的制度改良试验，检验新制度的可行性和效果，或为立法者提供参考，或以实证方法做出解释。

在这些必然性的因素之外，试点的启动有时也存在一些偶然性因素。例如，文献中记载了一个故事，据说是普通程序简易审试点的由来：北京市某区人民检察院检察长曾陪同韩国检察代表团旁听了一起刑事案件的审判，自觉公诉人表现不错，一切皆在意料之中，庭审仅用了三个小时。当他问外国客人感觉如何时，不料这位外国客人疑惑地问道："这种被告人认罪、证据确凿的案件在我们韩国只需要半个小时即可审判完毕，为什么你们要用半天时间呢？"于是，该检察长回院后发起了普通程序简易审的改革试点。[①] 还有，合适成年人制度在福建厦门市同安区的试点起因也颇具偶然性。据介绍，2005年7月，从华东政法大学毕业的一名青少年犯罪专业研究生林志强被分配到了同安区人民检察院，同时，他也是"中欧少年司法制度——合适成年人参与制度研讨会"的参与者。林志强作为同安区人民检察院为数不多的法学硕士，颇受领导器重，他的到来是同安区人民检察院开展合适成年人试点的直接推动力量。当然，如果没有领导者的支持，开展试点——对这位初来乍到的年轻人来讲也是不可能的。在最早开展量刑改革试点的江苏省姜堰市，试点的启动也有一定的偶然性，2003年2月，刚刚走马上任的江苏省姜堰市人民法院院长汤建国收到了一封来自监狱内的信。写信人称："王某盗窃2.4万元判3年，我盗窃1万元，不足王某盗窃数额的一半，也判3年，我俩都没有从轻、减轻情节，只是盗窃时间、地点不同。这样的判刑对我不公，法院应该改判，要么增加王某的刑期，要么缩短我的刑期。"这封信竟意外地触动了司法界的一个重大议题——量刑程序改革。[②]

---

① 谢鹏程：《刑事司法改革展望》，载张明杰：《改革司法——中国司法改革的回顾与前瞻》，社会科学文献出版社2005年版，第304页。

② 汤建国、吴晓蓉：《中国规范量刑指引》，中国人民公安大学出版社2011年版，第303页。

3. 方法

方法是开展试点的手段和步骤，每个试点样本所显示出的试点方法并不相同，总体看来，还没有形成一套规范化的试点方法。在收集到的试点样本中，大致涉及以下几种试点方法：第一，进行前期调查，了解相关问题的司法现状。第二，开展理论研讨，寻求进行试点的理论支撑。第三，制定试点方案。第四，进行小规模尝试，以便发现问题，调整方案。第五，出台试点规范性制度。第六，划分试点组和对比组，进行横向和纵向的数据采集，进行比较研究。第七，对试点中出现的争议进行回应。第八，试点结束后进行评估。当然，并不是每个试点都有这样完整的一套试点方法，这只是众多试点样本所呈现出的方法集合。从整体看，试点方法还显简陋，但某些试点中的方法也确有一些特色。比如：

试点中的试点。在某些由省级司法机关或最高司法机关启动的规模较大的试点中，为验证试点的可行性以及对试点效果进行预测，试点的启动机关有时会在大规模试点前进行小型试点的预演。例如，人民陪审团试点即属于此类情形。2010年3月25日，河南省高级人民法院在开封召开全省法院人民陪审团试点工作现场会，决定在全省法院开展人民陪审团试点工作。而实际上，从2009年6月起，人民陪审团试点首先在郑州、开封、新乡、三门峡、商丘、驻马店6个省辖市法院刑事审判中进行过小规模预演，全省范围内的试点是在部分地区已经取得了阶段性效果的基础上展开的。再有，最高人民检察院启动的人民监督员试点，2003年只在天津、辽宁等10个省、自治区、直辖市检察机关开展，2010年10月则在全国检察机关全面推行。另外，量刑程序的改革试点也属于此类情形。

组织现场会演示。在有些试点中，试点的主持者通过组织现场会、规模较大的公开性庭审等方式，使试点制度更具有直观性，以便于专家评估、公众了解以及为进一步推广做好准备。例如，河南省人民法院在全省范围内推广人民陪审团试点之前，组织全省18个省辖市的中级人民法院院长和省高级人民法院的领导成员进行了试点案件的观摩，目的是为人民陪审团试点在全省范围内的推广进行示范，以达到试点操作的统一。

开展试点前培训。试点是制度和机制的创新，试点机构的人员对试点制度也不熟悉，而且观念上也未必认同。因此，为了推进试点，保证试点效果，很多试点在前期安排了对参加人员的培训。例如，云南省昆明市盘龙区开展的合适成年人试点是在"中欧少年司法制度——合适成年人参与制度研讨会"的直接启发下开始的，在启动过程中的一个显著特点是采用了举办培训班并由中外专家进行制度讲解、说服的推动方式。2003 年 8 月，来自盘龙区公检法司机关等相关部门 74 人参加了培训，培训内容包括合适成年人的概念、合适成年人参与制度的基本框架。2003 年 10 月，又邀请英国瑞慈人权合作中心主任、华东政法大学教授对项目参加人员 54 人进行了再一次培训。① 另如，羁押场所巡视制度试点前，也开展了对选任的监督巡视员的培训工作，使监督巡视员在试点前能够了解巡视工作的内容，掌握一定的巡视技能，包括心理学、社会学等方面的知识。再有，2009 年 3 月，中国政法大学诉讼法学研究院与江苏省盐城市中级人民法院合作开展的非法证据排除试点项目中，项目组也邀请实务部门领导和专家对参加试点人员进行过多次集中培训。②

实证研究方法的运用。实际上，学术研究机构作为主体所启动的试点，本身就是以实验方法进行的实证研究。另外，调查、观察、文献研究等实证方法也在试点评估中有一定程度的应用。比如，有学者从 2004 年起即着手进行上海普通程序简化审试点情况的实地调查和评估，③ 也有学者对北京、四川等地的普通程序简化审试点进行了实证研究。④ 最高人民检察院检察理论研究所 2008 年重点课题《认罪案件办理机制研究》也采用了实证研究的

① 姚建龙：《权利的细微关怀——"合适成年人"参与未成年人刑事诉讼制度的移植与本土化》，北京大学出版社 2010 年版，第 125—126 页。
② 卞建林、杨宇冠：《非法证据排除规则实证研究》，中国政法大学出版社 2012 年版，第 10 页。
③ 徐美君：《刑事诉讼普通程序简化审实证研究》，载《现代法学》2007 年第 2 期，第 112—121 页。
④ 郭志媛：《问题与对策："普通程序简化审"改革的实证分析》，载徐昕：《司法》（第 2 辑），中国法制出版社 2007 年版，第 157—176 页；左卫民：《中国简易刑事程序改革的初步考察与反思——以 S 省 S 县法院为主要样板》，载《四川大学学报（哲学社会科学版）》2006 年第 4 期，第 129—137 页。

方法。① 实证研究方法的运用，使得对试点效果的评估更具客观性和说服力，在试点内容完善上也更加关注细节和具有针对性。

总体来看，我国刑事司法改革的实践探索从 20 世纪 90 年代就已经起步，但对于司法改革方法的研究，包括试点方法的研究，还没有引起广泛的关注。2006 年 1 月最高人民法院批准立项"司法改革方法论"这一研究课题，并成立了由资深法官为研究主体的课题组，开展了为期两年的课题研究，研究成果已结集出版，② 这是为数不多的专门以司法改革方法为研究角度的著述。③

4. 内容

试点内容变量中的属性最为繁杂，而且缺乏紧密的逻辑关系，所以显得凌乱。比如试点所在的诉讼阶段、试点名称、试点期限、与相关制度的关联性、同一名称下的多样性等。

已有的刑事司法改革试点，从内容所涉及的诉讼阶段看，既有审前的同步录音录像、律师介入、自侦案件批捕上提一级、合适成年人参与、"零口供"，也有审判阶段的普通程序简易审、非法证据排除、人民陪审团，甚至还包括程序外、但与程序密切相连的羁押场所巡视制度等，几乎覆盖了诉讼的各个阶段。还有些试点是从刑事诉讼的某个阶段开始，然后向其他阶段延伸，如上海市合适成年人制度试点，就是从检察机关审查起诉的讯问阶段，逐步扩展到公安侦查讯问，最后到审判阶段都有合适成年人的介入。

从样本看，科研机构开展的研究型试点一般有起止时间的记载，试验时间基本为半年左右，加上后期评估和撰写结项报告等，一般为两年左

---

① 娄云生、马静华、李斌：《认罪案件办理机制研究——以建立全程性速审程序为中心》，载《人民检察》2010 年第 3 期，第 36—37 页。

② 最高人民法院课题组：《司法改革方法论的理论与实践》，法律出版社 2011 年版，第 2—3 页。

③ 涉及司法改革方法问题的专著和文章还有诸如，景汉朝：《中国司法改革策论》，中国检察出版社 2002 年版；孙谦、郑成良：《司法改革报告：有关国家司法改革的理念与经验》，法律出版社 2002 年版；谭世贵：《中国司法改革理论与制度创新》，法律出版社 2003 年版；杜宴林：《现代化进程中的中国法治——方法论的检讨与重整》，载《法制与社会发展》2001 年第 6 期，第 35—41 页。

右。而实务部门开展的试点基本上没有严格的期限性。在公开的报道中，一般只有启动的时间，没有预期结束或实际结束时间。从样本中显示的试点发展走向看，基本上有几类情况：第一类，对试点效果进行实证调研，通过定量分析对试点予以评估。如普通程序简易审试点。第二类，通过各种形式的立法建议，已上升为法律层面的制度。如刑事和解、合适成年人制度试点。第三类，虽然没有入法，但已制定了内部规定一直予以执行。如量刑程序试点。第四类，被有关机关叫停。如附条件不起诉试点。第五类，由于争议较多，停止了试点，或者说试点不了了之。如"零口供"试点。

试点名称大多为一种约定俗成的称谓，如普通程序简化审、附条件逮捕，并非既有的法律名词，"零口供"试点则是得名于辽宁省抚顺市顺城区人民检察院 2000 年 8 月出台的《主诉检察官办案零口供规则》，这也是制度创新的一种体现。

从与相关制度关联性的角度观察，刑事司法改革试点的内容基本与两方面的制度存在密切联系：一是与中央司改方案的内容密切相关。2008 年中央司改方案下达了 60 项改革任务，如完善快速办理轻微刑事案件的工作机制、适应未成年人案件实际特点的办案机制，建立刑事和解、暂缓起诉、前科消灭等符合宽严相济刑事政策要求的制度，以及优化职权配置等。从所列举的试点样本看，刑事司法改革试点基本上就是围绕这些部署所展开的。如检察机关内部监督缺失一直受到诟病，检察机关在查办职务犯罪案件中，程序上缺乏外部监督制约，也因此出现了一些办案质量问题，[①] 公众反映强烈，影响了检察机关执法公信力。社会上也产生了"谁来监督检察院"的疑虑。司改方案提出的优化司法职权配置重点即是加强对司法权包括检察权的监督和制约。为贯彻中央部署，最高人民检察院于 2009 年 9 月，下发实

---

① 近几年的统计数据显示，检察机关自侦案件尽管批捕质量在不断提高，决定逮捕后不起诉案件的比例、法院作无罪判决的比例均逐年下降，但是仍分别高于公安机关 2.34% 和 0.28%。其中的重要原因，就是职务犯罪案件的侦查、审查决定逮捕、起诉，由同一检察院的不同部门负责，"手足情深"，容易重协调配合而轻制约把关。

施了《关于省级以下人民检察院立案侦查的案件由上一级人民检察院审查决定逮捕的规定（试行）》（高检发〔2009〕17号）。将职务犯罪案件的审查逮捕权改由上一级人民检察院审查决定，建立职务犯罪侦查的外部监督制约机制。2011年8月，最高人民检察院召开侦查监督工作座谈会，再次对"上提一级"工作作出部署。由此，检察机关自侦案件批捕建立了本级人民检察院和上级人民检察院双重审查程序。二是对域外相关制度的借鉴。例如，"零口供"与沉默权制度；人民陪审团与英美法系的陪审制；普通程序简化审与速裁程序和辩诉交易制度；附条件不起诉与德国的"暂时的不予起诉"和日本的"起诉犹豫制度"等。尤其是合适成年人制度在云南省昆明市盘龙区的试点，基本上是英国合适成年人制度本土化的过程。另外，学者所主持的非法证据排除试点、羁押场所巡视制度试点中也有域外相关制度的影子。①

同一试点名称下，试点内容或者说试点机构的具体做法呈现出多样性。例如，合适成年人试点，上海市、昆明市盘龙区试点时间差别不大，但做法上有很大的差别。合适成年人是兼职还是专职？合适成年人只在侦查阶段介入，还是侦查、审判阶段都介入？如果未成年人的法定代理人到场，合适成年人是否还要介入？合适成年人在场产生何种法律效力？各试点地区的做法都存在或多或少的差别。再有，刑事和解试点各地的差异性也很明显，是采用被害人—加害人模式，还是由第三方来主持？如果由第三方主持，由谁来主持，是公安机关、检察机关还是法院？争议最大的是刑事和解的案件范围，是限于轻微刑事案件，还是死刑案件也包括在内？在多地开展的同一名称试点中，基本都存在内容的差异。

5. 争议

在刑事司法改革试点的进程中，学界针对整体的试点现象，或某一具体

---

① 杨宇冠：《中国司法改革过程中的重要探索——从构建中国特色的非法证据排除规则历程看中国司法改革》，载《证据科学》2010年第5期；倪爱静：《遏制刑讯逼供的新尝试——吉林辽源羁押场所巡视制度试点概述》，载《人民检察》2008年第23期。

的试点制度，都或多或少地存在一些质疑。从形式上看，或发刊于报章，或表达于网络博客、会议研讨。从表述方式看，或婉转，或直接。① 合法性质疑是几乎每个刑事司法改革试点都会面对的，区别仅在于强弱的不同。其次是所谓的公平性问题。另外，可能还关乎不同机构之间权力配置的争议，比如检察权对审判权的僭越。以附条件不起诉试点引发的争议为例，批评者认为，附条件不起诉试点于法无据，应当予以禁止。② 理由是：其一，原《刑事诉讼法》第 142 条第 2 款并非附条件不起诉的法律根据。附条件不起诉与酌定不起诉最大区别在于酌定不起诉不需附加任何条件。其二，试点是对现行法的超越，属于"违法实验"。其三，试点导致不同地区适用法律的差异，有损法制统一。其四，附条件不起诉是对审判权的僭越，同免予起诉性质一样，会造成检察机关裁量权的滥用。

对于试点中已经引发或可能引发的争议，主持试点的机构一方面会做出公开的回应③或进行制度的调整，如辽宁省抚顺市顺城区人民检察院的《主诉检察官办案零口供规则》五易其稿，从绝对的"零口供"演变成了相对"零口供"。另一方面在试点方案设计中也尽可能予以规避，如上海市长宁区人民检察院是最早探索暂缓起诉的试点单位，④ 1992 年上海市长宁区人民检察院在试点未成年人暂缓起诉时，为避免争议，对外称为"诉前考察"。⑤

---

① 有学者直言，"司法机关'一计不成又生一计'的折腾是热情的错误释放"。转引自孟凡麟：《司法改革：司法本性的沦丧与重塑》，载《甘肃社会科学》2003 年第 2 期，第 95 页。

② 相关文章参见刘桃荣：《对暂缓起诉制度的质疑》，载《中国刑事法杂志》2001 年第 3 期；沈春梅：《暂缓不起诉不宜推行》，载《人民检察》2003 年第 4 期；李爱荣、陈建彬：《法律的界限——从"暂缓起诉制度"的试行谈起》，载《广西政法管理干部学院学报》2003 年第 3 期；游伟：《"附条件不起诉"不宜提倡和推广》，载《检察风云》2010 年第 16 期；杨涛：《"附条件不起诉"存在法律瓶颈》，载《检察风云》2010 年第 16 期；李克杰：《制度创新不是基层司法机关职责》，载《检察风云》2010 年第 16 期。

③ 如河南省高级人民法院对人民陪审团试点质疑的回应，参见邓红阳：《河南省高级法院院长回应质疑："人民陪审团"与国外陪审团有质的区别》，载《法制日报》2010 年 3 月 26 日；邓红阳：《能够解决问题就是一种好模式》，载《法制日报》2010 年 6 月 10 日。

④ 李郁：《上海长宁区检察院最早探索暂缓起诉》，载《法制日报》2003 年 8 月 19 日。

⑤ 严明华：《未检制度的诞生与成长——上海市长宁区人民检察院未成年人检察工作简史（1986—2010）》，2011 年。

此外，试点的动因、试点中的伦理问题，有时也会引发争议。例如，有人认为，有些试点只是走形式的形象工程，注重的只是"应时"、"应景"、"有看点"，试点的动因仅仅是引起上级检察机关和媒体的关注。[①]有些试点由于动力不足而导致"人走茶凉"。还有些试点宣传效果远远超出实际运行情况。[②] 有些试点缺乏对试点效果的科学评估，长时间处于一种悬而未决的状态，或者不了了之。此外，试点中暴露出的伦理问题也日益引起研究者的关注，比如研究对象的知情权、隐私权保护，司法公正等问题。

6. 效果

样本中显示，试点首先的效果就是比较制度优劣和试错。通过试点，制度可以在一定范围内得以实际运行，试点机构通过对制度运行情况的观察，可以发现制度中存在的各类问题，从而提出相应的改进意见。试点制度经过完善，增强了操作性，便于立法后的实施。例如，普通程序简化审试点在运行了一段时间后，通过实证研究发现试点制度中还存在一些缺陷：比如在简化审的具体适用上不够规范和协调，如启动程序所采用的模式、庭审过程如何简化、能简化到哪种程度，各地做法不一。另外，被告人诉讼权利保障方面也有待完善。针对这种情况，实务部门和学者提出的改进建议包括：明确简化审理案件范围的规定，增加排除适用的情形，保障对被告人权利的告知、程序选择权和最后陈述权等，这些内容几乎全部被新修改的刑事诉讼法所采纳。

其次，通过试点还可以测试对某项制度的社会接受程度。如附条件不起诉试点，从各地试点情况看，适用对象有三类：一是仅限于未成年人；二是不仅限于未成年人，还包括在校学生；三是除前两种情况外，还扩大到情节轻微、社会危害不大的犯罪嫌疑人以及单位。适用条件基本如下：主观方

---

① 李乐平：《创新创优不能过度"盆景化"》，载《检察日报》2012 年 2 月 28 日。
② 有关试点中出现的问题参见郭云忠：《刑事和解现状之调查》，载中国法学会犯罪学研究会编：《中国犯罪学研究会第十六届学术研讨会论文集》（上册），第 175 页。

面，一般都要求行为人必须具有悔改表现；客观方面，一般限定在可能判处3年以下有期徒刑。但入法时，只限定为未成年人可能被判处1年以下有期徒刑的情形，就是考虑到了试点中的社会评价因素。

最后，试点可以测试制度的运行成本。试点是小规模的制度运行，可以举全力予以推行，但如果放大到全局，成本的负担即不可同日而语。如学术机构所主持的"三项制度"试验，旨在讯问过程中构建一种监督、证明机制，从制度层面遏制刑讯，保证口供的质量，包括侦查讯问中律师在场、录音、录像。试点结果表明，律师在场成本高昂，在很多地方难以复制，不具有推广性。①

（三）模式

试点概貌显示了刑事司法改革试点变量和属性的多样性和复杂性，为研究的方便，可以将上述信息做进一步的处理，即简约为试点的模式。

模式是指某种事物的标准形式或使人可以照着做的标准样式，如模式图、模式化。② 所谓某种模式的建立实质上是化约的过程。也就是说，模式是学科为研究的方便所确定的一种相对简约的分析模式。学科研究从具体的社会现象开始，而社会现象的纷繁复杂，又使得人们不可能将所有的社会现象尽数纳入研究的范围之中，因而，必须将主要的社会现象凝固成一种相对稳定的分析模式，以从中抽象出学科的基本原理。③ 比如，我们在论及刑事诉讼模式时，经常会谈到美国学者帕卡所提出的犯罪控制模式和正当程序模式以及格里费斯的家庭模式。进行刑事司法改革试点的模式研究，意在从信息庞杂的试点样本中，抽象出某些基本的元素，将影响结果的变因简约化，然后进行观察、比较和概括。模式化分析的目的是将复杂的社会现象，如刑

---

① 樊崇义、顾永忠：《侦查讯问程序改革实证研究——侦查讯问中律师在场、录音、录像制度试验》，中国人民公安大学出版社2007年版，第32—34页。
② 中国社会科学院语言研究所词典编辑室编：《现代汉语词典》（第3版），商务印书馆1996年版，第894页。
③ 胡玉鸿：《法学方法论导论》，山东人民出版社2002年版，第398页。

事司法改革试点现象进行还原简化，进而寻找现象背后的原理和发展的规律，这与对试点制度所进行的规范法学意义上的研究，旨趣完全不同。模式研究需要在尽可能多地收集到试点样本的基础上，进行化约，也就是说，要把表面看上去极为错综复杂的刑事司法改革试点现象，还原为相对简洁的核心元素构成。将复杂现象简化后，再通过对最基本元素的分析去探查整体现象的原理和变化规律。所以，模式研究的目的，并不是要按图索骥地去构建某种应然的试点模式，而是要达到以小见大的效果。正如帕卡的研究也不是止于模式构建，而是要探究刑事诉讼目的以及刑事诉讼构造等问题。

但模式化研究也有弊端，模式是与技术相对应的，或者说，模式是宏观概念，技术是微观概念。宏观包括微观，但如果不对微观作出分析，对宏观的理解就会是片面的、不完整的。因此，对刑事司法改革试点的模式分析不可能脱离对每一个具体试点制度的微观探究。宏观的模式研究如果忽视了微观的技术，就意味着没有尊重到个体样本的独特性。因此，模式研究也必须关注到技术，模式研究的前提是对刑事司法改革试点全面细致的了解。

通过对试点主体、动因、内容、方法、争议和效果等变量中所包含的复杂属性的梳理，可以得出一个初步的结论：如果把各种不同的刑事司法改革试点现象区分为不同的试点模式，并视之为因变量，那么试点主体、动因、内容、方法、争议和效果都可以被视为自变量。^① 但如果是这样，模式的构建就会变得异常繁杂，比如，以效果中对立法的影响为自变量，试点的模式可以分为法典型、司法解释型、内部规范型、效力待定型等。以内容为自变量，则至少可以分为侦查阶段型、审查起诉型、刑事审判型等。既然模式研究的魅力本身即在于化繁为简，所以，宜选择单一变量作为模式划分标准。考虑到试点现象中的主体变量属性较为简单，且具有较强概括性，故设主体为自变量，试点的模式可划分为实践型、研究型和混合型（见表2）。

---

① 因变量是因为自变量的变化而产生的现象变化或结果。在函数关系式中，某特定的数会随一个（或几个）变动的数的变动而变动，就称为因变量。如，$y = f(x)$。此式表示为，y 随 x 的变化而变化。y 是因变量，x 是自变量。自变量是"原因"，而因变量就是"结果"。

表 2 试点模式

模式	实践型			研究型	混合型	
	法院	检察院	检法联合		实践型在先	研究型在先
样本	人民陪审团	附条件不起诉、零口供、未成年人刑事司法改革、附条件逮捕、职务犯罪逮捕权"上提一级"	量刑改革	羁押场所巡视制度、刑事审判程序改革、取保候审制度的改革与辩护律师作用的扩大、非法证据排除	刑事和解、普通程序简化审试点、人民监督员制度	三项制度

1. 实践型

实践型试点在试点样本中占相对多数，主要包括：附条件不起诉、零口供、未成年人刑事司法改革、附条件逮捕、职务犯罪逮捕权"上提一级"、人民陪审团等制度的试点。实践型试点简单地讲，就是实务部门启动的试点。称为"实践型"是因为此类试点的启动主体是司法实务部门，试点的动因也缘于实践。比如，普通程序简化审试点的动因就是为应对诉讼案件大量增加，因此必须进行程序分流，提高诉讼效率；刑事和解广泛开展的动因则与恢复性司法理论在实践中的传播有密切关系。实践型试点启动主体既有法院，也有检察院，其中检察机关启动的试点占绝对多数；既有部门单独启动的试点，也有检法联合进行的试点；从层级看，既有最高司法机关启动的试点，也有基层院启动的试点。从波及范围看，有仅在一地开展的试点，也有从局部扩展到全国的试点。通过选取以下几种较具代表性的试点样本可以做进一步的详细观察：

始于基层检察机关的试点：附条件不起诉。附条件不起诉制度①试点1992 年起始于基层检察机关。由于试点涉及地点较多且延续时间长，可以将试点过程划分为两个阶段：第一个阶段：起步期，时间为 20 世纪 90 年代

---

① 附条件不起诉是一种审前的程序分流机制，也是检察官裁量权的体现，在美国、日本、德国、荷兰、丹麦和我国的台湾、澳门都有比较完善的立法和实践经验。如日本刑事诉讼中的"起诉犹豫制度"、德国的"暂时的不予起诉"，以及我国台湾地区的"缓起诉"制度等。虽然名称并不统一，但大多体现了"恢复性司法"的核心精神。

初，以上海市长宁区人民检察院为代表；第二阶段，发展期，时间为 2000 年之后，试点地区开始逐步增加，扩展到全国三成以上检察机关。试点的案件范围也由未成年犯罪，扩展到在校大学生以及包括成年人在内的轻微刑事犯罪。基层检察机关开展对附条件不起诉制度的探索既有理论背景也有实务背景。理论方面，随着人们刑事司法理念的转变，"报应刑"的观念日趋淡化，"恢复性司法"的观念逐步得到认同。实务方面，未成年犯罪出现了犯罪主体低龄化、类型多样化、数量上升化的态势。未成年人是国家的未来，民族的希望。从未成年人的身心特点和社会整体和长远利益的考虑，对涉罪未成年人案件的处理，应当本着"教育、感化、挽救"的方针。

虽然附条件不起诉制度的启动主体是具有起诉裁量职能的检察机关，但是在试点酝酿的过程中，也有多方社会力量的介入。如 2001 年暑假，江西省万安县某重点中学 7 名在校生受人指使，分别卷入抢劫、盗窃犯罪案件，引起社会各界广泛关注。检察院批捕后，万安县关心下一代工作委员会的老同志多次向公安机关、学校询问 7 名学生的犯罪情况，并去看守所找 7 名学生进行个别谈话，随后向相关部门提出从宽处理的建议。检察机关邀请了县政法委、公安局、法院、司法局、关工委、教委、团委等单位列席检察委员会，决定对 7 名学生暂缓起诉。① 江苏省南京市浦口区人民检察院 2001 年在处理一起高中生盗窃案件时，检察院邀请了南京市人大、教委、团委及学校等各方代表举行听证会，讨论对案件的处理意见，最后决定对这名高中生暂缓起诉，考察期 5 个月。②

最高人民检察院启动的试点：职务犯罪逮捕权"上提一级"。检察机关内部监督缺失一直受到诟病。为贯彻中央在新一轮司法体制机制改革的部署，优化司法职权配置，建立职务犯罪侦查的外部监督制约机制，最高人民检察院于 2009 年 9 月，下发实施了《关于省级以下人民检察院立案侦查的案件由上一级人民检察院审查决定逮捕的规定（试行）》（高检发〔2009〕

---

① 陈建民：《受人指使高三学生实施抢劫援引缓诉检察机关挽救失足》，载《法制日报》2002 年 11 月 20 日。

② 傅鸣阳：《南京浦口区检察院暂缓起诉影响最大》，载《法制日报》2003 年 8 月 19 日。

17 号）。2011 年 8 月，最高人民检察院召开侦查监督工作座谈会，再次对"上提一级"工作作出部署。由此，检察机关自侦案件批捕建立了本级人民检察院和上级人民检察院双重审查程序。

仅在一地开展的试点："零口供"。"零口供"试点曾轰动一时，试点机关是辽宁省抚顺市顺城区人民检察院。"零口供"并非法律名词，而是得名于 2000 年 8 月顺城区人民检察院出台的《主诉检察官办案零口供规则》（以下简称《零口供规则》）。《零口供规则》曾被认为是"沉默权"在我国的首次确立，颁行后立刻引起广泛讨论。① 虽然试点单位对试点的动因和试点内容进行过回应，《零口供规则》也五易其稿，从绝对"零口供"修改为相对"零口供"，但还是由于争议较大，试点不了了之。

唯一由法院单独启动的试点：人民陪审团。如果不将检法两家联合进行的试点计算在内，人民陪审团试点是样本中唯一由法院启动的试点。人民陪审团制度的试点是 2009 年年初由河南省高级人民法院开展的试点。该试点是对现有人民陪审员制度的"团式改造"，陪审团成员的选任、职责都有别于现行法规定的人民陪审员制度，试点的目的在于更好地体现司法民主，更充分地发挥陪审制度的功能和作用。②

2. 研究型

研究型试点的核心特征是启动的主体和试点的方法。学术研究机构是研究型试点的启动主体，但由于缺乏试验操作的平台，学术机构的研究型试点

---

① 相关文章参见黄广明：《"零口供"惊世骇俗出台》，载《南方周末》2000 年 9 月 21 日；何家弘：《"零口供"与沉默权》，载《人民检察》2001 年第 4 期；汪建成、孙远：《关于"零口供"规则的思考》，载《人民检察》2001 年第 5 期；蔡虹：《"零口供"与沉默权》，载《法学评论》2001 年第 11 期；马楠：《"零口供规则"若干问题之我见》，载《河北法学》2001 年第 5 期；杨旺年：《"零口供"的科学性解评——兼论正确对待口供、运用口供》，载《西安政治学院学报》2004 年第 5 期；陈智：《"零口供规则"的合理性及合法性分析》，载《法制与社会》2008 年第 1 期；杨鸿雁：《解读"零口供规则"》，载《贵州警官职业学院学报》2002 年第 6 期；黄亨：《解读"零口供"规则——兼论我国侦查取证模式改革》，上海交通大学 2010 年硕士学位论文。

② 邓红阳：《河南拟全面推行"人民陪审团"制度》，载《法制日报》2010 年 3 月 26 日；邓红阳：《全面解读河南试水人民陪审团制度 本报专访河南省高院院长张立勇》，载《法制日报》2010 年 6 月 10 日。

必须谋求与实践部门的短期合作或者组建实证研究基地①。因此，对于研究型试点项目，最重要的工作可能是为项目寻找官方支持和挑选合适的合作伙伴。有研究团队表示，"在中国目前的情况下开展试点项目，取得官方支持尤其重要，因为经验表明，领导支持力度越大，在基层工作人员中遇到的阻力越小，试点才越可能获得成功"。② 合作伙伴支持试点的方式一般为提供办公场地、解决当地交通、协助联络、派实务人员协助，有的甚至负担部分试点项目费用。比较典型的，如"三项制度"试点得到了最高人民检察院的大力支持，在确定5个试点单位后，最高人民检察院下发了《关于配合开展讯问职务犯罪嫌疑人全程同步录音录像工作情况调研的通知》，通知江苏、浙江、湖北、广东、云南5个省的检察院支持、配合课题组做好调研工作。③ 但现阶段，我国开展的大多数研究型刑事司法改革试点项目仍然依靠国外基金会的资助，如福特基金会、联合国开发署、欧盟委员会等。

在试点样本中，代表性的主体有：樊崇义教授主持的中国政法大学诉讼法学研究中心与英国文化协会合作课题——刑事审判程序改革试点，合作法院是山东省东营市中级人民法院、广东省佛山市中级人民法院；卞建林教授主持的中国政法大学诉讼法学研究院与江苏省盐城市中级人民法院及其所辖基层人民法院合作的非法证据排除规则试点；陈瑞华教授主持的北京大学法学院与山东省平邑县人民检察院合作的取保候审制度的改革与辩护律师作用的扩大项目试点；陈卫东教授主持的中国人民大学诉讼制度与司法改革研究中心与吉林省辽源市人民检察院、辽源市公安局合作的羁押场所巡视制度

---

① 2007年9月，西南政法大学司法研究中心与四川省人民检察院合作共建检察改革实证研究基地，针对司法实践和司法改革所面临的重大问题，进行司法的经验研究，提出或完善司法改革的实施方案，在实践中试点，其后对试点结果进行评估，最终提炼出可在更大范围内加以借鉴的司法改革经验和模式。第一期试点项目为"人民监督员制度实证研究：广安模式"。参见徐昕：《导言：通过试点推进司法改革》，载《云南大学学报（法学版）》2008年第2期，第149页。

② 郭志媛：《中国经验：以刑事司法改革试点项目为蓝本的考察》，北京大学出版社2011年版，第70页。

③ 樊崇义：《刑事审前程序改革实证研究报告（第三阶段）——发挥"样本效应"、全国推广"三项制度"》，载四川大学中国司法改革研究中心：《刑事司法改革实证方法研讨会论文集》，2009年。

试点。

从研究型试点的方法看，多数情况下，学者们进行的是含有实验性因素的比较研究，或者是"原生态"的比较研究，与自然科学试验存在差别。① 以在山东省东营市进行了刑事审判改革试点为例，② 试点以东营市中级人民法院及所辖东营区人民法院、河口区人民法院作为基地，采用实证研究的方式展开，在试点中主要采用了问卷调查的方法和对比分析的方法。选取按传统审判方式审理的 30 起案件作为对比组，试点的 30 起案件作为目标组，对两组案件实行全程录音、录像，并对涉及改革内容的项目进行数据采集，进行比较研究。

研究型试点的目的或出于解决司法实践中的问题，如证人出庭率低、法官庭外调查频繁、辩护权得不到保障；或出于探索某项刑事诉讼制度构建的中国式道路，如非法证据排除、羁押场所巡视。所以，从内容上区分，大致有两种情形：第一种是制度创新式的试验，如羁押场所独立巡视制度。创新之处在于，由来自社会公众的代表对羁押场所进行定期或不定期的独立巡视，巡视人员通过巡视羁押场所的羁押条件、查验羁押记录、与被羁押人进行单独访谈，以确认被羁押人是否受到了人道待遇、羁押是否符合法定条件与程序、被羁押人的法定权利是否得到了有效保护。这虽然是一种程序外机制，但与刑事诉讼程序紧密相连，目的在于通过实行羁押场所透明化制度，遏制刑讯逼供。第二种是机制创新式的试验，如非法证据排除试点。非法证据排除规则是刑事证据制度的重要内容，也是现代法治国家刑事司法的基本规则和标志性制度。我国法律法规中对非法证据

---

① 有学者认为，法学研究领域的试验难以克服对于人进行实验操作的道义问题和预测不可能性问题。即社会无效三原则：（1）社会科学本身也是参加社会过程的行为的一种。（2）社会记述本身就意味着向社会注入新的内容。（3）作为社会实验对象的人们有采取违反实验相关理论的行为的自由。所以各种社会现象不是实验者可以操作的，只有比较才是适合于社会学的方法。转引自季卫东：《论法律试行的反思机制》，载《社会学研究》1989 年第 5 期，第 83 页。

② 参见东营市中级人民法院刑事审判程序改革课题组：《刑事审判程序及审判前程序改革调研报告》，载樊崇义：《刑事审判程序改革调研报告》，中国人民公安大学出版社 2008 年版，第 1—133 页。

排除虽有一些原则性规定，但缺乏程序保障。近年来，由刑讯逼供所引发的刑事错案频发，使得在技术层面上确立并实施非法证据排除规则的呼声日益高涨。为加强非法证据排除规则的实证研究，构建一套适合中国国情的非法证据排除规则，探索在我国确立非法证据排除规则的可行性，以及了解实践中存在的困难并找出解决方法，2009 年 3 月至 2011 年 8 月，中国政法大学诉讼法学研究院与江苏省盐城市中级人民法院及其所辖基层人民法院合作开展了"非法证据排除规则试点项目"。① 非法证据排除规则试点是在法律原则性规定基础上的机制创新式试点，该试点项目对我国非法证据排除规则的确立与实施进行了有益的探索。

3. 混合型

混合型试点指的是针对同一试点内容，兼有实践型试点与研究型试点的混合。在时间顺序上，有研究型在先、实践型在后的结合，如"三项制度"试点——侦查讯问全程律师在场、录音、录像制度；也有实践型在先、研究型在后的试点，如刑事和解试点、普通程序简化审试点。

研究型在先的试点在样本中并不多见，"三项制度"试点是其中之一。"三项制度"试点是侦查讯问过程中律师在场、录音、录像试点的统称。试点的目的在于探索遏制刑讯逼供、减少错案的有效方法。2002 年年初，经中国政法大学诉讼法学研究中心申报，由联合国开发署资助的刑事审前程序改革示范项目获准立项。2002 年 2 月至 2004 年 9 月是试点的第一个阶段，课题组在北京市海淀区公安局、广东省珠海市人民检察院对 244 名犯罪嫌疑人开展了讯问律师在场的试验。在此基础上，2005 年 4 月至 2005 年 12 月，即试点的第二阶段，在美国福特基金会的支持下，课题组又分别在北京市海淀区、河南省焦作市、甘肃省白银市对 382 名犯罪嫌疑人进行了侦查讯问全过程的律师在场、录音、录像的试验。为加强执法规范化建设，检察机关同步录音录像试点正式起始于 2005 年 5 月。2006 年 3 月起，开始逐步推行讯

---

① 蒋安杰：《中国政法大学诉讼法学研究院与江苏盐城中院最早合作开展"非法证据排除规则试点项目"全国首家非法证据排除试行规则出炉》，载《法制日报》2011 年 2 月 23 日。

问职务犯罪嫌疑人全程同步录音录像；2007 年 10 月，全国范围内实行。最高人民检察院朱孝清副检察长认为，检察机关出台这一举措既是对部分检察院实践经验的总结，同时也是从"三项制度"试点项目中受到的启迪。①

大部分混合型试点是实践型在先的模式，如刑事和解试点。较早开始刑事和解试点的是北京和上海。2002 年北京市朝阳区人民检察院率先制定了《轻伤害案件处理程序实施规则》，进行了刑事和解方面的尝试。开展刑事和解的其他地区还有浙江、江苏、湖南、广东等地，但在模式上有所差别。从检察系统看，2006 年 12 月 28 日，最高人民检察院发布的《关于在检察工作中贯彻宽严相济刑事司法政策的若干意见》对轻微刑事案件中达成和解的处理方式作出了更为明确的规定。截至 2009 年，全国大部分省、自治区、直辖市检察机关都开展了刑事和解的试点。② 在刑事和解的试点过程中，北京师范大学宋英辉教授所带领的"刑事和解制度研究"课题组在 8 个基层检察院进行了为期一年的刑事和解实验，实验的地点包括：江苏省南京市的 3 个基层院、无锡市的 4 个基层院和河北省石家庄市的 1 个基层院。这些地区在实验前均已开展了规模大小不同的刑事和解试点，③ 在实验方法上，课题组采用了类似"原生态"的方式，仅就如何区分实验组与对比组以及如何收集实验信息进行了组织安排，而对案件办理不进行干预，即各单位保留原来各自的试点模式。课题组共跟踪了 1493 个案件，其中 751 个纳入实验组，另外 742 个案件纳入对比组。课题组还对和解成功的案件进行了为期半年的追踪和回访。④

除了时间顺序上的不同，混合的程度也不相同。大部分的混合型试点

---

① 最高人民检察院朱孝清副检察长在 2006 年 3 月 30 日"侦查讯问程序改革国际研讨会开幕式"上的发言。樊崇义、顾永忠：《侦查讯问程序改革实证研究——侦查讯问中律师在场、录音、录像制度试验》，中国人民公安大学出版社 2007 年版，第 206 页。
② 陈国庆、石献智：《"刑事和解"若干问题辨析》，载宋英辉：《刑事和解实证研究》，北京大学出版社 2010 年版，第 121 页。
③ 相关报道可参见李明耀、林春鸿：《恢复性司法·让社会更和谐》，载《检察日报》2006 年 4 月 3 日。
④ 宋英辉等：《刑事和解实证研究总报告》，载宋英辉：《刑事和解实证研究》，北京大学出版社 2010 年版，第 4—6 页。

中，实践型试点与研究型试点"各自为政"，除了名称相同，没有什么其他关联。如 2009 年 6 月起，中国人民大学诉讼制度与司法改革研究中心开展了隔离式量刑程序的改革试点，合作单位是安徽省芜湖市中级人民法院、鸠江区法院，试点期限为 7 个月。芜湖试点的模式与多数地区进行的量刑改革试点在做法上有所不同，实行隔离式的量刑程序，即采用定罪与量刑彻底分离的程序设计。[①] 此外，芜湖市中级人民法院也不是最高人民法院确定的量刑改革试点院，所以，研究机构的试点是在"保持程序原貌"的前提下开展的。[②] 但也有的混合型试点关联密切，如 2007 年 9 月，徐昕教授率领的西南政法大学司法研究中心（简称 CJS）团队与四川省人民检察院合作共建了检察改革实证研究基地，并着手进行人民监督员四川广安模式的实证研究。在实证研究中，CJS 的研究人员采用了试验试点的方法，但又与其他学术机构主导的研究型试点有所不同。广安的研究型试点中，CJS 首先对实务部门已经开展了近三年的人民监督员试点进行了评估，然后提出完善方案，即所谓的再试点方案，在此方案基础上，CJS 研究人员主持和参与再试点，之后再进行评估，最后将试点经验进行推广。这一过程可以表述为：确定改革项目—策划试点评估—评估试点—设计再试点方案—执行再试点—评估再试点工作—制度推广。[③]

[①] "相对独立的量刑程序"和"隔离式量刑程序"是量刑程序改革的两种选择模式。前者主张量刑是法庭调查和法庭辩论专门的环节，后者则主张先定罪、后量刑，定罪程序与量刑程序彻底分离。

[②] 陈卫东：《量刑程序改革理论研究》，中国法制出版社 2011 年版，第 15 页。

[③] 具体内容参见徐昕：《导言：通过试点推进司法改革》，载《云南大学学报法学版》2008 年第 2 期；龚珊：《司法改革方法的本土化探索——以人民监督员实证研究项目为例》，载《云南大学学报（法学版）》2008 年第 2 期。

第二章 试点评价

现象是关于事实的认识，是基于社会观测活动所得到的、对试点现象感性的、直接的认识。而社会观测活动在整个社会认识过程中还只是处于基础性的地位，正如有学者所说："社会观测活动是社会发现、社会理解、社会预测等其他社会认识活动得以开展的基本前提。"[①] 事实认识的更高层面是价值认识，即评价。评价是"一定价值关系主体对这一价值关系的现实结果或可能后果的意识"，[②] 是对价值的判断。评价对于人们的实践具有指导作用。人们的评价是否正确、精当和合理，直接引导着他们的行为，并必然造成相应的后果。肯定性的评价将引导人们对于某一事物或价值的积极追求，否定性的评价则导向背反的行为，模糊的评价也必然会导致行动方向的混乱，引发"异议风险"。试点样本中所呈现的争议已经反映了人们对于刑事司法改革试点的评价分歧，既然存在分歧，就意味着评价有真有假。那么，孰是孰非取决于试点合法化的理论基础和路径选择。

一、评价梳理

简单地讲，评价是相对于事实认识的价值认识，是人们对事物的态度。样本中，人们对刑事司法改革试点的评价，基本上可以分为两大类——质疑说和赞同说。基于理由的差异，各大类中又有派别的区分。

---

① 欧阳康：《社会认识方法论》，武汉大学出版社 1998 年版，第 128 页。
② 李德顺：《价值论》（第 2 版），中国人民大学出版社 2007 年版，第 231 页。

（一）质疑说

1. 违宪性质疑

对试点提出违宪性质疑的立足点是宪法的原则以及宪法有关各权力机关的定位和职责。有论者认为，各级司法实务部门自发进行的刑事司法改革试点，属于司法改革主体的越位、错位，属于"司法造法"①；同时，司法改革的内容也有超越宪法、法律的情形。违宪的刑事司法改革试点损害了宪法的至上权威，动摇了法治国家的宪政基石。

有学者认为，大多数的司法改革理论缺乏宪法依据，离开了我国人民代表大会制度固有的法律特征去研究司法改革问题。"在大胆改革的法理思维的指导下，脱离宪法体制进行改革创意的情形比比皆是，其实是完全不符合民主原则的要求的。"② 实践型试点是一种司法改革的主体越位，因为，有关国家权力体制和公权力机构权力配置的问题，应当由作为国家权力机关的各级人大予以判定，不能由改革者从实用主义出发，认证改革的合理性。比如，涉及司法机关的机构设置或职责调整时，《立法法》第 8 条要求，各级人民代表大会、人民政府、人民法院和人民检察院的产生、组织和职权，以及有关诉讼和仲裁制度的事项只能制定法律，即便是最高司法机关也不能擅自加以规定。因此说，"'变法'只能通过既定的政治渠道进行，而不能由执法机关运用自由裁量权的方式私自进行"。况且，司法机关的职能是消极地适用法律而不是积极地创新法律，不能把司法活动异化为立法活动。③ 也有论者认为，试点与我国《宪法》第 5 条第 2 款规定的"国家维护社会主义法制的统一和尊严"相冲突，主张"无论是立法，还是司法、行政，都是建立在制度高度统一的基础上"。④ 所以，只能先修律后改革，司法改革

---

① 王超、周菁：《试论我国司法改革中的越位问题》，载《南京师范大学学报（社会科学版）》2002 年第 2 期，第 30 页。

② 李小明：《论司法改革的理论基础及其方向》，载《法律科学》2000 年第 5 期，第 4 页。

③ 孟凡麟：《司法改革：司法本性的沦丧与重塑》，载《甘肃社会科学》2003 年第 2 期，第 95 页。

④ 陈杰人：《司法改革不能"试点"》，载《中国青年报》2001 年 2 月 14 日。

必须在宪政框架内整体推进。

2. 公平性质疑

亦有论者从公平原则的角度对试点提出质疑，认为改革试点是局部性的制度试验，必然产生不同地区法律适用的不统一，这实际上意味着对"法律面前人人平等原则"的破坏。[①] 因为改革试点，刑事程序的参与者由于所处地区不同，就可能受到不同的刑事处遇，比如，是否有律师介入讯问，是否可以刑事和解，是否可以附条件不起诉，是否有羁押巡视，是否有人民陪审团参加庭审等。其实，不仅存在不同区域可能适用不同程序的问题，有些试点中，由于人为地划分实验组和对比组，所以，即使在同一个司法机构，公民也可能得到不同的法律处遇。于是，公平性质疑随之而生。

顾培东教授认为："司法的统一性以至法制的统一性是任何情况下都不能变通的原则。司法改革的进程可以是阶段性的，但改革措施的实行不可能是局部性的……'凤阳小岗现象'不可能、也不应当出现在司法改革之中。"[②] 刑事司法改革是对国家刑事司法体制机制的改革，刑事司法体制机制所承载的是国家对公权力与公民权利的基本态度和基本主张。所以，刑事司法改革不能像经济体制改革一样，在局部地区、部分主体之中进行试验性推行。解决这一问题的出路是进行自上而下的总体设计，然后逐步推进。

3. 合法性质疑[③]

有学者对试点提出合法性质疑，但角度有所不同。譬如，有学者认为，我国的司法改革正面临着一场严重的"合法化"危机。[④] 作者并没有对"合法性"的含义作出界定，但从论证过程基本可以看出，该作者是从违反了现行法规定的角度进行的阐释。主张国家法的至上性，任何公权力的行使必

---

① 史立梅：《论司法改革的合法性》，载《北京师范大学学报（社会科学版）》2005年第6期，第124页。

② 顾培东：《中国司法改革的宏观思考》，载《法学研究》2000年第3期，第3—16页。

③ 此处的"合法性危机"是直接转引了评论者的表述，合法性内涵可以有多角度理解，本书主要是从正当性角度进行讨论的，合法性内涵及试点合法性研究路径详见第三章"试点的合法性基础"。

④ 谢佑平、万毅：《法律权威与司法创新：中国司法改革的合法性危机》，载《法制与社会发展》2003年第1期；黄龙：《司法改革的合法性不容回避》，载《法制日报》2002年4月27日。

须遵守法律的授权和受到法律的约束。对于司法机关来讲，守法具有绝对性。司法机关推行司法改革，不能突破现行法律的规定，这是法治的基本要求。而司法机关已经进行的改革则有非法之虞。所以，为避免产生试点合法性危机，司法改革的路径应当规限在合法性的限度内。也就是说，批评者并不反对刑事司法改革，反对的是违背现行法律规定推行司法改革的路径。批评者认为，如果需要突破现行法律规定的，只能由作为立法机关的全国人大及其常委会来着手进行，这种做法在国外也是通例。① 在是否符合现行法规定的层面上，有的批评更具针对性，是结合具体试点制度进行的评析，比如，附条件不起诉超越了检察机关的法定职权；"零口供"规则违背了刑事证据制度；"辩诉交易"于法无据，又违反了我国刑事诉讼的法定证明标准，等等。② 批评者分析，导致试点合法性危机的更深层原因是"人治"传统在作祟，以"辩诉交易"第一案为例，③ 人们感受到的是扑面而来的"人治"味道。因为，我国目前的刑事诉讼法中并未规定辩诉交易制度，仅仅由于地方法院领导对该制度感兴趣，就可以将该制度引进审判实践，却没有人质疑这样做的合法性，这显然是一种典型的人治思想的反映。

当然，并不是所有的研究者都认同从是否符合现行法规定的角度去解读合法性。有研究者指出了"合法律性与合法性的差异"，并从自然法学与实证法学比较的视角解读了合法性的形式与实质内涵。④ 指出，司法改革的合法性应建立在形式与实质双重要求之上，否则就可能导致改革的合法化危机。形式合法性指的是司法改革作为一种立法形式的合法性，而不是试点机

---

① 例如，在英国，刑事司法制度的改革一直处于变化状态。这不仅因为议会一直监控该制度并且每年通过立法对一些方面形成影响，还因为在新的实际情况下，法律一直处于法官们日常使用时的新的理解之下。在一些例外情况下，法官造法起到特别重要的作用，但对制度的根本性的改革还是由议会作出。［英］迈克·麦康维尔：《英国刑事诉讼导言》，中国政法大学刑事诉讼法律研究中心组织编译，中国政法大学出版社 2001 年版，第 21 页。

② 宁清华：《论司法改革的限度——对当前部分司法改革措施的宪法学思考》，载《四川行政学院学报》2004 年第 4 期，第 37 页。

③ 国内"辩诉交易"第一案——孟广虎故意伤害案，详见张景文等：《聚焦国内"辩诉交易"第一案》，载《人民法院报》2002 年 8 月 8 日。

④ 史立梅：《论司法改革的合法性》，载《北京师范大学学报（社会科学版）》2005 年第 6 期，第 125 页。

构司法的合法性；而实质合法性强调的是司法改革的内容是否正当。该论者同时也认为，虽然以往的研究者对合法性的理解存在偏差，但却表明了学界开始从"合法性"角度对司法改革提出了质疑，即学界对司法改革的关注从规范法学层面，扩展到了对司法改革本身所涉及的理论问题的关注，这种研究视角的多样性是一件好事。也就是说，这"意味着我国学者开始对司法改革具有了一定的反思能力，这有利于我国司法改革走上正轨并取得最后的成功"。当然由于这种新视角的研究起步较晚，仍处在发现问题的阶段，离解决问题尚存在较远距离。

4. 伦理质疑

近年来，也有学者从伦理的角度对试点提出了质疑，而这个问题在以往的司法实践和法学研究中是被忽视的。

伦理是就人类社会中人伦关系及其秩序而言的，伦理学是从哲学中分化出来的研究道德现象及其发展规律的学说，在伦理学与法学的交叉点上又发展出了法律伦理学这一边缘学科。法律伦理学并非只关注法律职业道德，而是将社会法律现象中的伦理问题均纳入研究视阈。研究者认为，贯穿于所有法律现象中的最根本道德要求——公正、人道和实事求是。这三项法律伦理学的基本道德原则又可细化解释为：法律面前人人平等、平等的尊重以及诚信。[1] 有学者更微观地研究了法律实证研究中的伦理问题，指出，由于法律实证研究相对思辨研究所涉利益复杂，而且研究对象常常处于弱势地位，因此，各种伦理问题在实践中普遍存在，有的还非常严重，比如故意隐瞒甚至欺骗、对研究对象的精神伤害等。这些情形又可归类为：违反研究者与被研究者间的伦理关系，研究者与研究资助者的伦理关系以及研究者与研究同行、社会公众之间的伦理关系。[2] 还有研究者认为，"借鉴其他学科关于伦理责任的探讨，完善法律实证研究中的伦理责任，促进其研究过程的科学精神和研究结论的真、善品质，是中国法律实证研究迫切需要解决的现实问

---

① 刘正浩、胡克培：《法律伦理学》，北京大学出版社 2010 年版，第 37 页。
② 内容详见郭云忠：《法律实证研究导论》，北京大学出版社 2012 年版，第 122—156 页。

题"。主张在法律实证研究中应遵守自愿参与、参与无害、有限欺骗和有效披露四个基本原则。[1]

试点不是纯粹的技术性试验、抽象的逻辑推理以及毫无生气的一组组数据和表格，而是要面对具体的被害人、犯罪嫌疑人、被告人以及诉讼代理人、辩护人等，他们被莫名其妙地卷入到试点当中，在研究者面前，他们显然处于弱势和被动的地位，他们应当被怎样对待，这是试点要回应的伦理问题之一。此外，还有试点主持者是否能全面、真实、有效地向公众披露试点信息，是否能克服自身的利益倾向等。就试点评估来讲，观察试点效果的有效方法就是对比。所以，要将案件人为地划分为试验组和对比组，那么，案件当事人的命运就可能与分组的结果有密切的关系。比如，试验组更可能被取保候审，更容易免费获得律师的帮助，更有机会与被害人达成和解等，而对比组的"运气"可能就没这么好了。但反过来讲，试点是制度的创新，试验组也可能由于对试点信息了解的并不充分，有被"突袭"的感觉。现阶段看，有关试点的伦理问题已经有了学理上的探讨，但尚缺乏具体的规范，所以伦理审查制度也是空白。而普遍存在的违反试点伦理的情形确实挑战着试点的正当性，如未充分告知研究信息、未获得被研究者同意、对隐私权保护不利、研究者具有利益倾向等。

5. 动因质疑

有研究者通过实证观察，对部分试点的动因提出质疑，认为有些试点只是应时应景的形象工程，试点的动因仅仅是引起上级检察机关和媒体的关注，是应付考核制度的需要。[2] 有些试点由于动力不足而导致"人走茶凉"。还有些试点宣传效果远远超出实际运行情况。[3] 因此，曾有人主张，对于试点"作秀"而造成严重后果的，应当由上级机关追究领导者的责任，必要时可建议人大依法定程序罢免其职务。这样能够使"司法违法"的司法官

---

[1] 雷小政：《法律生长与实证研究》，北京大学出版社 2009 年版，第 178—179 页。
[2] 李乐平：《创新创优不能过度"盆景化"》，载《检察日报》2012 年 2 月 28 日。
[3] 有关试点中出现的问题参见郭云忠：《刑事和解现状之调查》，载中国法学会犯罪学研究会编：《中国犯罪学研究会第十六届学术研讨会论文集》（上册），第 175 页。

员受到应有的处理，使"没有成本"的乱改革者在获得新闻轰动效应的同时也付出相应的代价。"特别是使那些借改革之名、行违法之实的沽名钓誉之徒落得个偷鸡不成反蚀把米的下场。"① 质疑改革动因的情形在我国台湾地区刑事司法改革中也曾出现过，台湾地区高等法院检察署张熙怀主任检察官曾多次来大陆介绍台湾地区刑事程序改革的情况。据张检察官介绍：在1999 年前，台湾地区"司法改革基金会"多由律师界大力推动，但近期以来，由于庭审方式的改革可能会对律师收益造成影响，所以，律师界对第二次、第三次的改革进行拦截，因此，也引发公众对于改革推动者动因的质疑。②

（二）赞同说

1. "试验田"论

将司法改革试点比喻为"试验田"③ 较早由上海社会科学院法学研究所柯葛壮研究员提出。文章发表于 1999 年《政治与法律》第 3 期，题为《创设司法改革的"试验田"》。虽然全文不足千字，但"试验田"的叫法却由此传开。作者主张刑事司法领域的试点可以使得改革少走弯路，降低耗费。"设立'试验田'，既为科学的实证研究和立法经验的积累提供了坚实的基地，也增强了司法改革的保险系数。""将试验证明行之有效的改革方案、措施充实到法律中来，则可克服立法的盲目性和理想主义，避免闭门造车、纸上谈兵，使法律条文和制度更为成熟、更为周到、更加切合实际，也经得起时间考验。这样的法律规范自然也就更能保持稳定性。"④ 因此，创设"试验田"的益处至少有两个方面，即增强了法律的可操作性和稳定性，何

---

① 谭世贵：《中国司法改革理论与制度创新》，法律出版社 2003 年版，第 287 页。
② 内容参见张熙怀检察官讲座"五味亲尝：台湾地区刑事司法改革体验与观察"，京师刑事法专题论坛第 41 期，2012 年 6 月 22 日。
③ 所谓"试验田"，就是国家立法机关明确授予司法机关特殊政策，在指定的较小的区域范围内放开手脚搞改革试点，允许突破现行法律条文的限制，大胆创新，自由探索。经一段时间试验证明某项改革方案、改革措施获得成功，再提炼上升为正式法律全面推广实施。
④ 柯葛壮：《创设司法改革的"试验田"》，载《政治与法律》1999 年第 3 期，第 1 页。

乐而不为？也有论者提出类似观点，认为，"司法改革毕竟不像自然科学那样，能够经由实验和计算精确地预测到将会带来的结果，正是改革的这种难以预测性使得试点在具体改革措施的推行中变得极为必要"。①

"试验田"理论发表后，有众多学者从形式合法性的角度提出了强烈的质疑，所以，"试验田"论相对沉寂了很长时间。2009 年北京大学的宪法学教授张千帆重提此说，在 2009 年第 7 期《南风窗》发表了题为《回到司法改革的真问题》一文，文中张千帆教授明确主张建立"司法试验区"，即不同的司法改革主张者可以有自己的试验田，通过制度试验以观后效。论者主张司法改革虽然进行了十年之久，但实质性改革尚未起步。司法改革的真问题是如何实质性地落实审判公正。所以，现在也正是地方司法实验大有可为之时，至于具体措施及其形式利弊如何，一是需要时间检验，二是未必存在统一的标准答案。在一地有用的制度，在另一地就未必有用。正如经济改革一样，通过试验发现了市场经济，淘汰了计划经济，那么"各地司法试验也会帮助我们发现最适合中国至少中国某个地方的司法模式"。论者同时也强调了，司法试验不仅需要解放思想，也需要客观、公正的评价标准，不能由改革者自己说了算，人民永远是最终决定者和推动者。②

2. 司法推进论

立法机关对于实务部门或学者开展的试点并没有正式的评价，但可以从有关领导的讲话中看出端倪。在 2009 年 7 月最高人民检察院检察理论研究所主办的"认罪轻案程序改革"研讨会上，全国人大法工委刑法室原副主任黄太云以专家身份发表了评议。认为认罪轻案程序的改革很有意义，因为从刑事诉讼法修改的角度来讲，"做一些试点，很有必要……将一些改革直接写入法律，不如在小范围内做一些试点，总结经验，最后上升到法律的层面，这样可能更稳妥一点"。据黄太云副主任介绍，"司法改革涉及（刑事程序）立法的 22 个项目，我们不敢现在就开始埋头写法律草案，我们没有

---

① 王琳：《试论司法改革的路径选择》，载《诉讼法学·司法制度》2002 年第 8 期，第 118 页。
② 张千帆：《回到司法改革的真问题》，载《南风窗》2009 年第 7 期，第 36 页。

那么大的本事，我们采取逐一分解的方法。先用司法解释试试看，去总结经验和教训"。"我非常希望这个项目（认罪轻案程序改革试点）能为下一步刑事诉讼法的修改提供一些经验或者可以借鉴的好的做法。"① 在 2012 年 4 月召开的"刑事诉讼法修改与预防青少年违法犯罪"研讨会上，全国人大法工委刑法室王尚新主任介绍了刑事诉讼法修改的有关情况，其中也谈及，新刑事诉讼法有关未成年人刑事诉讼程序的增设正是对以往实践探索的总结，立法机关将已经成熟的做法吸收入法，比如未成年人犯罪记录消灭、律师介入批捕程序；对未成熟的部分还将做继续探索，比如审前羁押替代措施的适用。这体现了循序渐进的修法原则。这一说法从全国人大常委会副委员长王兆国《关于〈中华人民共和国刑事诉讼法修正案（草案）〉的说明》中也可以得到印证，王兆国副委员长指出："在常委会审议和征求意见过程中，各方面对修正案草案还提出了其他一些修改意见和建议。这些意见和建议中，有些各方面认识还不一致，有些还缺乏实践经验。考虑到刑事诉讼法的修改要根据经济社会发展的实际，循序渐进，逐步完善，对于这些问题，可以继续研究探索。"从这些讲话内容可以看出，试点既为立法提供可资借鉴的经验，也存在继续发展的空间。

这种立法思路被学者总结为"司法推动主义"。②陈瑞华教授认为，立法推动主义是一种长久以来的思路，也就是说，管理层意图通过变法修律来拉动制度进行变迁，但是这种做法已经显示出了越来越严重的弊端，比如规则的认同度和接受度差、隐性规则滋生等。相比之下，司法推动主义却显示了更强的优势，所以，应当重视司法机关自生自发的制度变革经验，采取一种"司法机关改革试验先行"、"立法机关将成熟的改革经验上升为法律"的法律发展模式。

---

① 张智辉：《简易程序改革研究——辩诉交易制度研究结题报告》，中国检察出版社 2010 年版，第 183 页。

② 陈瑞华：《制度变革中的立法推动主义——以律师法实施问题为范例的分析》，载《政法论坛》2010 年第 1 期，第 38—57 页；陈瑞华：《法律程序构建的基本逻辑》，载《中国法学》2012 年第 1 期，第 64—76 页。

3. "革新理由"论

"革新理由"论的与众不同之处是，论者没有在试点可能具有的形式合法性或实质合法性之间打转转，而是独辟蹊径，采取了一种"面对现实"的态度。作者认为，试点是我国司法改革过程中常用的一种策略安排，试点往往在某种程度上超出常规合法性秩序，却又能获得合法化依据。所以，试点"与形式合法性、实质合法性之间都存在一定张力，但合法性秩序仍可将其良好容纳于自身之内"。既然试点在这种紧张关系中可以相安无事地存在，而且并非一朝一夕，那么，作者索性将试点所依靠的合法性基础归类为一种新的合法性类型，并将其命名为"革新理由"。作者主张，我们需要承认这种"革新理由"，并参照合法性秩序容纳其他实质合法性要素的方式将其融进法治秩序中。[1] 也就是说，同时要在制度上设计某种正当性压力出口，以便化解正当性与合法性之间的张力，这个出口显然指的是进行试点的可控性程序。这也同时说明了，"革新理由"这种实质性理由是不能彻底解决试点正当性问题的，所以，作者不得不同时借助于"可控性程序"。

4. 启示论

也有论者是从其他地区刑事司法改革经验启示的角度，表达对试点的赞同。比如，有论者认为，我国台湾地区刑事诉讼改革与目前大陆刑事诉讼改革面临的问题十分相似，因为两者的社会和法律基础有许多相似点，所以，有很大的借鉴意义。在谈及台湾刑事诉讼改革对大陆的几点启示时，作者强调了要"肯定司法机关的改革作用"。作者认为，对于司法机关从人权保障和权力制约理念出发而进行的改革探索，是应当予以肯定的。对此，可以从台湾地区刑事司法改革的经验获得启示，例如，"大法官"对检察官羁押权为"违宪"的解释致使 1997 年修法废除检察官的这一权限；"最高法院"对于证据排除法则的承认引起 2001 年的修法等。所以，从这些做法来看，"不应断然以合法性问题否定司法机关在改革中的积极努力"。理由是：司

---

[1]　苏宇：《略论"试点"的合法性基础》，载《政治与法律》2010 年第 2 期，第 77—83 页。

法机关处在司法改革的第一线，所以，实务部门对改革的需求最为了解，同时，对于改革的方向也最明确。那么，司法机关的改革探索只要是出于正当目的，出于可以为社会所接受的理由，也就是说只要具备了实质合法性，即使没有现行法的依据，即形式合法性暂时还有欠缺，就应当予以承认。只不过，随后应尽快进行形式合法性的补正，通过修法予以明确。①

二、分歧归纳

质疑说和赞同说表明不同的评价主体对刑事司法改革试点有不同的价值认识，即存在评价分歧。表面上看是试点欠缺实质合法性或形式合法性的问题，这是现有理论中对试点合法性评价的类型划分。形式合法性的标准通常为试点是否符合现行法的规定；实质合法性则是以预设的某种法外优位价值观来评价试点。② 但更深层的危机是：试点作为刑事司法改革的方法并没有达成合理的共识，存在诸多的认识分歧。刑事司法改革试点在可接受性，即正当性上存在危机。

对于现有的试点评价分歧可以进行以下"原生态"归纳：

质疑说不仅拷问了试点的形式合法性，也对试点的实质合法性表示了忧虑：其一，对试点提出违宪性质疑的立足点是宪法的原则以及宪法有关各权力机关的定位和职责。虽然质疑者也引用了具体的宪法条文，如《宪法》第 5 条，国家维护社会主义法制的统一和尊严；第 62 条，全国人民代表大会有权制定和修改国家机构的基本法律；第 67 条，全国人民代表大会常务委员会有权对全国人民代表大会制定和修改的法律进行部分补充和修改。但宪法作为国家根本大法的地位决定了违宪与突破部门法的具体规定不可同日而语，与宪政基本原则和精神的背离不能单纯从违反现行法规定的角度去解释。持试点违宪说的学者认为，违宪的刑事司法改革试点破坏了宪政的价值基础，损害了宪法的至上权威，动摇了法治国家的基石。因此，从合宪性的

---

① 纵博、郝爱军：《近年台湾地区的刑事诉讼改革及其启示》，载《台湾研究集刊》2010 年第 3 期，第 42—43 页。

② 对形式合法性、实质合法性理论具体内容和弊端的阐释详见第四章和第五章。

角度观察试点，既有悖形式合法性要求，也不符合实质合法性。其二，对试点所引发的公平性质疑也是以"法律面前人人平等原则"的宪法性原则为立足点，因此，也毋宁说是一种对实质合法性的质疑。同时也回应了"法制的统一和尊严"的宪法要求。至于伦理危机和动因危机更应归为实质合法性的层面。其三，主张试点面临合法性危机的学者们在论证中角度有所不同，因此，需要加以区分，不能一概而论。一般看来，在论证中以"法律具有至上性，公权力行使必须受到现行法律的约束，必须取得法律授权"为立论根基的，可以理解为是从形式合法性角度进行的阐释。换句话讲，主张试点应符合现行法规定的论点就是强调：司法机关守法具有绝对性，司法机关推行司法改革不能突破现行法律的规定。当然，这些论者中的大多数并不否认试点机关动机的善意性，但同时认为，动机的善意并不能取代手段的合法性，也就是说不能以实质合法性来取代形式合法性。另外，在研究试点合法性的学者中，也有论者对合法性作了较为细致的区分，主张合法性不能等同于合法律性。形式合法性是指司法改革作为一种立法形式的合法性，而不是试点机构司法的合法性；而实质合法性强调的是司法改革的内容是否正当。应当跳出规范法学层面，从司法改革本身所涉及的理论问题的角度来研究合法性。所以，在质疑试点合法性的观点中，还存在如何理解合法性的分歧。

因此，不能简单地认为，凡是质疑刑事司法改革试点都是从形式合法性出发的考量，在样本中可以看到，其中也存在对实质合法性的追问。

赞同说可分为："试验田"论、司法推进论、"革新理由"论、启示论。四种观点的立论角度无一例外属于实质合法性，或以试点的功效价值作为立论依据，或以对既存事实的认可作为立论依据。比如，"试验田"的益处至少有两个方面，即增强了法律的可操作性和稳定性，克服立法的盲目性和理想主义。"司法试验可以帮助我们发现最适合中国至少中国某个地方的司法模式。""试验田"论和司法推进论的立论基础如出一辙，都是从试点的功效价值出发，而且也都没有对形式不合法作出回应。"革新理由"论是一种新视角，它没有回避试点与形式合法性和实质合法性之间都存在的紧张关系，同时又认为，从既存事实角度考虑，试点是我国司法改革过程中常用的一种策略安排，已经达致了制度变迁中的平衡，不如索性将试点所依靠的合法性基础归类为一种新的合法性类型，并将其命名为"革新理由"。这事实上也是一种从实质合理性角度出发的思考。

相对于实践型试点，有关研究型试点的争论的确不多，而且争议内容偏重技术性角度，所以，容易达成共识。比如，"三项制度"试点中主要争论问题是录音录像资料的法律性质，即可否作为证据使用的问题。出现这种局面的原因可能是：第一，实践型试点似乎影响力更大，宣传面更广，另外，学者和公众对公权力的一举一动有更多的警惕性，所以对实务部门的改革举措更加关注。第二，学术研究机构在把握制度内涵和诉讼规律方面更具优势，研究型试点在处理试点制度与现行法关系时也就更加谨慎，而且，研究型试点由于需要说服实务部门的合作，所以，在制度可行性论证方面也更充分。第三，圈内人士出于"面子"的考虑不便做出负面的评价。研究型试点的产生与法学研究模式的转变、法学实证研究的兴起有密切的关联。从法学研究的角度，通过试点或者实验推进改革是一种实证研究方法，但试点启动主体和动因的不同，并不能改变试点是新制度试验这种根本性特征。所以，对于研究型试点而言，并非只要研究者有更大的勇气和魄力；更多的问题意识和务实精神；国家和社会提供更宽松的外部环境就万事大吉了，[①] 研究者并没有研究特权，也要面临试点合法性的拷问。

透过纷繁复杂的刑事司法改革试点现象和试点评价，深层次的危机渐渐显露出来，即试点作为刑事司法改革方法本身是否具有正当性。这种正当性是法哲学角度的试点可接受性问题，即合法性问题，而不是单纯的试点有没有突破现行法律框架的顾虑。

试点的合法性问题是司法改革过程中逐步被认识到的一个难题，2005年有学者已经指出，司法改革合法性问题的提出意味着我国学者开始对司法

---

① 卢荣荣：《梦想照进现实——法学研究的态度转换及司法改革的模式选择》，载《云南大学学报（法学版）》2008年第2期，第157—158页。

改革具有了一定的反思能力，但对这一问题的研究仍处在发现问题阶段，离解决问题尚存在较远距离。① 试点作为一种既存的刑事司法改革方法，合法性还没有得到逻辑上的证明。

从改革方法的角度看，我国的刑事司法改革是缺乏理论指导的实践，就像有学者所说，"一些根本问题都没有得到认真的回答，人们说干就干起来了，然而，时过境迁之后，就难免说停就停了……绕过理论问题使目前的司法改革运动具有一种奇怪的逻辑，那就是见缝插针、见好就收、见堵就绕"。② 合法性问题提出后，研究者们的注意力开始从每一项具体的改革制度转移到了司法改革本身所涉及的理论问题，包括司法改革的主体、动因、定位、路径、程序，以及正当性与合理性等。

合法性问题是任何时代无法回避的问题，在变革时代就会变得更加严峻。③ 合法性问题的提出，对于我国的法治建设以及政治稳定都有十分重要的意义。因为，合法性问题事关人心归向，丧失了合法性的司法改革将导致整个法治体系的崩塌。不解决合法性的问题，刑事司法改革试点无疑是在碰运气，具有很大危险性。

三、分歧解析

从社会认识论的角度考察，合法性问题是一个评价性概念，由于评价者对试点价值认识不同，从而导致态度上的不同取舍。欲找出分歧产生的原因，解答分歧可否共存的疑问，需从价值认识的规律入手，包括什么是价值认识、价值认识的特征和前提、评价的标准、价值认识的多样性以及评价的相对合理性和真理性之辨。

---

① 史立梅：《论司法改革的合法性》，载《北京师范大学学报（社会科学版）》2005 年第 6 期，第 124 页。

② 吴玉章：《缺乏理论的实践》，载《读书》2004 年第 7 期，第 115—118 页。

③ 法国学者马克·夸克在其中文版的《合法性与政治》一书中，撰写了以《合法性，民主的合法性和过渡时期在中国》为题的中译本序，其中即论及了因为中国正在经历深刻的变革，所以合法性问题在中国占据重要地位。［法］让－马克·夸克：《合法性与政治》，佟心平、王远飞译，中央编译出版社 2002 年版，第 6 页。

（一） 价值认识的前提及评价分歧的原因

价值认识是对价值关系的认识。价值作为哲学范畴，表示客体对于主体所具有的积极或消极的意义。人们把客体对主体的积极意义叫正价值，简称价值，而把消极意义叫负价值。价值是主体和客体之间的一种关系现象，一方面，价值离不开人和人的需要；另一方面，价值也离不开客体，客体及其属性是价值的承担者。故此，价值的性质就同主体的需要和客体的属性具有内在的相关性，由于主体需要的多样性和客体属性的无限性，就决定了主客体之间的价值关系是丰富的和不断发展变化的。而对于丰富多样的价值关系的主观反映就是价值认识。价值认识可能是真的，也可能是假的。要想获得正确的价值认识，不仅要结合主体的需要，而且要全面、完整地认识客体，这是价值认识的前提。所以，对刑事司法改革试点的评价是评价者在对客体属性和主体需要认知的基础上，用一定的评价标准作出的一种价值判断。

依据价值认识的前提可以推导出，为什么面对同一价值关系，不同的评价主体会得出不同的评价结果——第一，对事实的认定不同。第二，评价的标准不同。

评价是对价值的判断，而价值又是主体和客体之间的关系现象，价值认识要以反映客体属性和主体需要的事实为前提，所以，作为评价基础的事实既包括客体的属性，也包括主体的需要。在认识论中，这种事实被称为"价值事实"。[①] 价值事实不同于通常所说的科学事实，即客体性事实，价值事实是一种主体性的事实——通过主体本身的存在和变化而表现出来的事实；是属人的、社会的、历史的客观事实。主体特质性和多样性是主体性事实的基本特点。

价值事实的特点决定了其较之客体性事实在认识上的复杂性。首先，从客体属性的角度观察，正确地评价某一客观事物的前提是对其各方面的属性以及发展变化的情况进行全面的了解，就试点而言，如果想要作出正确的评

---

① 李德顺：《价值论》（第 2 版），中国人民大学出版社 2007 年版，第 233 页。

价，就必须准确界定刑事司法改革试点的内涵和外延，并通过对一定数量试点样本的观测，详细描绘各个具体试点的主体、动因、背景、制度内容、发展过程、引发的争议和产生的影响等全方位信息，以及不同时期、不同模式的试点信息，不能以偏概全。对价值认识的正确程度与我们对客体事实了解的深度和广度成正比。在已有的试点评价中，评论者对客体事实的把握确有可商榷之处。比如，在相关文献中，作者批评了"司法违法"的现象，并用两个例子加以论证。第一个例子是"零口供"试点，① 作者认为"零口供"规则的合法性是值得怀疑的，因为，犯罪嫌疑人的供述或辩解是我国刑事诉讼法规定的法定证据种类，检察院不能以本部门的内部性规定予以否定，所以"检察机关实际上是在'违法司法'"。第二个例子是黑龙江省牡丹江铁路运输法院审理的"中国辩诉交易第一案"，作者认为，辩诉交易程序在我国现行刑事诉讼法律法规中找不到依据，司法机关弃国家法律规定的法定诉讼程序而不用，而自行采用辩诉交易程序来替代，是对法律的粗暴践踏。② 这种描述客观事实的方法似乎有一定的问题：其一，作为讨论基础的改革试点样本太过单薄，数量上只有两个，容量上记述简单。仅就"零口供"规则试点看，信息也不够翔实。"零口供"规则五易其稿后，已经从"绝对的零口供"演变为"相对的零口供"，而且从制度运行的具体情况看，试点机构并不是要否定犯罪嫌疑人供述和辩解这种法定的证据种类，也不是要试行沉默权，而仅仅是出于提高案件审查质量而进行的工作机制上的改革。仔细研读催生"零口供"规则的具体案例，③ 可以对该规则的内涵有更准确的把握。

直接推动《零口供规则》出台的是一个具体的案件：1999 年上半年，辽宁省抚顺市顺城区公安局办理了一起涉嫌强奸案。犯罪嫌疑人刘某某供认

① 几乎所有主张刑事司法改革试点属于司法违法的文章中，都以"零口供"作为例子，但可能是限于篇幅，没有文章是在详细记述了"零口供"试点完整信息的基础上进行评价的，通常只有名称。

② 谢佑平、万毅：《法律权威与司法创新：中国司法改革的合法性危机》，载《法制与社会发展》2003 年第 1 期，第 4 页。

③ 黄广明：《"零口供"惊世骇俗出台》，载《南方周末》2000 年 9 月 21 日。

其于 1998 年 5 月 21 日 8 时许，驾驶摩托车尾随其邻居被害人夏某某至福民小学，当夏送孩子上学后从校门出来时，被告人刘某某以送其回家为由将夏骗至顺城区某乡一山坡处，将夏拖至一树林中奸污。该案于 1999 年 6 月移送顺城区人民检察院起诉后，犯罪嫌疑人刘某某突然翻供，否认强奸并辩称是通奸行为。理由是：（1）与被害人夏某某案发前曾有过通奸行为，并保持这种不正当关系，这一情节有其父亲、姐姐、妻子证实；（2）与被害人夏某某案发时也是通奸行为，并没有实施暴力、胁迫手段，没有违背被害人意志，这一情节有被害人夏某某主动乘坐其摩托车至案发地，事后又乘其车返回住所等反常现象证实。"当时公安局移送的案卷中证据并不充分"，审查起诉此案的顺城区人民检察院起诉科检察官陈卫国说，"主要是嫌疑人有罪供述几份，被害人陈述几份，外加几份不能说明核心事实的间接证据"。这样的证据，对犯罪嫌疑人的翻供显然无能为力。

接下来，陈卫国确立了一个办案思路，假设犯罪嫌疑人的辩解或质疑成立，然后再对此收集证据加以肯定或否定。如犯罪嫌疑人称其父亲、姐姐和妻子可证实他与被害人一直保持通奸关系，但对其父、其姐、其妻的调查显示三人的证言相互矛盾，且与犯罪嫌疑人的说法也相互矛盾。经对犯罪嫌疑人的邻居进行调查，也否认了二人之间的不正当关系。相反，被害人的陈述却有大量证据佐证，比如夏某某当日被撕坏的裤子。现场勘查笔录、被害人陈述、证人证言、物证等证据均表明强奸事实已发生——性关系的发生确实违背夏某某的真实意志，实施强奸行为人系犯罪嫌疑人刘某某，现有证据已形成完整的证明链条，足以得出强奸案系刘某某所为的结论。庭审过程中，通过讯问、举证等一系列诉讼活动，被告人当庭认罪，辩护人的观点也由无罪改为罪轻的辩护，控方证据的说服力由此可见一斑。最终被告人被法院以强奸罪判处有期徒刑 6 年。

在该案的启发下，起诉科人员逐渐形成"口供的假定排除"、"使口供对案件审理的影响为零"等办案准则，直至 2000 年 8 月《零口供规则》的出台。

　　所以，这里可能存在的问题就是样本的数量和质量的欠缺，[①] 但这种情况随着法学领域实证研究方法的兴起有了很大的改观。其二，过高估计了偶然性事件对试点启动的影响，而没有进行更全面的背景揭示。在试点概貌的动因变量中，通过列举引发普通程序简易审和合适成年人试点启动的偶然事件，已谈及偶然性事件对试点启动的影响。但实际上，这些偶然性背后隐藏着更具决定性的必然性因素，单纯地放大这些偶然事件是不客观、不全面的。因为"在表面上是偶然性起作用的地方，这种偶然性始终是受内部的隐蔽着的规律支配的"[②]，社会的发展是由一个"总的合力"所推动的。其三，滑坡论证方法的运用宜谨慎。有批评者认为："试想，如果黑龙江省牡丹江铁路运输法院的这种做法被大量复制、推广，成为一种普遍的行为模式，那么法律的至上性和法律的权威又将被置于何处？而失却了法律权威这一基石，我们理想中的法治国家又该建立在什么之上呢？"滑坡论是一种推理或论证方法，也可用"多米诺"、"滚雪球"等比喻来指称。意思是说，今天应当抵制（或支持）某种行为或决定，因为支持（或抵制）该行为或决定将可能导致我们今后不得不支持（或抵制）其他明显应当抵制（或支持）的行为或决定。如果今天允许 A，则可能导致今后不得不允许 Z；而 Z 是应予反对的；所以，今天应不允许 A。虽然大多数哲学家倾向于对滑坡论持怀疑和批判的态度，但作为一种实质法律推理的方法滑坡论有着其哲学基础，在本质上并不是荒谬的。但这种推理在逻辑上又不是必然推理，其论证力受到使用场景、人们的价值观念和意识形态、滑坡的可能性等诸多因素的影响和制约。因此，这种推理在逻辑上只是或然的。不加区别、泛泛而谈的滑坡论是需要警惕的。[③] 总之，我们对试点了解的越全面、越细致，就越有可能作出正确的评价。

---

① 笔者在有些研究者的文章中还发现，有些批评"零口供"试点的文章中，试点机构的名称甚至有误。

② 《马克思恩格斯选集》（第 4 卷），中共中央马克思恩格斯列宁斯大林著作编译局译，人民出版社 1972 年版，第 243 页。

③ 有关滑坡论的理论架构和影响其论证力的因素可参见石现明：《滑坡论及其在法律推理中的应用》，载《西南民族学院学报（哲学社会科学版）》2003 年第 5 期，第 173—181 页。

其次，主体的需要是价值事实的另一个基本要素。价值表示的是客体对于主体所具有的积极或消极的意义。所以，首先是因为有了主体的需要，才会以此需要为尺度去评价客体有无价值以及价值的大小。对于同一客体来讲，主体的需要不同，获得的价值认识也就不同。应当强调的是，这里所说的主体，指的是价值关系的主体，而不是评价主体，当然，有时价值关系主体与评价主体是重合的。主体的需要是一个复杂的系统，是多方面、多层次、多变化的，认识主体的需要，应当尽可能地把主体的某一方面需要与其他方面的需要、暂时的需要和长远的需要结合起来。就试点评价而言，有关主体需要这个问题，首先要确定的是——谁是主体？或者说，是谁的需要？是试点的启动者、主持者？是学者？是案件当事人？抑或是实践部门、立法机关？如果这个问题不确定，那不同的主体自然有不同的需要，主体的需要不同，价值事实也就会发生改变。评价分歧是针对同一价值关系而言的，如果是不同的价值关系，就没有所谓的评价分歧问题。从全局性、长远性的角度考虑，这里的主体应当是社会公众，而不是某一个具体的个人或单位。但问题并没有到此结束，接下来要问的是主体需要什么？是通过试点检验制度的可行性，以增强立法的稳妥性？还是严格遵照程序法定原则，以维护法制的统一和权威性？不同的评价者考虑到了不同的需要，评价分歧也就由此而生。

另外，评价标准的不同也会产生评价分歧。评价标准就是价值认识的尺度，评价标准在评价之前就存在于人们的头脑中，比如"什么是合法"、"什么是公正"、"什么是合理"等诸如此类的价值观。价值观不同，或者多种价值观之间的排序不同，都会导致评价标准的不同。而价值观的形成又是与主体的需求和利益密切相关的，人们的需求和利益决定了他们对待事物的态度，或者说是评价的标准。当然评价标准也不是一种纯主观的东西，可以漫无边际。有学者论证，"客观的各种可能性和不可能性，依人们对它们了解和理解的程度，反映在人们对待事物的态度之中"，不断修正人们的评价标准。换句话说，"评价标准实质上是人们在自己的价值标准和外部客观现实之间谋求一种具体的、积极的统一所得出的历史结论"。① 尽管评价标准有其客观性的一面，但如果以每个个体的价值观、利益需求作为试点现象的评价标准，那么，就一定是众说纷纭，难分良莠。而且，评价者的评价标准也会因各种因素发生转变，比如源于对司法实践的感悟，或者偶然性事件的影响。

因此，有学者认为，"反映事物意义的正确尺度，不是某个人、某个阶级的特殊需要，而是社会的利益和需要"，我们对于需要应以社会的尺度去衡量，因为人是社会的生物，人的本质是社会关系的总和。② 而影响评价标准设定的因素则主要是主体的利益、需求、社会秩序以及人对社会理想的追求。在试点评价中，这些因素从不同的角度影响了评价者对评价标准的设立，于是产生了形式合法性、实质合法性等不同的评价标准，进而导致了评价结果上的差异。

（二）相对合理性与真理性之辨

存在评价分歧是否意味着一定要分出真假？也许都有合理之处，没有必要在评价分歧的问题上"较真"，这涉及认识论中的相对合理性与真理性之辨。

由于价值认识是对价值关系的认识，所以，价值认识必然区别于对自然客体的认识。因为对于后者来讲，自然客体独立于评价主体之外，是价值中立的，所以，虽然是不同的主体去评价，但比较容易产生相对客观的认识或达成评价共识。但对价值事实的认识就复杂得多，因为作为评价主体的人，其自身需要也掺杂在价值事实当中，在认识论中称这种现象为"主体—客体相关律"③，认识主体与认识客体自我相关，再加上利害关系和情感因素的渗入，就会妨碍主体对社会客体进行相对客观的评价，从而造成社会认识过程中所特有的"社会测不准"现象。因此，有学者认为，价值评价的合

① 李德顺：《价值论》（第 2 版），中国人民大学出版社 2007 年版，第 258 页。
② 齐振海：《认识论探索》，北京师范大学出版社 2008 年版，第 292 页。
③ 欧阳康：《社会认识方法论》，武汉大学出版社 1998 年版，第 9 页。

理性只能是相对的，而所谓合理性"就是合理智而被认为是正常的，合规范而被认为是正当的，有根据而被认为是应当的，有理由而被认为是可理解的，有价值而被认为是可接受的，有证据而被认为是可相信的，有目标而被认为是自觉的，有效用而被认为是可以采纳的"。① 所以，我们不得不接受社会评价中出现的"合理性并存"状况，也就是人们经常遇到的"公说公有理，婆说婆有理"。为进一步解释这一现象，有学者提出了"合理度"的概念，即价值评价的合理性应当是一个相对的区间，而不是一个绝对的点，不同的价值评价在某种意义上它们各自都是合理的或都具有合理性。如果从"合理度"理论出发，人们之间的评价分歧就不是绝对合理或绝对不合理的问题，而只是在评价的合理度上有差别，也就是说，只是合理度或高或低的差别。同时也意味着，我们能够做的就是提高社会评价的合理度。比如建立大空间意识、长时段意识、进化论意识。②

有研究者对相对合理度的理论予以认同，③ 但也有人提出了质疑，主张对于评价的相对主义和虚无主义要保持警惕，强调评价的认识本质和真理性。该学者认为，夸大评价的相对性，拒斥价值的确定性，最终则会走向相对主义，相对主义的名言是"怎么都行"。价值相对主义之所以是不科学的，是因为价值和评价除了相对性也有绝对性的一面，但是却被相对主义所忽略了。这种绝对性表现在四个方面：其一，特定的主客体在特定的环境下，是否存在价值关系，这是确定的、绝对的。因此，就一个特定客体而言，在特定环境下，一个特定的主体的评价应该是确定的。其二，虽然价值判断有个性的一面，但也有共性的一面，价值判断是个性和共性的统一。其三，对同一客体的评价，不仅可以根据各个主体的需要作出，而且也可以根据一个超越各个主体之上的"共同体"的需要作出。其四，任何一种价值，它的存在和发挥作用又是具有绝对性的。进而可以得出的结论是，评价的真理性是可能的，而真理性就是某些评价所具有的真实正确反映价值关系的性

---

① 欧阳康：《社会认识方法论》，武汉大学出版社 1998 年版，第 53 页。

② 欧阳康：《社会认识方法论》，武汉大学出版社 1998 年版，第 55 页。

③ 张理海：《社会评价论》，武汉大学出版社 1999 年版，第 112 页。

质，即相当于"真"。①

可以说评价的真理性与评价的合理性是从两个不同角度提出的对价值评价的要求。真理性是从认识论的角度，要求评价的结果尽可能与客体相符合，不关注评价者主观上是否有理由；而合理性则注重评价作出后可能产生的后果，追求的是评价不仅要有理由，而且这种理由还能被人们所接受。试点评价更多的是从评价合理性角度展开的讨论。真理性主张给我们的重要启示是，评价合理性既有相对性，也有绝对性，要避免滑入虚无主义。

在我国司法改革总体性方法策略的探讨中也有相对合理主义的提法。有研究者认为在我国法治的初级阶段，司法改革不能祈求尽善尽美，只能采取渐进的、改良的方法，奉行"相对合理主义"，就是"不求最好、只求较好"。② 相对合理主义在实践中应用的关键是分寸与度的把握，所谓的分寸，一是经综合判定的合理度③，包括"制度内各种类型的操作人员、制度外的观察者与监督者的直接感受和理性分析"以及一般认可的公理性标准；二是经分析验证的执行度④，执行度的确定应当采取分析验证的方式，包括试点和实验等。但"要在错综复杂的日常情况下把握相对合理的分寸，是一个困难的问题。因为众多因素的介入容易使界限模糊"。所以，"运用之妙，存乎于心"，合理度的把握是一个经验而非逻辑的问题。相对合理主义在触及司法操作时主张，一是多元的问题视角；二是灵活的"擦边"战术；三是严格的"底限"控制。在评价"零口供"试点时，相对合理主义就运用了"擦边"理论，即认为"零口供规则"是在法律无明确规定的情况下，打了一个法制范围内的"擦边球"。"零口供规则"的意义，在于司法实践中首次承认"沉默权"是涉嫌犯罪的公民可以享有的一种权利，从而将理论上的某种主张引向实践，具有重要的先导性意义。顺城区人民检察院通过其具体司法规则作了一项具有象征意义上的宣示，可能将成为中国司法制度史上具有重要意义的事件。①

可以看出，相对合理性主义对刑事司法改革试点是宽容的态度。理由在于，虽然有公理性法律原则的存在，但公理性法律原则的普适性是相对的，它只意味着原则的普适性而非具体规范的普适性，因为，我们必须要承认文化多元和法律多元，况且，公理性原则作为基本准则也是有弹性的。当然，这种弹性也是有底限的，否则法治也就丧失了存在的根基。相对合理主义是倾向于实质合法性的观点，这种观点随后受到了质疑，有学者认为，相对合理主义隐含了一种宽容司法操作中"适度违法"现象的主张，这种主张是与龙宗智教授本人所提倡的"从技术到制度"的观点相矛盾的。宽容"适度违法"必然在一定程度上牺牲技术性规范的严肃性，而"从技术到制度"的意旨之一则是强调对技术性规范的严格遵循。另外，宽容"适度违法"也意味着司法操作过程和方式的灵活性，必然使程序得不到严格遵守，不利于司法程序的正当化。但相对合理主义的核心思想无疑是重视和强调程序的正当性的，所以，这也是矛盾的。在"合理度"还只是一种模糊的理论标准的情形下，相对合理主义就变成了为司法中的各种不规范性行为辩护的理论根据。②

相对合理主义是一种应对理论，本身有一定的局限性，表现在：其一，容忍适度违法，在一定情况下，可能成为法治的腐蚀剂与社会的麻醉剂。其二，在中国目前应当强调更高标准的法治，所以相对合理主义的提法显得"受众不宜"。其三，相对合理的标准比较模糊，难以把握，实践操作是非常困难的。③ 所以，相对合理主义也只是一个"相对"的方向，而不是清晰、具体的道路。

---

① 龙宗智：《"零口供规则"意义何在》，载《南方周末》2000年9月28日。
② 翁晓斌：《追求司法改革理想目标的现实思路——评龙宗智先生的"相对合理主义"》，载《法学》2001年第2期，第11—12页。
③ 龙宗智：《理论反对实践》，法律出版社2003年版，第39—40页。

第三章 试点的合法性基础

恰当的评价标准不仅是消除评价分歧的前提，也是实现试点合法化的基础。卡多佐曾经说："你们可能认为，追求终极观念的理论与实践完全搭不上边……碰上重要的问题时，你却可能最终发现，不是研究基础知识徒劳无益，而是除了研究基础知识，几乎不可能获得任何有益的东西。"① 所以，为了避免似是而非、空中楼阁式的建构，必须要回到有关合法性的基础性理论。归纳起来，大致有三个层面的问题需要解决：一是合法性的内涵及合法性评价所适用的场域，或者说，合法性是否只适用于政治哲学相关问题的讨论？法之合法性所指何物？二是合法性研究范式有哪几种？其中透露出怎样的评价维度和评价标准？三是试点合法性的含义是什么？在多种合法性评价模式中应当选择什么样的试点合法性研究路径？通过剖析合法性的内涵，可以在其复杂的发展脉络中寻找到阐释试点合法性的理论框架，从而明确实现试点合法化的路径。

一、"合法性" 内涵及论域

合法性的内涵是一个异常复杂的问题，难以在前面顺便说清，必须专门讨论。在政治哲学、社会学以及法学等社会科学的领域中，"合法性"一词使用频繁，但学界对其内涵的界定并没有形成共识。进行观点梳理的目的并

---

① ［美］本杰明·N. 卡多佐：《法律的成长：法律科学的悖论》，董炯、彭冰译，中国法制出版社 2002 年版，第 16 页。

非要评价是非对错，而是要勾勒出讨论刑事司法改革试点合法性的框架，避免因游移于不同的合法性含义，而使得其后的讨论飘忽不定。

（一） 合法性的语义分析和内涵

近现代社会科学领域中讨论的"合法性"一词是舶来品。当然，我国明末清初的思想家也提出过近似的主张，黄宗羲曾说，"三代以上有法，三代以下无法"。[①] 原因在于，三代以上之法"未尝为一己而立"，而三代以下之法乃"一家之法，而非天下之法"。意思是说，三代的法是为着有益于天下的目的而设计的，而后世的法则是为了满足君主的私欲而用以钳制天下的，所以是"非法之法"。这与接下来要讨论的合法性内涵确有异曲同工之妙。

如果缺乏前后语境，"合法性"将是一个难以解释清楚的概念。从字面看，中文"合法性"一词可以有不同理解，有学者归纳为两种：其一是针对个人的行为而言，指的是合乎法律的规定；其二是针对某种公共权力或政治秩序而言，指的是正当性、权威性和实际有效性。[②] 也有论者总结说，合法性的含义可以从两个角度来理解：从政治统治的主体一方说，合法性意味着一种有效的政治统治必须具有的属性和功能，即必须有能力使被统治者认为这种统治是"应当服从"的，从而获得被统治者哪怕是最低限度的认可或自愿服从；从统治客体的角度看，合法性意味着被统治者基于某种价值、信念而认可、支持某种政治统治，将其视为"正当"或"应当"的。可见，合法性概念最核心的含义是指人们内心所认为的"合道义性"、"正当性"或"适当性"。[③]

---

① 黄宗羲：《明夷待访录》，段志强译注，中华书局 2011 年版，第 21 页。
② 严存生：《法的价值问题研究》，法律出版社 2011 年版，第 810 页。
③ 张星久：《论合法性研究的依据、学术价值及其存在的问题》，载《法学评论》（武汉）2000 年第 3 期，第 26—28 页。

一般认为，针对公共权力①而言的"合法性"，其含义主要是其"正当性"，② 所以，大多数情况下，有关合法性问题论著中出现的中文"合法性"一词是由 Legitimacy 翻译而来。但文献也显示，国内学界在 legitimacy 一词译法上是有争议的。有学者主张应当将其译为"正当性"，理由是：将 legitimacy 直译为合法性容易引起误解。因为，"合法性"一词在中西语境中含义不同。西方语汇里的"法"具有理性、权利、公平、正义的"自然法"之义，而在我国语境中的"法"基本上指实定法。因此 legitimacy 最好被译为"正当性"。③ 对此，有论者提出不同观点，认为将 legitimacy 译为"正当性"的道德意味过于浓重，而 legitimacy 不仅是道德哲学的研究范畴，同时还是政治学、法学以及社会学的研究对象。不仅如此，legitimacy 理论的研究方法除了规范性研究之外，尚且包括了经验性的方法，因此，应当译为"合法性"。④ 概念的界定和翻译应当服从于研究对象，法律的内在规定性标准已不再是外在的道德或理性，而是由内在于法律的效力、来源或权威等因素所构成。⑤ 因此，用具有较强道德意蕴的"正当性"来翻译 legitimacy 有些不妥。同时社会学法学、实证法学也不赞同用道德来衡量法律，用"合法性"来对应于 legitimacy 可以涵盖不同法学派关于 legitimacy 理论的理解，同时即便是就自然法传统而言，用"合法性"对应 legitimacy 也较为合适，因为自然法的核心观点就是实证法应当服从自然法，所以，"合法性"中的"法"字，具有自然法的含义，也具有实证法学派以及社会学法学对法律的认知。

---

① 狄骥说，国家相对于个人的意志优越性就构成了我们所称的公共权力或主权。[法] 狄骥：《公法的变迁》，郑戈译，中国法制出版社 2010 年版，第 3 页。
② 严存生教授将这种正当性分解为三个方面的具体含义：（1）这种权力存在必然性和必要性，即人们认识到要正常生活必须建立一种公共的秩序，而且这种公共秩序的建立和维持不是仅仅依靠强力、武力即强制的办法实现的，而是依赖于广大社会成员对它的认同和支持。（2）这种权力的取得的途径和使用的范围必须是"正当的"，至于"正当的"的含义则是历史的和具体的，或者基于传统，或者基于法律制度的明确规定，或者基于内心的信念。（3）这一公共权力必须服务于公共利益的目的，不能成为执政者牟取私利的手段。
③ 刘杨：《正当性与合法性概念辨析》，载《法制与社会发展》2008 年第 3 期，第 12—21 页。
④ 毛寿龙：《政治社会学》，中国社会科学出版社 2001 年版，第 60 页。
⑤ 熊伟：《问题及阐释：现代法之合法性命题研究》，中国政法大学出版社 2012 年版，第 13 页。

　　译法之争透视了不同法学派别对"合法性"概念的不同理解。自然法学派、分析主义法学派和社会学法学派是现代西方三大主流法学派,① 三大法学派的学者从不同角度探讨了合法性问题。自然法论者关注的是"价值论上的有效性或可接受性",分析实证论者关注的则是"形式或系统化的有效性",而社会学法学则是从法律"实效"的层面探究了法律的合法性,三大主流学派争论的背景声音则是法律与道德的关系。分析实证论者和社会实证论者都可以被视为一种经验路径的合法性论说,② 他们更倾向于主张在法律与道德相分离的前提下,去讨论法律在事实上被接受的状态。而自然法论者却进入到了合法性的规范性论域,主张参照道德性标准探究法律在规范上的可接受性。但共通之处是基本在正当性含义上使用"合法性"一词,而不是仅就实定法而言的合法或违法。

　　与"合法性"容易混淆的概念是"合法律性"。我们常常在误读"合法性"概念时,也误读了"合法律性"这个概念。

　　在不同学派中,"合法性"与"合法律性"的关联程度不同。有学者考证,"合法性"一词第一次在中世纪的文献中使用,其词义为"与法律相一致"这一理念。③ 在近现代,合法性经验主义理论仍然坚称这一观点,比如,其代表性人物马克斯·韦伯即主张,没有一个最终的目的和价值,即便有也是含混不清的,所以,要强调价值中立,并以此为前提使人理解信仰和个人行为体系。韦伯赞同"在现代国家中,按照一定的法律程序所制定的决定,就足以建立政治合法性,而根本就没有必要将它建立在价值之上"

---

① 吕世伦:《当代西方理论法学研究》,中国人民大学出版社 1997 年版,第 56 页。

② 因为,有学者认为,从广义上说,实证主义法学包括两种,一种是分析实证主义法学。它认为法学的任务是分析实证法。但实证主义还可以指另一种,即社会实证主义法学,也就是说,社会学法学也属于实证主义法学范畴。正是在这个意义上,分析实证主义和社会学法学两者都可以视为一种经验路径的合法性论说。沈宗灵:《现代西方法理学》,北京大学出版社 1992 年版,第 143 页。

③ 〔法〕让－马克·夸克:《合法性与政治》,佟心平、王远飞译,中央编译出版社 2002 年版,第 21 页。

的说法，在他看来，这种思想是与现代政治的命运紧密相连的。[①] 韦伯认为，建立在自然权利基础上的民主形式是不可能实现的，人们之间不同价值之间的不协调和冲突是不可避免的。韦伯所主张的统治合法化是一种基于合法律性的合法性模式，或者说是一种形式化的合法化模式。这种模式可以被解释为"基于被相信具有合法律性的成文规定，这些合法律性被参与者视为合法"。[②] 韦伯的这一观点是一种实证论的合法化论说，在这种合法化模式中，无需诉诸任何实质性的外在标准，仅凭形式的、自洽的合法律性本身就可使政治秩序和法律秩序赢得民众的忠诚或服从，进而产生合法性的信仰。所以，不能把"合法律性"依字面简单理解为符合现行法的规定，就是我们日常生活中常说的"合法"。基于"合法律性"的合法性是以韦伯为代表的经验主义理论所倾向的合法性模式，强调的是法的事实性，是形式化的合法性判断标准，暗含着法的自治性、统治的制度化等意蕴。

韦伯的论述具有深刻洞察力，以自然权利或正义原则作为合法性基础确实存在一定的模糊性，而且也容易成为公权对私权倾压的借口，或者侵蚀公众的法治信仰。在对试点的评价中，众多研究者对试点合法性的忧虑，在一定程度上也是以此为出发点的。但是，不倚仗任何价值体系，而通过纯粹的形式主义来支撑合法性也是相当艰难的。在这一点上，就连韦伯本人也是承认的。他曾说："而自然权利中的某些公理是未被承认的，但它们的影响却潜伏下来，完全将这些影响从法律实践领域中除掉是非常困难的、不可能的。"[③] 更为紧要的是，合法性如果被简约为合法律性，则与合法性的精神实质相悖，正如马克·夸克所认为的，"将合法律性——实证论秩序提升为评价政治合法性最终标准的地位，这意味着对国家的一种屈从，这种屈从与

---

① 韦伯认为，形式权利与实质权利之间的矛盾是无法战胜的，正是这一点导致了权利领域中任何超法律公理的灭亡。转引自［法］让－马克·夸克：《合法性与政治》，佟心平、王远飞译，中央编译出版社 2002 年版，第 24 页。

② ［德］马克斯·韦伯：《韦伯作品集Ⅶ：社会学的基本概念》，顾忠华译，广西师范大学出版社 2005 年版，第 48—49 页。

③ ［德］马克斯·韦伯：《经济与社会》，商务印书馆 1997 年版，第 874 页。转引自［法］让－马克·夸克：《合法性与政治》，佟心平、王远飞译，中央编译出版社 2002 年版，第 25 页。

合法性理念是完全相违背的。"① 的确，随着神权的衰败、法律理性的成长，成文法在政治合法性崭露头脚，但符合实定法规定本身仍然难以单一构成合法性的基础。立法机关颁行的成文法，如果侵犯了人类尊严，它仍然不具有政治合法性。所以，有论者认为，合法律性之外，合法性的构成还需要附加两个条件：一是司法政策必须和整体社会认同的价值观念相一致。因为这些价值既是法律的源泉又是法律的保证。法律只有在直接从价值中产生出来的情况下，才能被认为是合法的。只有当法律表达一个团体的认同时，法律才有可能与合法性相一致。二是法律决议必须以某种值得信赖的方法促进社会价值的实现，否则现实中它们将最终遭到否定，有时还会引起对某些基本价值准则的怀疑。如果价值不能在社会中得到具体的体现，这些决议最终将会成为没用的东西。②

总而言之，将"合法律性"与"合法性"作概念的区分是有意义的，这有利于对合法性丰富内涵和精神实质的准确理解，同时，也保留了对公权的适度警惕。否则，如果我们以过于完美的视角来看待实定法，就会失去对它的批判性，从而只能在纯粹的法律领域去理解合法性。但合法性与合法律性也并非毫无关联，如同事实性与有效性的辩证关系一样，合法律性与合法性也是辩证的，合法性并不排斥合法律性，合法性（或有效性）的事实性向度一定程度地包含了合法律性的意蕴，但两者不是必然的因果关系，纯粹的合法律性的合法性已难以被公众接受。

（二）合法性的论域

哈贝马斯在早期研究中曾说过："不能随随便便地来使用合法性的概念"，"只有在谈到政治制度时，我们才能谈合法性"。③ "只有政治秩序才

---

① ［法］让－马克·夸克：《合法性与政治》，佟心平、王远飞译，中央编译出版社 2002 年版，第 25—26 页。

② 岳天明：《澄清"合法性"概念上的几个认识误区》，载《学习与实践》2006 年第 6 期，第 55—57 页。

③ ［德］哈贝马斯：《重建历史唯物主义》，郭官义译，社会科学文献出版社 2000 年版，第 262—263 页。

有着或丧失着合法性，只有它们才需要合法化。跨国公司和世界市场不会有合法化问题。"① 我国也有学者认为，联系我国社会现实，"泛合法性倾向"无助于对合法性问题的认识和探索，也无助于营造认识和探索的学术氛围。合法性只能有限地用在政治秩序领域。②

有研究表明，卢梭最早在政治领域中提出了"合法性"概念。③ 卢梭在《社会契约论》的开篇就指出，"人是生而自由的，但却无往不在枷锁之中。自以为是其他一切的主人的人，反而比其他一切更是奴隶。这种变化是怎样形成的？我不清楚。是什么才使这种变化成为合法的？我自信能够解答这个问题。"卢梭的答案是：唯有"公意"才是政治合法性的基础，只有人民才有权决定谁来统治他们。从政治哲学的角度看，"合法性是对被统治者与统治者关系的评价。它是政治权力和其遵从者证明自身合法性的过程。它是对统治权力的认可"。"合法性即是对统治权利的承认。从这个角度来说，它试图解决一个基本的政治问题，而解决的办法即在于同时证明政治权力与服从性。"④

当然，也有论者从更宏观的角度认为，"合法性问题，虽然是政治中的核心问题，但却并非为某一学科的排他特性。哲学、政治学、法学、社会学、政治人类学也同样将合法性作为其优先研究对象"。⑤ 可以说，法的合法性是从政治合法性衍生出来的一个领域。因为，随着君权神授理念的衰落、宪政理论的勃兴，政治统治越来越倚仗于法律，正所谓"法律创造统治"。掌控权力的人并非是至高无上的，只有法律才是至高无上的。⑥ 而法

---

① ［德］哈贝马斯：《交往与社会进化》，张博树译，重庆出版社 1989 年版，第 184—185 页。
② 岳天明：《澄清"合法性"概念上的几个认识误区》，载《学习与实践》2006 年第 6 期，第 57—58 页。
③ 张红、刘斌：《合法性概念的历史考察》，载《甘肃理论学刊》2006 年第 6 期，第 39 页。
④ ［法］让－马克·夸克：《合法性与政治》，佟心平、王远飞译，中央编译出版社 2002 年版，第 10 页。
⑤ ［法］让－马克·夸克：《合法性与政治》，佟心平、王远飞译，中央编译出版社 2002 年版，第 10 页。
⑥ ［法］让－马克·夸克：《合法性与政治》，佟心平、王远飞译，中央编译出版社 2002 年版，第 30 页。

律并不能证成自身的合法性，所以，法的合法性问题就随之而来。

哈贝马斯被认为是填补合法化研究法学空区的代表学者之一,[①] 哈氏理论经历了从"政治秩序的合法化"到"法律合法化"的演变。在《合法化危机》、《重建历史唯物主义》等著作中，尽管哈氏讨论了合法化问题，但他将自己的讨论明确限定于"政治秩序的合法化"，认为，"我们首先在涉及政治秩序时谈及合法性问题"。如果统观全文，哈氏并不是相对于法律秩序的合法化而言，而是相对经济系统而言的。与经济系统相比，政治系统是一种人为的公共秩序且事关公民的自由，因此其必然面临着合法化问题。有学者认为，在这一时期，尽管哈贝马斯也看到了法律尤其是法官在政治秩序合法化中的作用，但他在总体上一直讨论的是政治秩序的合法化问题，并直接以此来定义"合法性"的含义："合法性意指的是某种政治秩序值得被认可。"只是到其法律哲学代表作《在事实与规范之间》[②] 一书中，他才更为细致地着眼于现代社会政治与法律秩序的运作机理，开始探讨法律的合法化问题。[③]

（三）法之合法性

法的合法性是从政治合法性衍生出来的一个领域。法的合法性也是一种公共权力的合法性，只不过权力的类型不同而已。法的合法性问题是要探究法律作为一种统治方式的理据，或者说，是被法律所统治的公众如何承认或接受这种统治。更直白一些，就是法的可接受性问题。

当代对法之合法性理论进行系统而深入研究的学者当然首推哈贝马

---

① 童世骏：《社会主义在今天意味着什么——当代西方左翼思想家的社会主义观》，载童世骏：《中西对话中的现代性问题》，学林出版社 2010 年版，第 151 页。

② 德文原著名为《事实性与有效性》。

③ 孙国东：《合法律性与合道德性之间：哈贝马斯商谈合法化理论研究》，复旦大学出版社 2012 年版，第 24 页。

斯，① 他在《在事实与规范之间》一书中详细阐述了基于商谈伦理的程序主义合法性思想。哈氏认为，只有建立在商谈伦理基础之上的程序主义的法才是真正具有合法性的法。法之所以具有合法性，既不是因为法律的内容符合自然法、理性法或道德的标准，也不是单纯因为，事实上的强制力或社会系统功能，而是因为法律是通过这种运用理性商谈的立法与司法过程而内在地具有了合法性，所以是可接受的。② 与哈氏程序主义的立场不同，德沃金在其论著中则寄望于恢复古老的传统，直接将道德和价值安置于法律当中。③但哈贝马斯、德沃金都是试图基于批判的立场，来重建现代法律的合法性，这与实证法学者们的出发点完全不同，凯尔森和哈特等学者借助实证分析的方法，希望在法律科学内部寻求法律合法性的基础，主张将道德与法律相分离，因为，他们主张法律的合法性是并不依赖于道德价值的诉求。④

　　国内学界对合法性问题的研究也取得了一定的成果，⑤ 而且对我国的现实问题有更深切的关注和更准确的理解。我国学者对法之合法性概念的界定也基本沿袭了政治合法性的内核，只是角度有所不同。有学者提出，"法律的合法性也是一种公共权力的合法性，所不同的是它主要涉及的只是这种权力的一种，即立法权问题"。"合法性的真正含义是指立法权及其行使的正

---

① 这绝不意味着否定韦伯在合法性问题研究中的重要地位。有学者即主张韦伯是第一位在现代意义上使用法之合法性的经典作家。熊伟：《问题及阐释：现代法之合法性命题研究》，中国政法大学出版社 2012 年版，第 32 页。

② ［德］哈贝马斯：《在事实与规范之间》，童世骏译，三联书店 2011 年版，第 527 页。

③ 德沃金关于法之合法性的论述主要有：《法律帝国》，李常青译，中国大百科全书出版社 1996 年版；《认真对待权利》，信春鹰、吴玉章译，中国大百科全书出版社 1998 年版；《身披法袍的正义》，周林刚、翟志勇译，北京大学出版社 2010 年版；《论合法性与法治》，郭琛译，载《清华法学》2002 年第 1 期，第 1—24 页。

④ 国外关于现代法之合法性研究介评可详见熊伟：《问题及阐释：现代法之合法性命题研究》，中国政法大学出版社 2012 年版，第 16—24 页。

⑤ 代表论文有吴增基：《论合法性》，载《法学杂志》1999 年第 3 期；张星久：《论合法性研究的依据、学术价值及其存在的问题》，载《法学评论》2000 年第 3 期；严存生：《法的合法性问题研究》，载《法律科学》2002 年第 3 期；宋显忠：《合理性、合法性与现代法治——法律社会学研究提要》，载《清华法治论衡》2002 年第 2 期。有关法之合法性的博士学位论文主要有：傅鹤鸣的《论法律的合法性——德沃金法伦理思想研究》（复旦大学 2005 年）；吴丙新的《法律概念的解释——法律适用的合法性与妥当性》（山东大学 2005 年）；孙国东的《合法律性、合道德性与合法性：对哈贝马斯商谈论合法化理论的一种解读》（吉林大学 2008 年）。

当性或权威性，它是一种内心的价值判断"，而立法权及其行使的正当性或
权威性所涉及的问题既包括立法机关的权威已确立时所制定的法律，也包括
立法机关的权威尚未确立时所制定的法律，后者如某些违宪的地方法规。①
合法性问题不是要讨论个人或组织的行为是不是与成文法的要求相一致，那
意味着用成文法自己来评价自己，在逻辑上是讲不通的。另有学者提出，既
然合法性首先是一个与政治统治密切相关的概念，现代社会政治统治的合法
化已经转化为法的合法化问题，那么对于法律而言同样也面临统治权力是否
被承认的问题。因此，法之合法性指的是民众对法律的服从和接受。具体
讲，法之合法性是一个关系性概念，合法性关系的参加者是受众和客体。受
众是指接受和服从法律的共同体成员；客体即法律自身，人们对法律的服从
和接受并非仅取决于受众，法律自身的性质或法律的自我规定性也会影响受
众对它的接受与否。②

因此可以看出，学界对法之合法性问题在总体把握上是趋同的，一般被
视为法的可接受性问题。但在具体的讨论范围上则宽窄不一，甚至可以说是
各执一端。③ 另外，在研究方法上，法之合法性还是判断和鉴别其他法律命
题的工具。有学者将其作为分析工具与具体的法律问题联系起来，视法律合
法性为剖析其他法律命题的"柳叶刀"。④ 刑事司法改革试点意图检验的是
某项具体的刑事法律制度的可行性和公众接受度，而作为改革路径的试点本

---

① 严存生：《法的价值问题研究》，法律出版社 2011 年版，第 810—815 页。
② 熊伟：《问题及阐释：现代法之合法性命题研究》，中国政法大学出版社 2012 年版，第 34—35 页。
③ 邓正来教授的《中国法学向何处》在《政法论坛》2005 年 1—4 期发表后，引起法理学界对构建中国法治图景的热烈讨论，邓文中认为指导中国当前法学理论研究的"现代化范式"与它的研究对象之间存在断裂，结果失去了内在化价值核心和自我认同的根据，正在引发整体性危机，所谓"现代化范式"的理论，即"权利本位论"、"法条主义"、"法律文化论"、"本土资源论"反映的就是对法之合法性理解的各执一端。
④ 代表性的论文有公丕祥：《合法性问题：权利概念的法哲学思考》，载《社会科学战线》1992 年第 3 期；何海波：《法的合法性：中国的经验和问题》，载《清华法治论衡》（第 2 辑）；孙莉：《德治与法治正当性分析——兼及中国与东亚法文化传统之考省》，载《中国社会科学》2002 年第 6 期；梁家峰：《法治的合法性追问》，载《北京行政学院学报》2004 年第 4 期；龚廷泰：《中国共产党执政合法性的法哲学思考》，载《中国法学》2005 年第 3 期；唐素林、马新梅：《法官判决的合法性基础》，载《法哲学与法社会学论丛》（第 5 辑）。

身也同样面临受众是否服从或接受的疑虑,[1] 这里的受众包括当事人、普通公众、社会精英等全社会的范围。

二、合法性的研究范式

合法性问题在社会科学多领域中被广泛讨论,不是一个割裂的概念,所以,对合法性研究范式的讨论并没有局限在某一特定领域,只是略微偏重于法学领域合法性研究的方法。

学界对有关合法性经典研究理论的介评主要有两种模式:一是以人物为导线,通过对其论著的详细梳理,充分展示出各位学者有关合法性问题的真知灼见,如严存生教授在《法的价值问题研究》一书中,以"西方近现代对法的合法性的一些论述"为标题,对马克斯·韦伯、哈贝马斯、德沃金、阿蒂亚论法的合法性的著述做了极为详尽的介绍;还有一些论者直接针对的就是某一特定人物观点的介评,因此论证就更加充分,比如,傅鹤鸣博士在《论法律的合法性——德沃金法伦理思想研究》中对德沃金观点的介绍;孙国东博士在《合法律性、合道德性与合法性:对哈贝马斯商谈论合法化理论的一种解读》中对哈贝马斯合法性理论的解读。二是将众多的经典理论划分为不同的研究范式,以范式为统领将各家观点分门别类地穿插其中。这样的模式虽然比不上前一种的详尽,但简洁清晰,更易于梳理经典作家合法性理论的共性和差异,以便为探究刑事司法改革试点合法性理论框架提供线索,故采用第二种模式。

一般认为,对合法性概念及其理论的研究,可以划分为经验主义、规范主义和重建式的研究范式,每种研究范式中都有各自不同的代表性人物和观点。当然,同一研究范式中的观点也会存在差异,但在基本立场上是保持一致的。

---

① 一般意义上,有关合法化的讨论都是关于法律所适用的人们的一种强势接受问题,它是比社会学上的有效性更强烈的一种有效性——社会学上的有效性是指法律被一般遵循这种事实,即法律被其所适用的人们大体上接受,是一种弱势意义上的被迫接受。[比]马克·范·胡克:《法律的沟通之维》,孙国东译,法律出版社 2008 年版,第 254 页。

（一） 经验主义研究范式

合法性经验主义研究以经验观察为视角，不认同有所谓合法性先验标准的存在。合法性经验主义研究范式的代表人物是德国著名社会学家马克斯·韦伯。所谓经验主义是从研究方法的角度指称的，也就是说，判断合法性与否要从现实社会的存在去考察，而不是以某种预设的实质性外在标准为尺度。所以，经验主义的合法性研究范式提倡"价值无涉"，这与韦伯在社会学中所采用的研究方法是一脉相承的。简单地讲，经验主义认为，对合法性的考察要从"事实"的政治秩序出发，只要现实的统治是有效的，就应当承认它的合法性。韦伯认为，法律拥有一种自己独有的、不依赖于道德的合理性，统治者制定的章程、制度和法律具有"天赋"的正当性。① 韦伯以降，经验主义合法性理论成为现代政治分析的主流范式。当代许多著名学者如帕森斯、李普赛特、阿尔蒙德、亨廷顿等对合法性问题的探究基本上都沿循了韦伯的思维路径。哈贝马斯将经验主义合法性研究的取向总结为"一种统治合法性乃是根据那些隶属于该统治的人对其合法性的相信来衡量的，这是一个'相信结构、程序、行为、决定、政策的正确性和适宜性，相信官员或国家的政治领导人具有在道德上良好的品质，并且应该借此得到承认'的问题"。②

总体来说，经验主义合法性理论主要关注三个方面：其一是公众的合法性信仰，对统治的服从；其二是政治体系遵守法律程序的状况，也就是说用合法律性来衡量合法性；其三是政治体系满足社会需求的有效性，也就是说用政治体系的绩效性来奠定合法性的基础。

---

① ［德］马克斯·韦伯：《经济与社会》（上），林志荣译，商务印书馆 1998 年版，第 239 页。
② ［德］哈贝马斯：《交往与社会进化》，张博树译，重庆出版社 1989 年版，第 206 页。

（二）规范主义研究范式

规范主义经历了衰落与重建的过程，[①] 传统规范主义合法性理论主张"价值诉求"是政治哲学成立的前提，把终极价值作为政治合法性的基础。然而，工业文明以来，在科学主义的冲击下，传统政治哲学让位于工具理性，韦伯及其承继者的经验主义合法性理论顺应了科学主义时代对政治学的基本诉求，取代了传统规范主义合法性理论"对政治价值本源的探求"。

进入 20 世纪以来，规范主义合法性理论出现复兴。背景是西方政治哲学普遍产生了"反理性"的思潮，人们逐渐认识到了韦伯经验主义合法性理论的局限性。美国政治哲学家罗尔斯则将"自由观念"、"正义原则"引入到合法性的论证领域。罗尔斯借助公共理性的概念重新复兴了被尘封已久的政治价值规范，从而再次彰显了政治合法性的价值规范本源。从罗尔斯这里，西方规范主义合法性理论得到了复苏与新的发展契机。与传统规范主义合法性理论不同，罗尔斯并不认为在社会价值领域内存在恒久的终极真理。如果将一种终极价值规范引入政治合法性的评价领域，在罗尔斯看来，将会导致合法性理论价值反思与批判力的衰减。他主张一种多元价值博弈局面的产生，认为这种多元价值博弈将会打破以往的单一价值主宰局面，从而使统治者的政治合法性奠定在动态价值评价的基础上。所以，罗尔斯复兴的规范主义合法性理论已不再是以往历史上存在过的传统合法性理论，而是在宪政民主体制下多元价值博弈基础之上的规范主义合法性理论。

总而言之，规范主义者在合法性问题上表现出了一种强烈的价值取向，主张把具有一般意义的真理或社会价值纳入合法性的考察过程。在规范主义看来，经验主义价值无涉的合法性概念及其理论，忽视了价值判断对于合法性的意义，极易导致"多数人的暴政"，损害社会的公平与正义。如罗尔斯所说，"某些法律和制度，不管它们如何有效率和有条理，只要它们不正

[①] 郭晓东：《规范主义合法性理论的衰落与重建》，载《华东师范大学学报（哲学社会科学版）》2006 年第 3 期，第 49—56 页。

义，就必须加以改造或废除"。①

（三）重建式合法性研究范式

在经验主义与规范主义之后，哈贝马斯提出了重建式的合法性理论。所谓"重建"意指，把一种理论拆开，用新的形式重新加以组合，以便更好地达到这种理论所确立的目标。哈氏认为，"这是对待一种在某些方面需要修正，但其鼓舞人心的潜在力量仍始终没有枯竭的理论的一种正常态度"。②

哈贝马斯重建合法性概念的原因是他认识到了前两种理论的不足，在哈氏看来，经验主义的合法性是同真理没有内在联系的经验现象，只有心理学意义。③ 这种理论的危险性在于，不合法的统治也可能得到服从，甚至欢呼。而合法性应该意味着，对于某种要求作为正确的和公正的存在物而被认可的政治秩序来说，有着一些好的根据。一个合法的秩序应该得到承认。合法性意味着某种政治秩序被认可的价值。而这种被认可的价值是与一定历史时期的社会规范相联系的，是在当时的社会规范中能有效地证明这种政治秩序是有价值的、是值得认可的。政治统治者是通过特定的政治价值规范来证明自己的政治秩序、政治权力的合法性，这才是真正的合法性，而不是不顾价值规范而宣称自己是合法的，强迫被统治者的认可。④

同样，哈氏也批评了排斥经验、陷入形而上学的规范主义合法性理论。哈贝马斯认为，规范主义在论证合法性时，忽视了公众的认可或赞同，而是以一种绝对价值，或者说一种合法性的永恒正义观念为尺度，运用抽象的逻辑去推导合法性的存在与否，因此，这种规范主义的合法性概念，"有累于自身被嵌入其中的形而上学背景，也很难立住脚跟"。⑤ 在哈氏看来，现代社会多元价值林立的现状，已经使得终极价值的解释体系难以为现实政权提

---

① ［美］约翰·罗尔斯：《正义论》，何怀宏等译，中国社会科学出版社 1988 年版，第 3 页。
② ［德］哈贝马斯：《重建历史唯物主义》，郭官义译，中国社会科学文献出版社 2000 年版，第 3 页。
③ ［德］哈贝马斯：《合法化危机》，刘北成·曹卫东译，上海人民出版社 2009 年版，第 127 页。
④ ［德］哈贝马斯：《交往与社会进化》，张博树译，重庆出版社 1989 年版，第 184 页。
⑤ ［德］哈贝马斯：《交往与社会进化》，张博树译，重庆出版社 1989 年版，第 211 页。

供合法性论证的主要源泉。但关键的问题是，此时，哈贝马斯虽然认识到了社会多元价值的冲突，但他并没有采取韦伯式的价值祛除手段。哈氏认为，社会多元化的"价值博弈"呼唤一个动态的合法性价值平台作为基本支撑，公共领域中公民针对特定政治问题进行的反思式的"政治辩论"才是政治合法性的坚实基础。

综上，从方法的角度检视，哈氏是把法律作为社会整合的媒介予以观察的，"作为其他整合机制——市场、行政或价值、规则和直接的沟通（communications）——已然无效的一种替代，法律遂奋身而出"。他在代表性著作《在事实与规范之间》的后记中，把这一层意思说得更清晰，"现代的法律由规范体系构成，这种规范是强制性的和实在性的，这种强制性和实在性的形式特征与合法性的主张相关联"。但他也同时要求法律"仍然必须满足实质合法性（legitimacy）之预期，以便至少人们除了对法律保持敬意外，倘若愿意，得遵从规则"。① 这里需要注意的是，虽然哈氏也说："现代法乃是根据主体的权利而制定的。它是强制施行的或具有强制性的法律，而且是正式制颁的或确定的法律"，但在他的心目中，更关注的是法的有效性，而不是事实性。

从内容看，哈贝马斯认为规范主义所主张的抽象价值原则和经验主义所追求的心理信仰都没有揭示合法性的本质。"重建式"合法性理论认为只有经过人们的理性辩论与商谈之后，某种制度与决策才能被认为是合法的。所以，合法性的本质在于理性的辩论与商谈，商谈的前提是对话应在平等公民之间自由、开放地进行，不能有强制的成分。哈氏理论强调的是共识的意愿形成程序，所以有论者认为，哈氏的"重建式"合法性的实质就是一种"程序主义合法性"，即一种根植于交往理性与商谈过程之中的合法性范式。② 哈氏认为，"民主程序所达成的过程本身"是合法性的实质所在。"民

---

① ［德］哈贝马斯：《法的合法性——〈事实与规则〉要义》，许章润译，载郑永流：《法哲学与法社会学论丛》，中国政法大学出版社 2000 年版，第 3 页。
② 张娟、习裕军：《超越规范主义和经验主义——哈贝马斯的"重建性"合法性思想探析》，载《江西社会科学》2007 年第 5 期，第 67 页。

主过程承载合法化的全部负荷"。① 哈氏称这种民主过程为"交往过程中的对话性论证",并进一步解释说:

"交往过程中的对话性论证"这一集合概念,为程序意义上"证明为合法"（legitimation）概念的形成开辟了道路。"证明为合法"取决于上述理智话语和公平辩诉之法律制度化,而凡此种种之理智话语和公平辩诉,构成了对于可能发生的结果之理智接受这一预设的基础。如此这般,交往过程中的对话性论证政治（deliberative politics）,遂与程序合法性这一复杂概念牵连交结在一起。在民主过程中,存在着三种不同的程序:第一,（各种形式的）交往过程中的对话性论证之纯粹认知程序（purely cognitive procedures）;第二,将决策与（通常情形下实行多数裁定规则的）此前之交往过程中的对话性论证连为一体之决策程序（decision-procedures）;第三,以一种具有拘束力的方式,具体落实在其调节"意见—意志"形成过程之物质、社会和世俗事务等方方面面之法律程序中（legal procedures）。②

可见,一方面,哈氏主张的"程序主义合法性"并不是要把合法性简单地诉诸于我们所熟悉的实定法层面的——"以一种具有拘束力的方式,具体落实'意见—意志'形成过程的物质、社会和世俗事务等方面的法律程序",因为,那样的话,就等于回归了经验主义。哈氏的程序主义是广义的,他认为,对于法律的程序主义的理解,要突出强调的是民主的意见、意志形成的交往前提条件和程序条件,并把这些条件作为合法化的唯一源泉。进一步讲,程序主义的前提是必须同时确保法律主体的私人自主与公共自主。这是因为,如果那些受到法律影响的人们无法参与公共讨论,个人的私权利无法得到适当的阐释,就无法在政治上得到实现。哈贝马斯充满理想地认为,只要公民不是一味地像为追求个人利益而利用个人自由那样运用交往自由,而是出于"理性的公共运用"的目的而运用交往自由,它们就仍然

---

① ［德］哈贝马斯:《〈在事实与规范之间〉后记》,载［美］马修·德夫林编:《哈贝马斯、现代性与法》,高鸿钧译,清华大学出版社 2008 年版,第 137 页。

② ［德］哈贝马斯:《法的合法性——〈事实与规则〉要义》,许章润译,载郑永流:《法哲学与法社会学论丛》,中国政法大学出版社 2000 年版,第 7 页。

能够开启商谈性意见和意志形成的合法化源泉。只要公民转换私人法律主体的角色并采取参与者的视角，参与到就他们共同生活的规则达成理解的过程，法律就可以成为合法之法。另一方面，哈氏的程序主义观点在经验论上是否认在立法决议之外存在任何合法性基础的，正是在这一点上，程序主义与规范主义旨趣迥异。当然，程序主义也拒斥经验主义的价值无涉，主张有效的合法性信念应该与真理、与规范有一种内在联系。

三、试点合法性的研究路径

经典作家的鸿篇巨著与研究我国的刑事司法改革试点合法性存在一定关联。孙国东博士在《合法律性与合道德性之间：哈贝马斯商谈合法化理论研究》的序言中，对西方思想与中国问题之间的互动进行了反思。他提出，在西学研究中"有学术的思想"要与"有思想的学术"并举。对于如何处理中国问题与西学思想研究的关系，不宜采用"按西方本身的脉络去阅读西方"的方法，即视西方思想为与中国问题不相干的题域，而应基于中国问题意识的"个殊化研究"路径，以平实的态度去实践一种阅读经典与批判经典的方式，即以中国问题为思想根据进行西学研究。① 对经典作家合法性观点的介评并非研究重点，介评的目的在于透过理论产生背景以及不同派别更替的知识增量，发现已有研究为试点合法性理论探索提供的启示，最终目的是搭建讨论试点合法性的框架结构。

（一）试点合法性的含义

经典作家没有直接给出试点合法性的含义，但让我们对合法性概念的理解有了更广阔的视域。缺乏公认、统一的合法性定义并不妨碍我们发现有关合法性问题存在的一些基本共识：合法性问题虽然是政治中的核心问题，但却并非为某一学科的排他特性。哲学、政治学、法学、社会学、政治人类学

---

① 孙国东：《合法律性与合道德性之间：哈贝马斯商谈合法化理论研究》，复旦大学出版社 2012 年版，自序部分。

也同样将合法性作为其优先研究对象。法的合法性是从政治合法性衍生出来的一个领域。因为，随着君权神授理念的衰落，政治统治越来越倚仗于法律，而法律并不能证成自身的合法性，所以，法的合法性问题就随之而来。在政治哲学中，"合法性意指的是某种政治秩序值得被认可"，这是哈贝马斯给出的合法性定义。法的合法性也是一种公共权力的合法性，只不过权力的类型不同而已。法的合法性问题是要探究法律作为一种统治方式的理据，或者说，是被法律所统治的公众如何承认或接受这种统治。更直白一些，就是法的可接受性问题。至于，如何证成合法性，经验主义、规范主义和程序主义的立场不同。我国学者对法之合法性概念的界定也基本沿袭了政治合法性的内核，一般被视为法的可接受性问题。但角度有所不同，有学者将合法性的真正含义理解为立法权及其行使的正当性或权威性；有学者将法之合法性视为民众对法律的服从和接受，即认为，法之合法性是一个关系性概念，合法性关系的参加者是受众和客体。

试点的合法性总体来讲也是公权运行的可接受性问题。所谓试点是指通过小规模的制度试行来检验某项刑事司法改革方案的可操作性和效果，通过评估，或对某种法律现象做出解释；或检验试点制度的运行效果，以决定是否上升为法律制度。试点是刑事司法改革的一种方法，就这种方法本身而言，试点式的改革比一步到位的修律式改革显得更务实和更具有策略性，所以有所谓的"试验田"的理论。但同时也面临着激烈的争论，既有司法违法之嫌，也有伦理拷问。对于试点这种刑事司法改革的方法还没有达成社会共识，这种不认同体现为：学界的质疑甚至是激烈反对；上级机关叫停基层试点；高层会议和文件中一再重申司法改革应在法律框架下进行等。

在政治合法化还是法的合法化类型归属上，既有理论给我们提供的线索是：合法性问题是针对公共权力而言的，起初在政治领域，其后随着统治方式的转变而蔓延到法学、社会学等有公共权力身影的领域中。所以，合法性研究不再为政治科学所独占。而从法的合法性研究成果中可以发现，此处的"法"，虽然也是针对实定法的规定和体系而言的，但却是从韦伯、哈贝马斯这样的社会学家、哲学家的视角去观察的，即使他们也可以被称为法律社会学家。对社会学家而言，法律是社会规范的一种，是实然现象，即具体的社会事实。哈贝马斯就曾说，法律是社会整合的媒介，"作为其他整合机制——市场、行政或价值、规则和直接的沟通（communications）——已然无效的一种替代，法律遂奋身而出"。① 这与更热衷于规范法学层面研究的法学家视角并不相同，在他们眼中，法律是由一套逻辑严谨的应然命题所组成的体系。在法社会学家、法哲学家心目中，更关注的是法的实在性。发生在社会法律生活各层面的事实，都可能被法社会学家理解为一种法律实然，并予以关注，除了法律规范外，还有公众的法律意识、法律信仰、法律政策、民间法、法学研究、法学教育等。正如在前面合法性内涵中所讨论的，合法性之法覆盖自然之法和实证之法。在学术研究中，一般意义上的法之合法性已经成为剖析其他法律命题的"柳叶刀"。刑事司法改革试点关乎刑事法律制度的生成、变迁，是刑事诉讼法律制度变革的方式，或实在法建制的方式，而并非是否符合现行法规定那么简单，当然也要面临受众是否服从或接受的质疑，应属于法的合法性研究领域。哈贝马斯就曾说，"政治立法者可以在任何时候改变规则，其合法性的基础何在？在一个多元社会，这个问题尤其至关重要"，② 所以，刑事诉讼规则的改革显然也面临合法性的追问，但这种追问关注的重点不是实然存在的刑事法律规范的正当性、有效性，而是试点作为变革形式本身的正当性和可接受性。

（二）研究方法的启示

经典理论的精髓是合法性研究的思维方式。合法性是对被统治者和统治者关系的评价，其实质是研究公共权力的可接受性、秩序被认可的问题。换句话讲，虽然合法性已经不是政治学研究的专用语，而跨越到了法学的领域，并且已经成为分析现实法律问题的工具，但对于合法性理论思维方式的

---

① ［德］哈贝马斯：《法的合法性——〈事实与规则〉要义》，许章润译，载郑永流：《法哲学与法社会学论丛》，中国政法大学出版社 2000 年版，第 2 页。

② ［德］哈贝马斯：《〈在事实与规范之间〉后记》，载［美］马修·德夫林编：《哈贝马斯、现代性与法》，高鸿钧译，清华大学出版社 2008 年版，第 174 页。

考察还必须要回到这一理论的出发点，回到对合法性所关涉的政治学元问题解答上。

有研究者解析了合法性理论的元思维方式，认为合法性评价尺度是内在于合法性关系范畴之中的，这个评价尺度是二维的——"经验"和"理性"。[①] 将合法性的长篇理论化约为抽象的二维后，关键点是：可否把这种二维分析结构作为一种认识模式，泛化到其他合法性问题的理解中，如果通约性在逻辑上是成立的，经验和理性的二维理论就可以证成。而无论二维理论是否成立，[②] 都不影响这一研究视角的启发性——对合法性研究维度的提炼，这一研究视角对解决试点合法性的评价维度和评价标准极富参考价值。

（三）形式/实质二维评价模式

目前尚不存在已达成普遍共识的合法性评价维度，更遑论试点的评价维度，但既有研究给了我们很多启示。检视试点合法性的评价，出现频率最高的评价标准是形式合法性与实质合法性，几乎每篇谈及试点合法性的文章均会提及。这意味着，在现有理论中，一般是从形式合法与实质合法两个维度来研究试点合法性的。

法之合法性评价维度和标准是试点合法性评价标准赖以建立的模板。评价维度是指从何方向、角度研究合法性的问题：形式还是实质；经验还是理性。评价标准是价值尺度，是预存于评价主体内心的价值观。两者都是针对合法性的评价方法而言的，是宏观与微观、抽象与具体的关系。对于法之合法性评价模式，大部分的研究都停留在对经典著述知识谱系的介绍，对分析工具的研究还不完整。

有研究者认为，"从对西方一些思想家关于法的合法性的论述中可以看

---

① 邓济乾：《解析"合法性"："元立点"的探寻》，载《甘肃理论学刊》2010 年第 3 期，第 109—114 页。

② 比如，有论者就主张运用命题化方法进行研究，即从合法性研究的理论中抽离出三个基本命题："有效—遵守"、"实效—接受"、"共识—认同" 予以展开论述。作者强调这种命题化研究并不是三大法学派的分野，而是立足于合法性概念受众与客体的二维关系。熊伟：《问题及阐释：现代法之合法性命题研究》，中国政法大学出版社 2012 年版，第 24—30 页。

出，不同法学家对法的合法性评价有不同的分类和评价标准。归纳起来主要
有两种，即实质合法性和形式合法性。我们觉得这一分类基本上符合实
际"。这一表述透露出来的信息是：形式/实质二维法之合法性评价标准是
从西方思想家，包括韦伯、哈贝马斯关于法的合法性论述中归纳出来，虽然
他们各自具体的评价标准不同，但可以抽象为形式和实质。至于推理的过
程，研究者并没有做出解释；"符合实际"是什么意思也语焉不详，但作者
在文中说明了其所认为的形式、实质合法性所指为何。作者认为，法的合法
性所涉及的问题：其一是立法机关的权威尚未确立时所制定的法律。其二是
立法机关的权威已确立时所制定的法律，这又包括：（1）合于法定权限和程
序所制定的法律；（2）不合于法定权限和程序所制定的法律。可以看出，
研究者倾向于认为，法的合法性问题主要是针对实在法的立法权而言的。所
以结论是：法的形式合法性是指"立法权限、立法程序的合法性和已立出
的法律与已有的法律，特别是效力位阶高的法律在内容上的一致性问题。"①
也就是说，首先，国家立法权的取得要符合形式要求；其次，立法要符合权
限，如符合立法法相关立法权限的规定；再次，立法程序要合法；最后，下
位法不得与上位法相抵触。研究者认为，"用这一种评价很可能把一些实质
上的好法评为不合法。这种形式上违法而实质上合法之法，学术界给它起了
一个名字叫'良性违法'，如果它违反宪法叫'良性违宪'。显然这种现象
在一个社会变革时期是会发生的，如我国改革开放初期一些起步早的省和市
所制定的法规就曾出现'良性违宪'现象"。之所以是"良性"，因为它是
"实质上的好法"。之所以"违法"或"违宪"，是因为突破了立法权限或
与上位法相抵触。

　　如果将这一理论运用于分析司法改革的合法性问题，则司法改革在本质
上是一种立法活动，不能以司法活动中据法司法的形式标准来要求。故司法
改革应当遵循立法的形式合法性要求。也就是说，第一是程序要求，即立法
活动必须遵循既定的程序，其所制定出来的法律才具有合法性。第二是对法

_____

① 严存生：《法的合法性问题研究》，载《法律科学》2002 年第 3 期，第 3—14 页。

律规则本身的要求，或者说符合形式理性的要求。所以，形式合法性并不是机械地以符合现行法的规定为判断标准，认为试点突破了现行法的规定即是违背形式合法性的说法是牵强的。但形式合法性是否与立法权限画等号还有待商榷。

另外，关于法的实质合法性，研究者主张，"法的实质合法性评价是个非常复杂的问题，它所涉及的不是法律本身的问题，而是道德或政治问题"。具体讲，"实质合法性评价的标准很明显就是所在社会当时占主导地位的社会政治理想和价值观念"。[1] 具体到刑事司法改革问题时，研究者认为，司法改革的实质合法性关注的是司法改革的内容是否正当或者是否具备实质理性（或价值理性）的问题。但对司法改革的实质合法性的界定并不像界定形式合法性那样容易，因为不同的人对法律背后的价值问题有不同的观点。但不管怎么说，司法改革还是必须要符合最低限度正义的要求，才具有最起码的实质合法性。[2]

关于合法性评价的维度研究见仁见智，形式/实质合法性二维标准是一直以来较具影响力的判断标准，即从形式合法与实质合法两个维度来研究法之合法性以及试点合法性问题。研究者没有详细阐释是从何种派别合法性理论剥离出的现有评价维度，以及推导的方法，二维标准似乎只是基于整体的印象式观察所得来的，但这种归纳确有见地。

在合法性研究维度方面，三大法学派与合法性研究范式是有一定对应关系的。如果把法律抽象为形式、事实、价值的三要素构成，那么它们分别对应着分析实证法学、社会法学和自然法学的研究区域。分析实证法学强调研究法律的形式，注重法律规范的逻辑结构、法律的制度化；社会法学从各种社会事实如政治、经济、法律文化等来研究法律，实际上法律本身在社会法学也是被当作社会事实的一种来研究的；自然法学强调的是法律的价值，比如自然权利、正义公理、事物的规律等。那么，前两者是与经验主义合法性

---

① 严存生：《法的合法性问题研究》，载《法律科学》2002 年第 3 期，第 3—14 页。
② 史立梅：《论司法改革的合法性》，载《北京师范大学学报（社会科学版）》2005 年第 6 期，第 126 页。

研究范式相关联的，后一种则是与规范主义相呼应。从对合法性理论的具体介绍可以看出，经验主义是从形式的维度上评价合法性，典型的如韦伯"基于合法律性的合法性"模式主张，即为一种形式化的合法性判断，不主张诉诸任何实质性的外在标准来研究合法性。规范主义则恰好相反，强调实质化的合法性判断，即注重价值因素的影响，主张把具有一般意义的真理或社会价值纳入合法性的考察过程。在评价标准方面则涉及自然权利、事物发展规律、人的理性、公共福利、平等正义等复杂因素。所以说，形式/实质合法性二维评价模式确有合理之处。

（四）　一维模式对二维模式的扬弃

虽然形式/实质二维合法性评价模式有某种合理之处，但尚有瑕疵：一是二维模式没有兼顾到更趋成熟的程序主义合法性评价理论。二是二维模式在试点评价中已经出现困境。

我们推测形式与实质是基于理论上的对应关系所得出的结论，不同的合法性评价模式应当是从规范主义、经验主义、程序主义等不同派别的合法性理论中归纳出来的。反过来讲，合法性评价方法是与某一具体的合法性理论相联系的，评价方法是隐含在不同的合法性理论之中的。所以，如果要寻找适用于试点合法性的研究工具，逻辑上，首先应选择较为适宜的合法性理论；其次归纳出理论中的评价模式；最后就可以此为分析工具解析刑事司法改革试点的合法性。基于此，我们认为，形式/实质二维模式是有欠缺的，因为这一论说没有关照到程序主义合法性的评价模式，而我们恰好认为，程序主义合法性理论是较为适宜的合法性理论。原因就在于程序主义是基于经验主义和规范主义的重建式合法化理论，它一定程度地弥补了经验主义和规范主义的不足，对于多元价值林立的现代社会是更为适宜的合法化理论。程序主义重视的是价值的确立过程与意愿的形成程序，用哈贝马斯本人的话来说，"民主程序所达成的过程本身"是合法性的实质所在，"民主过程承载合法化的全部负荷"。① 这里的程序是广义的，不是仅就立法程序而言的，还包括纯粹的认识程序、决策程序和法律程序。哈氏认为，对于法律的程序主义的理解，要突出强调的是民主的意见、意志形成的交往前提条件和程序条件，并把这些条件作为合法化的唯一源泉。因此，可以看出，哈氏的程序主义是将形式合法性与实质合法性有机联系起来的合法性理论，它的形式性表现在，哈氏不赞同脱离经验的、形而上学的规范主义合法性概念。他认为这种规范主义的合法性概念是陷入了一种抽象的思辨，"有累于自身被嵌入其中的形而上学背景，也很难立住脚跟"。② 因此，他否认在立法决议之外存在任何合法性基础，正是在这一点上，程序主义与规范主义旨趣迥异。它的实质性表现在，哈氏也不同意纯粹形式化的合法律性合法化理论，他认为程序主义的前提是必须同时确保法律主体的私人自主与公共自主，他视程序的条件为合法化的唯一源泉。也就是说，程序主义认为，产生合法化的商谈程序不是价值无涉的封闭式程序，"民主的立法程序也依赖于公民以共同福祉为旨向而行使他们的交往权利和参与权利"。程序主义将形式性与实质性有机融合，也克服了形式/实质二维对立的弊端。马克·范·胡克主张，形式合法化与实质合法化事实上是缠夹不清的。③ 二者的联系之处在于，形式合法性是形式化的合法化判断，将合法性基础诉诸自治的法律系统。但法律系统本身是与包含价值在内的人们的法律理想、信念相匹配的，比如，人们会基于信仰神权、君权或人民主权建构起不同的法律系统，这又是实质的。

　　如果形式/实质二维对立的评价模式是脱胎于经验主义和规范主义理论，而程序主义又是对经验主义和规范主义的重建，那么，从程序主义中提炼的合法性研究方法则无疑是对经验主义和规范主义研究方法的扬弃，即对形式/实质二维对立模式的扬弃。程序主义兼具实质性和程序性，或者说这两种属性伴生于程序主义理论中，我们可以称之为"形式实质一维"模式。但

---

① ［德］哈贝马斯：《〈在事实与规范之间〉后记》，载［美］马修·德夫林编：《哈贝马斯、现代性与法》，高鸿钧译，清华大学出版社 2008 年版，第 137 页。

② ［德］哈贝马斯：《交往与社会进化》，张博树译，重庆出版社 1989 年版，第 211 页。

③ ［比］马克·范·胡克：《法律的沟通之维》，孙国东译，法律出版社 2008 年版，第 255 页。

为了易于区分，避免误解，所以称之为"程序主义模式"。

但这仍不是我们放弃形式/实质二维评价方法的最终理由。由于这种评价模式是由两类合法性理论提炼而来，而经验主义和规范主义主张的合法性基础并不相同，所以，两个维度的评价结论常常有某种割裂感，难以自圆其说。比如，有研究者在评价试点的合法性问题时，采用了形式/实质二维评价方法，既主张形式合法性，也不放弃实质合法性。所以认为，合法化的改革必须符合法律的规定，而且所指的法律是狭义的法律，即全国人民代表大会及其常务委员会制定或认可的法律。但在谈到实质合法化时，由于是以价值为判断标准，又认为真正意义的改革必定对原有制度有所突破，仅在现有法律体系与框架内的完善措施不能称之为改革。所以，真正的改革具有不法性。比如，暂缓起诉制度。最后只能得出结论：改革与合法性不兼容。但研究者似乎觉得这样的说法也不妥，无奈之下不得不放弃了形式合法性的标准，转而求助于实质合法性。① 这样的论证方法，在试点评论文章中是经常见到的。正如有论者所说，试点合法性与形式合法性、实质合法性之间都存在一定张力。法学赖以支撑自身的合法性分析技艺，在剖析"试点"的合法性基础时经常面临左支右绌、勉强为之的困境。②

正是因为这种困境，才促使我们去寻找新的研究工具——程序主义的一维模式。程序主义是处于多元"价值博弈"中的合法性生存之道，它诉诸于程序，但不放弃价值。季卫东教授认为，"程序化本身是对形式与实质的扬弃，兼有这两种属性的构成因素。"③ 缺乏实质性的形式性是空洞的；缺乏形式性的实质性是盲目的。不能孤立地看待其中任何一种属性，否则就退回到了实质合法性/形式合法性二维研究模式。实质性与形式性在程序主义中是伴生关系，所以，在讨论试点合法性问题不会有割裂感，更不可能对

---

① 秦宗川：《论我国检察合法化改革的实现》，载《西华大学学报（哲学社会科学版）》2011年第5期，第88—95页。
② 苏宇：《略论"试点"的合法性基础》，载《政治与法律》2010年第2期，第77页。
③ 季卫东：《法律程序的形式性与实质性——以对程序理论的批判和批判理论的程序化为线索》，载《北京大学学报（哲学社会科学版）》2006年第1期，第113—115页。

峙。有论者比喻，"程序法治观不啻是一个不断旋转的陀螺，重要的是以正确答案为向心力的旋转过程；旋转一旦停止，那么法治这个陀螺就会倒下，法治的理想也就会落空。"① 其中的"向心力"，即"正确答案"，就是程序主义的实质性；"旋转过程"就是程序主义的形式性。

试点面临着合法性危机，这种危机直观地表现为试点评价的众说纷纭，间接地表现为行动中的四顾茫然。造成评价分歧的主要原因是评价标准的混乱。合法性研究学派林立，立场观点不同，但意图达致合法化——实现政治体系、法律秩序稳定之目的是共同的。不同的研究路径之间亦有承袭和借鉴。放弃形式/实质对立的二维评价模式，以程序主义的一维模式重新确立讨论试点合法性的框架是新的理论尝试。

---

① 张超：《法概念与合法性价值》，中国政法大学出版社 2012 年版，第 170 页。

第四章　程序主义试点^①的实质性及其价值语境

程序主义的实质性与实质合法性并非同一所指，但也存在某种关联，比如试点动机作为研究素材既服务于实质合法性，也服务于程序主义实质性。但缘于程序主义与其他理论的合法性基础不同，所以，即使研究素材相同，证成合法性的方式也是不同的。为避免混淆，首先要进行程序主义实质性与实质合法性的区分，然后再结合试点样本，从程序主义的实质性角度，具体分析刑事司法改革试点现象所处的多元价值语境，比如摸着石头过河与顶层设计、立法推进主义与司法推进主义、制度生长与程序法定。这些价值理念具有多元性和平等性，研究的目的并不是要通过介评分出高下，而是要将它们尽可能地输入到论辩程序中，进行持续的沟通协调，即我们所谓的试点程序，在程序过程中将产生试点的合法性。

一、试点的实质合法性与程序主义实质性之辨

（一）何为试点的实质合法性

概括地讲，实质合法性的研究思路脱胎于规范主义合法性理论，也就是说，研究者先要确立某种法外的优位价值观，然后以此为衡量标准，如果试

---

① 我们借用哈贝马斯"程序主义的法才具有合法性"的表达，将意图诉诸程序主义理论来实现合法化的试点冠名为"程序主义的试点"，并主张"试点将在程序中产生合法性"。

点中彰显的价值观与此标准相符合，则试点具有实质合法性；如果不符合，则不具有实质合法性。但实际上，这是非常困难的，尤其对于试点评价问题而言。

比如，有学者主张，"法的实质合法性评价是个非常复杂的问题，它所涉及的不是法律本身的问题，而是道德或政治问题"。① 所以法的实质合法性评价的标准是所在社会当时占主导地位的社会政治思想和价值观念。也就是说，只有当立法机关的立法权及其立法活动符合当时广大社会成员，特别是社会精英的关于社会权力的取得和运作的一套理论或观念时，才被认为是合法的。例如袁世凯在辛亥革命后的立法因为违背了辛亥革命的价值观念和社会理想，所以不具有实质合法性。但法的实质合法性评价往往要经历一段时间，最后的评价结果往往取决于政权的稳固和法所产生的实际社会效果。而对于一个已经成熟稳定的政权来讲，实质合法性的评价就要以宪法的规定为标准。

实质合法性评价标准的界定是有待商榷的，但我们认同作者所说的，"法的实质合法性评价是个非常复杂的问题"。上述标准中有几个问题是模糊的：第一，实质合法性的判断标准是社会公众的价值观，还是精英的价值观？如果两者不一致，以谁的为准？第二，如果不同阶层的公众、不同派别的精英，有不同的社会政治理想、价值观念，怎么取舍？之所以提出这样的问题，是因为在上述实质合法性判断标准中有一句潜台词——某一特定历史时期的社会价值观是统一的。这种状况在神权、君权压制性统治时期是可能的，在现代社会已经被社会价值多元所取代。此外，即使存在某个统一的标准，现有理论在选择上也显得举棋不定——徘徊于"占主导地位的社会政治思想和价值观念"、"政权稳固"、"社会实际效果"、"宪法文本"之间。因此，不得不承认，以抽象意义上的优越价值来评价法的实质合法性，在标准上显得太过模糊，欠缺说服力。具体到试点现象研究时，依然并不乐观。

有学者在陈述了对试点现象的一些认识分歧后，认为，"司法改革的实

---

① 严存生：《法的价值问题研究》，法律出版社 2011 年版，第 820—821 页。

质合法性关注的是司法改革的内容是否正当或者是否具备实质理性（或价值理性）的问题"。① 也就是说，试点制度的内容是判断实质合法性的标准。但判断什么样的试点内容可以符合实质合法性的标准并非易事，至少比界定形式合法性要复杂。因为不同的人对法律背后的价值问题有不同的观点。但"尚存在一些基本的价值，这些价值在任何社会都应当为法律所认可并受到法律的保护，这些价值即人之为人所应享有的基本权利，包括生命权、健康权、财产权、自由权、平等权、人格尊严不受侵犯等。这些权利被视为人的天赋权利神圣而不可剥夺"。这些天赋人权直观地体现为联合国人权文件中有关最低限度正义要求，这是最起码的实质合法性。以考察试点内容为实质合法性标准在试点样本中有一定的代表性，即实质合法性的最低判断标准是国际人权公约，同时，允许各国根据本国的实际情况在正义的不同价值范畴之间进行权衡和选择，以确定最终的实质合法性标准。

　　问题是：如果权衡，就会出现差异，在标准上难以达到统一化。此外，以试点制度的内容作为试点实质合法性的评价标准也并非公论。比如，试点"试验田"理论强调的则是试点的功效。主张试点有利于克服立法的盲目性和理想主义，避免闭门造车，从而使改革少走弯路，降低耗费，增强司法改革的保险系数和保持法律的稳定性。另外，还有论者是从试点单位处于司法一线，最了解法律立、改实际需求的角度来阐释试点的实质合法性。也还有论者是从试点制度实施后的反馈情况来论证，比如普通程序简易审有利于提高诉讼效率；实行人民陪审团制度有利于公众参与司法，降低信访率，提高公众对司法的满意度。凡此种种都是试点样本中所呈现出的试点具有实质合法性的论据。

　　现有理论中，实质合法性对于证成试点制度合法性可以起到两方面的作用：一是作为试点合法性的必要条件。也就是说，在法治社会的背景之下，司法改革的合法性必须建立在形式与实质的双重要求之上，欠缺形式理性和

---

① 史立梅：《论司法改革的合法性》，载《北京师范大学学报（社会科学版）》2005 年第 6 期，第127 页。

欠缺实质理性都会导致改革的合法化危机。所以，实质合法性是试点合法性不可缺少的必要条件之一，但同时还要具有形式合理性。在有关试点合法性的评论文章中，持这种观点的占相对多数。二是作为试点合法性的充分条件。这就意味着，如果试点是具有某种实质合法性的，比如彰显了人权保障，或提高了诉讼效率，那么，即便这种试点暂时还没有法律上的依据，但因其符合公众对司法的需求，能为社会所接受，就应当承认它的合法性，或者说实质合法性可以遮蔽其形式上的违法性。进行二者之间如此权衡的目的是保护司法机关进行改革探索的主动性，以免延误改革时机，增加改革的社会成本。[1]

这两种观点反映出，在试点合法性形式/实质二维研究中，形式与实质的关系一种是并重，另一种是以实质为主。也就是说，要么实质合法性作为一个必要条件，与形式合法性并列证成试点合法性；要么实质合法性单独或主要成为试点合法性的条件。但无论是哪种，实质合法性都是独立于形式合法性的研究角度，所以，我们称之为形式/实质二维。由于实质合法性是证成合法性独立的一维，所以，无论是主张试点具有实质合法性还是否认试点具有实质合法性，都必须找到一个"正确答案"来支撑自己的论点，或者说，这种实质合法性的标准逻辑上应当是相对确定的，不能存在多元价值的冲突，否则，论点就难以成立。因此，这就导致了研究中经常出现的一个问题——对不同价值观念有意或无意的忽视。在大部分的评论中，凡主张试点是具有实质合法性的，即以有利人权保障，培养现代刑事诉讼理念，促进司法公正、效率为理由，而不谈及其余；主张试点不具有实质合法性的，一般是以"司法违法"，有悖司法权威、公正，挑战法律伦理以及作秀揽名为反

---

① 纵博、郝爱军：《近年台湾地区的刑事诉讼改革及其启示》，载《台湾研究集刊》2010 年第 3 期；彭海青：《我国刑事司法改革的推进之路——由两个〈证据规定〉的出台所引发的思考》，载《法学评论》（双月刊）2011 年第 3 期。

对理由，而对于试点者的善良动机视而不见。① 通过观察试点样本和实地调研可以发现，在实践中，上述情形大都是存在的，但形式/实质二维研究方法要求确定一种优位的实质合法性理由，然后以这种理由为尺度，判断试点有或者没有实质合法性，而其他理由就要隐身其后，否则观点难以成立。

（二）何为程序主义试点的实质性

如果寻求一种优位的价值观是如此的困难，面对诸论之争的局面，如果不能视而不见，就只能选择容纳，这也正是程序主义理论的解决之道。

程序主义认为，只有建立在商谈伦理基础之上的程序主义的法才是真正具有合法性的法。也就是说，法之所以具有合法性，既不是因为法律的内容符合道德或自然法的标准，也不是单纯因为事实上的强制力，而是因为法律产生于理性商谈的立法与司法过程，所以内在地具有了合法性，所以是可接受的。② 程序主义的精髓在于——合法性来源于"辩论的共识"，而不是由某种外在的、先验的、超越性的价值预设的，产生合法性的基础是辩论的过程。

但也不能由此将程序主义理解为一种价值无涉的投票过程，或者说只具有纯粹的形式性。如果那样，无异于又回归了经验主义。程序主义并不主张经由某种程序就使得任何与价值判断无关的事物具有了合法性，换句话讲，程序主义并不是一切交由程序处置的理论。这就是程序主义的实质性表现所在。正如有学者曾经表明的："作为西方法律传统的一部分，我们的确很难否认基本权利的存在，很难将其留给政治上的多数决定其存在和范围。但是通过强调公共辩论的重要性以及保障开放、自由和平等对话的必要性，共和主义也有一点可以通过程序性规则而获致。"③

---

① 在实地调研中，笔者曾采访福建侨乡一位主管刑事的副检察长，他主持了当地以检察机关为主导、多部门联合的合适成年人介入的试点项目。据他本人讲，他已届退休之年，儿女成才，在国外工作，本可过清闲的日子，但是他希望能通过自己的努力让外来的孩子与本地孩子在刑事程序中得到同样的处遇，心情之恳切溢于言表。不知道他听到"沽名钓誉"的评论会做何感受。
② ［德］哈贝马斯：《在事实与规范之间》，童世骏译，三联书店 2011 年版，第 527 页。
③ ［比］马克·范·胡克：《法律的沟通之维》，孙国东译，法律出版社 2008 年版，第 166 页。

　　哈贝马斯程序主义理论主张有效的合法性信念应该被视为与真理、与规范有一种内在联系，而这种被认可的价值是与一定历史时期的社会规范相联系的，是在当时的社会规范中能有效地证明这种政治秩序是有价值的，是值得认可的。用他本人的话说，对被认可的政治秩序来说，"有着一些好的根据"。① 他主张法律"仍然必须满足实质合法性之预期，以便至少人们除了对法律保持敬意外，倘若愿意，得遵从规则"。"民主的立法程序也依赖于公民以共同福祉为旨向而行使他们的交往权利和参与权利。"② 有研究者总结，哈贝马斯所说的法律合法性可归结为两个方面，"第一，每一位公民都是法律的接受者和立法者，作为立法者，每一个人都是自由的和平等的；第二，法律的合法性来自于所有当事人的同意，来自于所有公民的共识，而这种同意和共识则产生于民主的过程。"③ 前者强调的是实质性，后者则是形式性。

　　在程序法治中，一般意义上的形式性、实质性强调的是程序具有的属性和二者在程序中的伴生关系。形式正义基于的是外观主义，同等情况同等对待。形式正义的核心是在正义普遍实现过程中所坚持的平等性。而实质正义的本质是区别对待，综合各种利益因素，考虑情势必要。比如，大学的招生考试，它的形式性表现在：划出分数线，然后遵循从高分到低分的原则录取。一般来讲，不过分数线是不可以的；不要高分而要低分也是不公平的。实质性则表现在，一方面，招生有个基本的价值预设，高等教育旨在培养高层次社会人才，所以，对学生的知识积累、领悟力、判断力有较高的要求，所以，考试科目和内容是精心设计的，分数高低也可以基本反映学生能力。另一方面，分数又不是唯一判断标准，确有一些颇具研究潜质的学生考试拿不到高分，对于某些特殊人才就可以有特殊政策的关照。所以，程序主义的实质性允许因时因势的价值权衡、取舍。价值权衡的实质性与同等对待的形式性会产生冲突，为了保持两者的平衡需要一种动态化的装置——程序。季

----

① ［德］哈贝马斯：《交往与社会进化》，张博树译，重庆出版社 1989 年版，第 184 页。
② ［德］哈贝马斯：《法的合法性——〈事实与规则〉要义》，许章润译，载郑永流：《法哲学与法社会学论丛》，中国政法大学出版社 2000 年版，第 3 页。
③ 任岳鹏：《哈贝马斯：协商对话的法律》，黑龙江大学出版社 2009 年版，第 113 页。

卫东教授主张：

　　为了达到动态平衡的目的，同时又要避免任意性干扰，当然也需要某种原则之外的实质性判断和临机应变的正义标准。实质正义包括匡正和交换这两个方面，既反映原则的严格性，又容许变通协调，既有权威判断，又承认个人之间的互惠性和契约关系，必然会在程序进行中发挥重要作用。为此，程序设计要考虑实践理性或机会理性，要为实质正义留有调整的余地。①

　　这段论述为我们理解程序主义的实质性提供了重要的启示。在程序主义的框架下，我们之所以不用过分担心实质性所产生的恣意，正是因为有了形式性的约束，或者说是保障。正是在这种框架下，实质性与形式性彼此借力，游刃有余。程序主义实质性的精髓是它不承诺某种明确的正义原则，而是通过求同存异的办法来防止实质性价值争论的激化，维护多元化格局的制度框架。

　　就试点合法性研究来讲，程序主义的实质性体现在：承认并关注刑事司法改革试点现象所处的多元价值语境，② 允许有关试点的实质性价值争论存在，并且平等地加以讨论，而不是被某种预设的绝对价值所屏蔽或压制。并且这种讨论须置于社会整体背景下，试点现象背后的各种利益因素、价值纠纷均应予以呈现、梳理和剖析，否则就无法进行审时度势的判断。程序主义实质性理论有助于跳出单就司法制度、法律观念角度讨论合法性问题的封闭思维模式，把目光延伸到社会的多层面，用总体分析眼光整体地、全面地去考察试点中的价值纠纷，并且不以决出优劣胜负为目的。因为，试点的合法性并不产生于优位价值，而产生于其后的论辩过程。

---

① 季卫东：《法律程序的形式性与实质性——以对程序理论的批判和批判理论的程序化为线索》，载《北京大学学报（哲学社会科学版）》2006 年第 1 期，第 113—114 页。

② 语境论研究方法给我们的启示是，所有的语境都是平等的，并同时具有整体性。也就是说，语境从时间和空间的统一上整合了一切主体与对象、理论与经验、显在与潜在的要素，并通过它们有序的结构决定了语境的整体意义。关于语境论研究方法详见郭贵春：《语境论的魅力及其历史意义》，载《科学技术哲学研究》2011 年第 1 期，第 1—4 页。

二、程序主义试点的价值语境分析

试点评价是在一定的价值语境下做出的，比如刑事司法改革的路径选择是摸着石头过河还是顶层设计、制度变迁是司法推进还是立法推进。在现代社会多元价值语境中，难以确定所谓的优位价值。程序主义试点的实质性即体现于关注刑事司法改革试点现象所处的多元价值语境，以及对试点现象中各种价值命题的关照。同时，梳理试点中各种价值理念之间的纠缠关系，也是其后研究程序主义形式性的基础。试点中价值关系的复杂性与化解冲突之程序的复杂性成正比。合法性产生于程序过程并不意味着，可以通过为试点设计一种类似于立法的程序，然后宣布经过这一程序的试点就当然地具有了合法性。沟通程序是广义的，是与试点中每一组可能的价值纠纷相对应的。各种观点、意见的沟通和交流是在广阔的社会空间中进行的，"在地域上包括社区的、地区的、全国的乃至国际的社会空间，在形式上可表现为集会、活动和展示等，在地点上可能是咖啡厅、啤酒屋、剧院、大街上等。"[1]

对试点中所涉价值命题的研究则是程序主义试点的构建前提。试点评价分歧中的质疑说和赞同说来源于"原生态"的社会观测，这些评价受人们头脑中所固有的某些价值观念影响。依据认识论的相关理论，这些不同的价值观念是产生试点评价分歧的因素之一。在现代社会，多元价值林立，与刑事司法改革试点相关的价值语境中大致有如下四对需要沟通的价值观念。

（一）摸着石头过河与顶层设计

任何社会改革都要面临路径选择的问题，这种选择与改革所处的时代背景、社会经济条件、社会发展理念等因素有着密切关系。而路径选择又与改革措施之间呈现出目的与手段间的配套关系。试点属于刑事司法改革的一种具体方式，所以必然受控于司法改革的宏观性路径选择。一般认为，我国的社会改革正在从"摸着石头过河"逐渐过渡到"顶层设计"的时代。在不

---

① ［德］哈贝马斯：《在事实与规范之间》，童世骏译，三联书店 2011 年版，第 444—452 页。

同的改革时代，往往会有不同的试点评价。改革思路的转换也会在一定程度上改变人们评价试点的价值标准。

从我国近三十年改革开放的整体背景观察，社会改革基本遵循的是一种渐近式改革模式。邓小平曾说，"我们现在所干的事业是一项新事业，马克思没有讲过，我们的前人没有做过，其他社会主义国家也没有干过，所以，没有现成的经验可学。我们只能在干中学，在实践中摸索"。① 这段话的意思用更形象的语言表达就是"摸着石头过河"。之所以选择这种改革模式，可以说是既取决于当时客观制度条件的约束，也深受改革设计者个人的理念影响。②

渐进式的改革路径与试点有着天然的默契。渐进式是相对于激进式的改革路径而言的，它实际上是以摸索的方法、微调的步伐来进行社会变革，而不是指望毕其功于一役——所有问题一次性解决。有学者总结，渐进式改革的特点是"四先四后"：先下后上；先经济后政治；先点后面；先增量改革后存量改革。③ 伴随着这种改革路径所确定的改革举措——无疑就是试点。因为试点的过程就是试错的过程，在一个相对较小的范围内，通过不断的试错，总结经验、吸取教训，然后再加以推广。这种做法最大的益处就是可以进行风险控制，避免全盘皆输的局面。有学者总结说，这种动态的、开放的改革模式，有错就改，不断试验，并且容易实施，易于得到社会中大多数群体的支持，保证了政治体系的稳定和改革的顺利推进。④ 正是由于试点改革所产生的积极效果，所以这种改革模式至今仍在采用。⑤ 但随着近年来改革

① 《邓小平文选》（第 3 卷），人民出版社 1993 年版，第 228 页。
② 刘江会：《为什么是"渐进式制度变迁"——基于中国经济改革的一种经验分析》，载《江苏社会科学》2001 年第 2 期，第 39—43 页；李元书：《论邓小平渐进式改革思想》，载《理论探讨》2000 年第 5 期，第 5—10 页。
③ 席志刚：《"十二五"深化改革仰赖顶层设计》，载《凤凰周刊》2011 年第 8 期，第 1—5 页。
④ 邹建锋：《渐进改革现实合理性的规范思考》，载《求实》2003 年第 10 期，第 44—45 页。
⑤ 直到 2012 年金融市场的改革依然采用的是试点办法。2012 年 3 月 28 日，国务院总理温家宝主持召开国务院常务会议，批准实施浙江省温州市金融综合改革试验区总体方案，决定设立温州金融综合改革试验区。详见谢九：《温州试验田》，载《三联生活周刊》2012 年第 14 期，第 68—69 页。

逐步进入"深水区","顶层设计"① 的理念正逐渐深入人心。原因是，改革进入攻坚阶段，所牵涉的利益越来越复杂，阻力也不断增大。处于河中央的中国改革，已经越来越难以摸到石头，所以，需要顶层设计来为中国未来的改革做出规划。顶层设计是一种系统的统筹谋划和高端架构。②

顶层设计是否与试点方枘圆凿？顶层设计这一工程学术语引入社会领域，强调的是解决问题的规划性、系统性。所以，顶层设计不是自上而下的顶层指令安排。诚如有学者所言，"改革的顶层设计，本质上是一种创新，但真正有效的创新的形成，是一个复杂的主客观多维博弈的过程，也是一种尊重现实的过程。不顾一切的、脱离实际的'重建'或追求'尽善尽美'社会蓝图的宏大叙事，伤筋动骨，劳民伤财，都是与顶层设计的初衷和宗旨背道而驰的"。③ 也就是说，顶层设计是全面的、有重点的设计，同样也是重视基层实践的设计。顶层离不开基层，顶层设计也要从基层做起，否则就成了空中楼阁。顶层设计并不排斥来自基层的推动力和智慧，也没有必要拒试点以门外，但可以肯定的是，顶层设计时代的试点与自生自发的试点在运作机制上将有天壤之别。顶层设计的理念是需要具体的程序来现实的，否则还只能停留在观念层面。顶层设计时代的试点与自发式试点的差别也需要借助于程序才能更清晰地体现。

在认识论的理论中，试点也就是制度试验，可以生存于不同的改革时代，因为它符合认识的规律性。人的认识过程是主体通过实践活动能动地反映客体的过程，而认识必须要有方法，认识方法是人类探索未知、获得真理的精神手段。通用的认识方法包括：经验认识方法、理论认识方法和经验与理论

---

① "顶层设计"原是工程学术语，党的十七届五中全会首次提出"更加重视改革顶层设计和总体规划，明确改革优先顺序和重点任务"。2011 年《政府工作报告》中，温家宝总理再提"要更加重视改革顶层设计和总体规划"。此后，"顶层设计"成为学术界的热词。
② 迟福林：《改革的新形势与顶层设计》，载《决策》2011 年第 8 期，第 11—13 页。
③ 秦德君：《顶层设计：是什么，不是什么》，载《决策》2011 年第 5 期，第 12 页。

的综合认识方法。① 而试点则主要属于经验认识中的实验方法。实验是人们有目的地利用一定的物质手段控制或创造客观对象的存在条件，改变客观对象的存在状态，从而获得关于对象的各种经验事实的方法。实验的方法是多种多样的，大体可划分为：定性实验、定量实验、对照实验、先行实验等。实验方法是认识客体的一种非常重要的形式，它把生动的感性直观和抽象的理性思维结合于自身之中，体现了人类认识客观世界的能动性。通过实验方法获得的经验材料既可用于证明假说，又可作为理论发展的基础。比如，利用先行实验方法，就是在正式制度实施前，通过一些小规模的、局部性试点，验证设计方案的可行性，评估制度运行效果，为制度推广夯实理论基础。

在承认实验方法积极意义的同时，也必须兼顾刑事司法领域中制度实验方法运用的特殊性。有学者认为，司法改革不能仿效经济体制改革"由下而上"的路径。原因有两个：第一，司法改革是不能靠司法机关"独善其身"来完成的。这与经济领域的改革不同，经济主体在很大程度上是可以不依赖政府的行为而运作的，但司法机关不可能脱离外部权力关系而独立运行。第二，司法改革不具备在局部地区进行制度试验的条件。"凤阳小岗现象"不可能、也不应当出现在司法改革之中。因为，司法的统一性以至法制的统一性是任何情况下都不能变通的原则。所以，司法改革的基本路径应当是"由上而下"，先制定改革的基本方案，然后逐步推进与实施。② 准确地讲，所谓司法改革不具备制度试验的条件，并不是实然的状况，而是从应然的角度出发，试点与司法和法制统一原则相冲突，不宜采用经济改革中的试点方式来推进司法改革。但研究者同时又认为，司法改革的总体方案要经由社会各方参与的讨论而形成，同时也要基于经验的分析。可如果缺乏试点实践，经验从何而来。还有观点认为，我国司法改革表面上看轰轰烈烈，但

---

① 经验认识是人同客观对象的直接接触过程中，对客观对象的现象和外部联系的反映。人们获得经验认识的主要方法有：观察、实验、模型方法。理论认识是指人的思想深入到客观对象的本质之中，是对客观对象的本质和内部联系的反映。理论认识方法包括：理想化、类比、假说、数学方法等。综合认识方法则指控制论、系统论、信息论等。参见齐振海：《认识论探索》，北京师范大学出版社 2008 年版，第 110 页。

② 顾培东：《中国司法改革的宏观思考》，载《法学研究》2000 年第 3 期，第 3—16 页。

实际成效却不理想。表现之一就是，司法改革采取由下而上的局部扩展方式，许多地方司法机关借口"改革无禁区"、"恶法非法"、"法无明文规定皆自由"等，随意进行"良性违法"或者"造法"式的改革，从而严重地破坏了法制与司法的统一。造成这种现象的原因在于我国司法改革所采取的方式缺乏整体性。整体性意味着司法改革要与整个政治体制改革相协调，与经济体制改革相适应，更重要的是要由统一的组织机构进行整体规划、统一部署。其实，这种整体性的要求也并不是要排斥试点，而主要强调的是改革规划和部署的统一。而与此主张相冲突的，则是自生自发的试点模式。所以，肯定整体推进式的司法改革，并不意味着绝对排斥局部的先期试验。试点至少有三个益处：一是可以为制度推广提供范例；二是可以由此发现制度中存在的障碍；三是降低风险，节制改革成本。但整体式改革的试点必须符合整体性、统筹性的条件要求。①

另外，试点的理由还在于我国司法改革宏观背景中的诸多不确定因素的存在。有学者将这些不确定性总结为：司法改革的基准点不确定；参照系不确定；成效不确定和评判主体不确定。② 具体说，我国司法改革的根本动因是由于司法状况的差强人意，但由于我国法学领域的实证研究起步较晚，所以，对我国司法改革的基准点还没有精准的把握，大多是学者们从理论角度的抽象回答。就像有学者曾说，所谓诉讼拖延，拖延到了什么地步？诉讼耗费，耗费到了什么程度？司法改革不公，不公到了什么程度？必须有精确的研究，不能依赖直觉的判断。③ 再有就是司法改革的目标定位，"依附型"

---

① 例如，一是试点的具体方案，必须由国家司法改革委员会来确定，并将试点情况纳入全国司法改革的整体规划之中；二是试点的单位必须由国家司法改革委员会来指定，并且遵循少而精（具有代表性）的原则；三是试点单位要接受国家司法改革委员会的指导与监督，并不定期向国家司法改革委员会报告试验的情况；四是如果国家司法改革委员会认为试验已经达到预期目的，则应责令试点单位停止试验；五是国家司法改革委员会选定试验的内容时要谨慎，不能动辄就搞试验。王超：《中国司法改革的整体推进之路》，载《政治与法律》2004 年第 2 期，第 109—110 页。

② 谭世贵：《中国司法改革理论与制度创新》，法律出版社 2003 年版，第 250 页。

③ 齐树洁：《接近正义：英国民事司法改革述评》，载张卫平：《司法改革评论》（第 2 辑），中国法制出版社 2002 年版，第 414 页。

司法改革的理论已成明日黄花，"自主型"司法改革已成主流话语，但如何结合我国国情确立起明晰的司改目标，恐怕也不是一朝一夕可以完成的。所以，有学者在司法改革初期就提出，"司法改革毕竟不像自然科学那样，能够经由实验和计算精确地预测到将会带来的结果，正是改革的这种难以预测性使得试点在具体改革措施的推行中变得极为必要"。①

　　渐进式的改革路径确与试点有着天然的默契，这也正好解释了改革初期密集出现刑事司法改革试点的原因。随着顶层设计时代的到来，决策者对试点的态度会有所转变，最为典型的是附条件不起诉试点。附条件不起诉试点始于 1992 年，在 2004 年出现了停滞现象。2004 年 7 月 2 日，最高人民检察院发布《关于严格依法履行法律监督职责、推进检察改革若干问题的通知》，指出"暂缓起诉制度在现行法律中没有规定，在实践中不宜推行。一些地方基层检察机关结合当地情况，对犯罪情节较轻、可能判处 3 年以下有期徒刑的未成年人犯罪案件，试行暂缓起诉制度，产生了一定的社会影响。这个举措的出发点是好的，但鉴于暂缓起诉没有法律依据，目前不宜扩大推行，各地也不要再行新的试点"。由于政策的波动，实务部门出现了认识上的模糊，行动上表现为：有的地区仍在试点，有的地区则采取了观望的态度。媒体报道中，实务部门在谈及附条件不起诉试点时表现出非常审慎的态度。② 但顶层设计与试点也并非方枘圆凿，顶层设计强调了改革的整体性、统筹性，所以，自发式的、零星试点因为背离了整体性改革理念必然受到强烈的质疑，而计划内的、经由程序控制的试点并不受到排斥。试点可以生存于不同的改革时代，根本原因在于它符合人们的认识规律。但由于刑事司法的特殊性，不能由此推断试点就具有合法性。改革路径的选择并不是决定试点合法性的根本原因所在，但是这种因素确实可以影响人们对试点的评价，因为在不同的改革路径中，由于指导思想的差异，人们评价试点所依据的价值理念可能会有所不同。这种理念上的差异可以通过协商尽可能达成共识，

---

① 王琳：《试论司法改革的路径选择》，载《诉讼法学·司法制度》2002 年第 8 期，第 118 页。
② 王军、樊荣庆：《未成年人检察工作深化发展的路径选择》，载《人民检察》2011 年第 23 期，第 46—47 页。

而与取消或保留试点没有必然的联系。

（二）司法推进与立法推进

立法推进或司法推进是制度变革的两种可供选择的方式，这两种不同制度变革理念的持有者在面对试点现象时，通常会出现评价上的分歧。

所谓立法推进，顾名思义是通过国家立法机关的立法修律来推动制度变革的思路。在对策法学中，这是研究者经常采用的研究方法，即将司法实践中发现的问题归结为制度供给的不足，常见的如证人出庭问题、律师辩护权问题、被害人权益保障问题等。研究者通常会在找出"实践中存在的问题之后"，诉诸于"立法完善"[1] 来解决问题。这就是典型的立法推进主义的思路，即发现问题—修改法律—解决问题。在这一思路中，没有试点的生存空间，原因有二：其一，没有试点的动力，因为法律修改后问题就会自然得以解决，所以不需要试点。其二，法律在制定、修改后即应得到严格遵守，所以不存在制度试验的理由。如果奉行制度变革的立法推进，试点既没有理由，也没有动力，是被排斥在外的。

立法推进主义的益处在于不打破传统的法律秩序，避免合法性危机的产生，而且也相对简便宜行。但如果稍加分析就会发现，立法推进主义有两个明显的缺陷：一是立法能不能解决所有的问题？因为正式制度失灵，"潜规则"盛行的局面也并不鲜见。也就是说，成文法律所确立的一些制度在现实中无法得到实施，甚至受到一定程度的规避和搁置，即出现所谓"制度拉动"所产生的反向效应。[2] 二是快节奏的立法在我国是否是现实的。在我国社会主义法律体系已基本建成后，立法工作已逐步进入修法时期，但快节奏修法在我国并非常态，例如，第二次刑事诉讼法的修改于 2004 年启动，

---

① 这里的立法采广义说。在多数国家法律实践中使用"立法"这个概念时，它包括的行为方式或者行为过程往往不仅包括法律的制定和认可，还包括法律的解释、编纂、修改、清理、废止等具体形式和环节，而且在更广泛的意义上说，甚至可以包括立法前的准备行为和立法后的评估等行为。杨斐：《法律修改研究——原则·模式·技术》，法律出版社 2008 年版，第 1 页。

② 龙宗智：《相对合理主义》，中国政法大学出版社 1999 年版，第 15—17 页。

其间改改停停，至2012年修法完成。此时距1996年的第一次修订已长达16年之久。所以，修法进程之艰难由此可见一斑。

对策法学研究的缺陷在于过分关注法律条文的制定、改进和实施，忽略了法律作为一种社会现象的复杂性。法国比较法学者勒内·达维曾警示我们，"立法者要改造法律条文本身很容易，但是法律条文背后的东西却是很难改变的"。① 在中国近代史上曾有过失败的范例，清末修律曾迅速移植了整套的近代成文法体系，但这对于挽救飘摇欲坠的清政府统治又发挥了多大作用呢？当然，在现代，立法推进主义的操作方法已经不是法律移植这样的简单。立法机关一般会通过立法调研以及与相关利益集团的反复权商、沟通来进行修法前的准备，多采用座谈会、研讨会等方式，然后再向各界征询立法草案的修改意见，有时还通过网络向公众征询意见，如2012年刑事诉讼法的修订即是如此。这种立法方式的局限性在于修法的效果难以预期。修法中各方所提意见难免是出于各自利益的考虑，或带有认识上的偏见，但更主要的是，由于缺乏试点试验，制度运行的效果无法进行检验、评估，所以会出现想当然的情形。② 陈瑞华教授直言，"这种通过立法调研形成法律草案并推动法律颁行的做法，既难以发现旧制度的症结之所在，也无法提出一种具有可行性的新制度，更有可能使已经发生法律效力的规则不能发挥实际的规范作用。"③

司法推进指的是，经过司法机关在实践中的改革探索，立法部门将其中

① [法] 勒内·达维：《英国法与法国法：一种实质性比较》，潘华仿、高鸿钧、贺卫方译，清华大学出版社2002年版，第35页。

② 比如，律师法中关于律师调查权的规定，司法行政部门决意通过律师法的修改解决实践中的律师调查难问题，而立法部门也对此做出了积极的回应。但遗憾的是，由于缺乏制度试验，立法者赋予了律师无法兑现的"强制调查权"。因为律师本身只享有"任意调查权"，被调查人一旦拒绝配合和支持律师的调查，律师无法采取强制调查行为，而只能向司法机关提出调查取证的申请。所以，律师所享有的只是"申请强制调查权"。律师提出调查取证的申请之后，司法机关究竟是亲自协助律师采取调查行动，还是授权律师实施暂时的强制调查措施，这就是需要进一步考虑的问题了。所谓律师享有"强制调查权"，立法初衷是为了解决实践中的难题，但结果却是作出了一种违背经验和常识的制度设计。

③ 陈瑞华：《制度变革中的立法推动主义——以律师法实施问题为范例的分析》，载《政法论坛》2010年第1期，第45页。

行之有效的做法上升为法律规范，这种制度形成过程被学界称为"司法推进主义"的道路。在司法推进主义的理论中，试点是制度生成的有效路径。因为，法律制度通常是由司法机关在司法过程中发现和创造出来的，而不是立法者凭借逻辑推理所研究出来的。通过试点推动立法的好处在于，可以克服"立法推动主义"的盲目性。产生于实践需求，并经过实践检验的试点制度，更适应我国国情、更能够解决实践中的问题、更宜于司法操作和更能为公众所接受。以试点样本为例，总计十八①个样本中的一半已经被吸收为刑事诉讼法的内容。可以说，每个被吸收入法的试点样本都展现了司法推进的功效，下面以其中的两个试点样本做进一步说明：

样本一：附条件不起诉试点。2012 年《刑事诉讼法》新增了未成年人附条件不起诉制度，从内容看，新法对未成年人附条件不起诉制度规定完整、细致，包括了：适用条件、程序以及公安机关的复议复核权、被害人的申诉权、未成年犯罪嫌疑人及其法定代理人的异议权；未成年人附条件不起诉制度的监督考察主体、考验期限以及被附条件不起诉人应当遵守的规定；未成年人附条件不起诉的撤销和最终不起诉决定的作出。从而使得这一制度具有较强的可操作性。之所以会达到这样的立法效果，很大程度受益于实务部门对办理未成年人刑事案件创新机制的探索。因为从 1992 年起我国检察机关即开始暂缓起诉的试点，试点起步期是以上海市长宁区人民检察院为代表，2000 年之后，试点地区开始逐步增加，扩展到全国三成以上检察机关。在试点中，对暂缓起诉制度的适用范围和对象也从仅仅适用于未成年人犯罪案件，后来扩大到在校学生犯罪案件和轻微刑事案件，甚至出现了对单位犯罪适用暂缓起诉的探索，后期还出现了决定暂缓起诉的听证制度。十年制度试验，使得纸面规则与司法实践得以充分磨合，争议较大的内容被搁置在外，成熟的做法被吸收入法，从而保障了法律的实施。

样本二：普通程序简化审也是一个较好的范例。案件繁简分流，提高诉

---

① 未成年人刑事司法试点又可再分为合适成年人、律师参与审查批捕、刑事记录封存、审前羁押替代措施四项试点内容。

讼效率，节约司法资源，这是刑事诉讼制度普遍的发展规律，但如何确立我国的分流程序，并不是技术移植可以轻易解决的。1999 年 5 月北京市海淀区人民法院、人民检察院率先试行普通程序简化审。与简易程序相比，试点程序的特点有两个：其一，基本程序保持完整；其二，适用范围广泛。2001年，普通程序简化审改革被纳入年度全国公诉工作七项改革之一和全国法院当年五个方面的改革重点之一。但试点中也暴露出一些问题，引发了质疑，比如，简化审的具体做法不统一、程序启动随意性强，更为主要的是被告人权益保障不充分。在近十年的试点中，学者和实务界人士对完善试点方案提出了一些建议，主要集中于：适用范围的扩大；犯罪嫌疑人、被告人及其辩护人被赋予程序启动权；确保被告人实现知悉权；建立详尽的认罪减刑规则；建立证据开示制度；赋予检察机关量刑建议权；进一步加大当庭宣判的力度等。通过这些建议的逐步落实，试点制度中存在的缺陷被陆续加以改进，也为 2012 年修法中扩展简易程序适用的范围奠定了基础。

　　立法推进主义的思路是通过变法修律来实现制度的变革，优势在于避免了由于试点引发的合法性危机；弊端在于立法的理想主义和盲目性。相比之下，司法推进主义显然有一定的优越性，因为试点制度产生于司法实践的需求，所以更能切中时弊，更具操作性和稳妥性。试点者和立法者可以通过对"试错"过程的观察，准确把握制度的劣势和负面影响，并通过不断的调整使试点制度渐趋完善，在试点效果的感召下，一些试点制度还可能在更大范围内推广，被更广泛地接受。这种优势使得原本反对试点的学者都转而认为，"未来的制度变革应更多地重视司法机关自生自发的制度变革经验，对于正在发生重大社会转型的中国而言，这是一条更有可能取得成功的制度变革道路"。① 但司法推进主义的弊端也同样明显，如前所述，制度试验面临的最大争议是合法性问题。超出现行法律规定的制度试验被认为是"司法造法"，不仅违背了刑事法定原则，而且超越了司法机关的宪法地位和职责，破坏了法制统一和尊严。此外，实务部门的试点有时也受到"扩权争

---

① 陈瑞华：《法律程序构建的基本逻辑》，载《中国法学》2012 年第 1 期，第 71 页。

地"的指责。

从域外司法改革的路径观察，做法各不相同。比如，20 世纪八九十年代以来，日本也进行了第三次全国司法改革，因为是近邻，且又与我国司法改革在时间上几乎同步，所以，学者做了大量的评介。通过比较研究可以发现，日本司法改革采用的就是立法推进主义的进路。1997 年日本内阁设置司法制度改革审议会，审议会经过实情考察、举行听证会等方式，在 2001 年 6 月向内阁提交了《日本司法制度改革审议会意见书》，确立了日本司法改革的基本框架。在此基础上，2001 年 11 月，日本制定了《司法制度推进法》，即通过了专门的法律来保障和规范司法改革的具体实施。此后，围绕已经确定的司法改革框架，日本进行了一系列制定新法和修订旧法的工作。据统计，从 2002 年至 2004 年，日本总共通过了有关司法改革的法律 24 部，内容涉及民事、刑事审判制度改革，建立裁判员制度，法律支援等，其中包括《加速裁判程序法》、《刑事诉讼法修正案》。这种一步到位的做法，保障了法律的权威性，但由此产生的问题是，理论推理不能预设实践中的所有情况，如果判断失误，缺乏试错和纠错的机制，即使有问题也只能依据法律不折不扣地执行。比如，司法改革中涉及选任裁判员制度，但在实际操作中发现 70% 以上的日本人不愿意担任陪审员，还有律师和公民联名要求搁置这一制度，使得新法难以推行。[1] 而美国的司法改革则采用了从微观入手，民间机构推进，实证操作的方法。美国维拉司法研究所的做法具有一定的代表性和影响力，维拉模式可以简单概括为：调研—论证—规划—试点—评估—调整—推广。[2]

各个国家地区对司法改革方法的取舍，必然与一国的政权结构、司法传统、公民法律意识等因素相关联。在我国，有学者已经为立法推进和司法推进这两种不同的制度变革理念寻求到了折中性的解决方案，设计理念是兼采

---

[1] 最高人民法院课题组：《司法改革方法论的理论与实践》，法律出版社 2011 年版，第 154—171 页。
[2] 关于维拉方法详见［美］吉姆·帕森斯等：《试点与改革：完善司法制度的实证研究方法》，郭志媛译，北京大学出版社 2006 年版。

立法推进主义与司法推进主义之长。① 按照折中性的解决方案，可以允许司法机关在改革试验"特区"内进行制度试验，但试验"特区"是由立法机关所圈定的，司法机关在进行制度试验前，要报立法机关批准；立法机关要通过颁行规章来规范和引导司法机关的试验活动。最后，由立法机关将成熟的改革经验总结成为法律规范。

（三） 善良动机与沽名钓誉

在试点产生的动因方面也存在不同的价值理念之争。在儒家的传统观念中，常常是以动机善恶来评价行为效果的。如果试点者被认定为是出于善良动机，则试点虽形式违法但实质可取；若出发点是沽名钓誉，则试点必须严禁。所以，动机对于评价试点起着至关重要的作用。

在试点样本中，我们看到确有一些试点的启动存在偶然性因素的影响，但实际上每个试点的产生动因都是复杂的，并非单纯的善恶两极。正所谓天地渺渺，众生芸芸，天地何以长存不灭，众生何以繁衍不息，其中必有亘古于今的一般法则，怎么可能会因一时一物所致。所以，试点产生的背后必然隐藏着支配事物发展的复杂因素，比如案件数量变化、基础理论发展、法律观念转变以及办案体制改革等多种因素。综合分析这些试点动因，才能对试点作出相对合理的评价，样本中的动因可以归纳为以下几个方面：

第一，顺应刑事司法理念的转变。在刑事司法领域中，近年来，"恢复性司法"的观念逐步得到认同，"报应刑"的观念日趋淡化。这种刑事司法理念的转变是附条件不起诉、刑事和解等试点产生的重要起因。以刑事和解为例，传统的公诉案件办案方式是以确定犯罪者的刑事责任和对犯罪者适用刑罚为核心。这一方面确实有利于打击犯罪和维护社会秩序，但同时也面临着诸多问题，例如，刑罚化的处理方式难以真正化解当事人之间的内心矛盾，有时甚至还会激化矛盾，酿成更严重的案件；对于被告人而言，可能会由于关押场所的交叉感染，导致重新犯罪和严重犯罪；对于被害人而言，因

---

① 陈瑞华：《法律程序构建的基本逻辑》，载《中国法学》2012 年第 1 期，第 71 页。

犯罪所造成的物质损失大多难以补偿，有些人不得不通过上访甚至私力救济的手段寻求出路。因此，刑事司法应致力于促进社会关系恢复与矛盾化解，在打击犯罪的同时，切实保障和维护被害人权利，并有利于犯罪者回归社会和防止重新犯罪。正是基于此种原因，恢复性司法渐成一种国际趋势。2002年12月联合国经济与社会理事会作出了《关于在刑事事项中采用恢复性司法方案的基本原则》的决议，鼓励各会员国利用恢复性司法处理刑事案件。2002年以来，在构建和谐社会和贯彻宽严相济刑事政策的背景下，我国公检法机关开始探索在公诉案件中鼓励当事人和解的办案方式。这种办案方式有别于传统的案件处理方式，通过加害人与被害人在平等、自愿的基础上的对话、协商，加害人以赔礼道歉、经济赔偿、提供劳务等方式取得被害人谅解，被害人对加害人表示宽恕，达成和解，从而化解加害人与被害人之间的矛盾、修复被犯罪所破坏的社会关系；加害人也可以得到宽缓处理，有利于其真心悔过和回归社会。另外，曾引起广泛争议的"零口供"试点，其实也是基于实务部门证据观念的转变。辽宁省抚顺市顺城区人民检察院办案人员认为，长期以来，我国执法办案人员存在"唯口供"证据观。口供"对照式"的办案模式主要缺陷是对口供过于依赖，一旦犯罪嫌疑人或被告人翻供，案件的证据体系就会坍塌，而且它也是造成刑讯逼供顽症的深层原因。因此，他们出台了《主诉检察官办案零口供规则》，核心内容是将犯罪嫌疑人的有罪供述作假定排除，以直接、间接证据形成的证据锁链作为定案的唯一标准和依据。

第二，缓解刑事案件数量攀升的压力。在经历两次"严打"之后，我国刑事案件数量高居不下，司法资源捉襟见肘，诉讼效率亟待提高，繁简分流成为大势所趋。正是在这种情势下，普通程序简化审成为实务部门解决压力的良策。对那些案件事实清楚，被告人对指控事实无异议的普通刑事案件采用简便审理的方式，在保持审判组织与庭审程序完整的基础上，通过对庭审中讯问被告人、举证、示证等程序内容进行简化，达到缩短庭审时间、提升效率的目的。并且，这一创新举措也符合《人民法院五年改革纲要》中关于进一步扩大简易程序适用范围的总体精神。1999年5月起，北京市海淀区人民法院以刑一庭为主，着手与海淀区人民检察院展开配合，开始了普通程序简便审的实务探索。

第三，应对办案机制的改革。办案机制的改革也是促进某些试点产生的直接动因，例如前面提到的零口供规则的试点，除了缘于试点单位检察官证据观念的转变，还有一个直接动因是主诉检察官办案责任制的压力所致。主诉检察官责任制是检察权配置方式的变化，主诉检察官既有相对独立的裁量权，也有相应职责。2000 年 5 月，辽宁省抚顺市顺城区人民检察院着手推行主诉检察官办案责任制，起诉科的"主诉"们普遍感受到了一种办案质量高要求的压力，于是，对"唯口供"证据观的反思被外化为了办案的规则。

第四，回应对权力配置和运行机制的质疑，弥补制度缺陷。实务部门在刑事司法过程中，有时会受到外界对其权力监督机制的质疑，比如，检察机关的自身监督问题、法官裁量权的界限、公众司法监督权虚置。为了回应这些质疑，司法机关从完善诉讼制度的角度出发，也进行了一些试点。例如人民监督员制度是检察机关为强化自侦案件外部监督进行的一项改革探索。检察机关查办职务犯罪工作被比喻为"一竿子插到底"，实践中也确有少数办案人员执法不严、执法不公，严重损害了国家法律的权威性和严肃性，破坏了检察机关的形象和公信力，迫切需要采取有效措施加以解决。因此，创设人民监督员制度的根本目的是为完善检察机关的外部监督体系，使作为国家法律监督机关的检察院也能受到有效的外部监督，从而提高检察机关的执法水平和执法公信力。2003 年起，最高人民检察院决定在检察机关办理自侦案件工作中试行人民监督员制度，2010 年开始在全国检察机关推行。与此类似的还有职务犯罪逮捕权"上提一级"试点。自侦案件批捕由上一级人民检察院审查决定，解决了同级人民检察院自侦自捕问题，完善了职务犯罪侦查的外部监督制约机制。

法院系统针对量刑过程不公开、量刑结果不平衡的问题，与检察机关合作进行了量刑改革试点。规范了量刑程序，提高了量刑透明度。此外，针对我国现行的人民陪审员制度在设计和实际运行中存在一定的弊端，比如，陪审员选任上的"精英化"或"内部化"倾向；审判中的"陪衬化"，即所谓的"陪而不审"，2009年年初，河南省高级人民法院最早开展了人民陪审团制度的试点，由一定人数的成员组成人民陪审团参与庭审活动，陪审团的职责是就案件中所涉及的事实问题和法律问题发表意见、观点和主张，供合议庭参考。河南省人民陪审团试点的动因很大程度上是基于对现行陪审制度的反思。

第五，细化和落实法律中的原则性规定。在"宜粗不宜细"的立法原则下，由于具体操作程序的缺失，使我国刑事诉讼法中部分内容难以得到实施。比如，我国法律法规中对非法证据排除虽有一些原则性规定，但缺乏程序保障。近年来，由刑讯逼供所引发的刑事错案频发，使得在技术层面上确立并实施非法证据排除规则的呼声日益高涨。为加强非法证据排除规则的实证研究，构建一套适合中国国情的非法证据排除规则，探索在我国确立非法证据排除规则的可行性，以及了解实践中存在的困难并找出解决方法，2009年3月至2011年8月，中国政法大学诉讼法学研究院与江苏省盐城市中级人民法院及其所辖基层人民法院合作开展了"非法证据排除规则试点项目"。

第六，应付绩效考评。司法实务中，公安机关、检察机关、法院系统都有各自的业务考评制度。这些考评制度的设计初衷无非是通过考评激励、提高办案质量，提高队伍素质。在考评标准的设计中，除了"量"的考评，比如初查数、逮捕数、公诉数；"率"的考评，比如成案率、大要案率、抗诉率，还有关于"新"的考评。这一考评标准是与试点密切联系的。所谓"新"的考评，是指将实务部门的制度机制创新作为考评的指标。而创新的要求，一般应为全国或地区内的首创，创新越多则考评中的"加分"越多。创新的考评标准无疑是一种非常有效的激励机制，发挥着"指挥棒"的作用，它的正效应是有利于调动和发挥实务部门的工作积极性和创造力；负效应则是一些地方把试点异化为了"司法改革秀"，不仅无法达到改革目的，还损害了法律的权威性。所以，有实务部门人员直言，创新出现了"盆景化"，只注重"应时"、"应景"、"有看点"，吸引上级和媒体关注，但缺乏制度内涵，忽视制度发展的规律性，既无启发性，也无推广价值，故此，花开无果。①

第七，解决司法实务中的顽疾。刑讯逼供是我国刑事诉讼侦查讯问中的顽症，屡遭诟病而不能根除。"三项制度"试点，即侦查讯问过程中律师在场、录音、录像试点的动机就是意图根除这一顽症。2002 年年初，经中国政法大学诉讼法学研究中心申报，由联合国开发署资助的刑事审前程序改革示范项目获准立项。课题组将研究的重点放在侦查讯问环节。意图在侦查人员讯问犯罪嫌疑人的过程中，建立一种监督、证明机制，从制度层面遏制刑讯，保证口供的质量，以解决刑事案件的质量下滑问题。"三项制度"试点的设计初衷一方面把侦查讯问活动置于现场监督或事后监督之下，使侦查讯问活动合法、文明地进行；另一方面一旦侦查讯问活动形成的供述笔录在事后就其产生的合法性发生争议时，可以通过讯问过程中获取的相关证据加以证明，解决争议。而 2006 年 11 月至 2008 年 9 月，中国人民大学诉讼制度与司法改革研究中心与吉林省辽源市人民检察院、辽源市公安局共同开展的羁押场所巡视制度试点，则是利用体制外资源，打破羁押场所的封闭性，意在探索出一条遏制刑讯逼供的新途径。羁押场所巡视制度与讯问犯罪嫌疑人同步录音录像、律师在场制度的不同之处在于，引入了独立的社会公众力量，旨在从案件外部规范执法环境，着力点在预防。

与此类似的还有刑事审判程序改革试点。刑事审判程序改革试点是中国政法大学诉讼法学研究中心樊崇义教授与英国文化协会的合作课题。项目开展的动因是，1996 年《刑事诉讼法》修改时对我国刑事审判方式进行了完善，刑事审判制度有了较大进步，一定程度上实现了从纠问式向控辩式的转变，对保证裁判公正、维护被告人的合法权益发挥了重要作用。但是，在司法实践中，也存在着一些问题，如证人出庭率低、法官庭外调查频繁、辩护权得不到保障等，困扰着庭审功能的发挥，成为制约刑事审判工作的瓶颈，因此有必要对审判方式作进一步的完善。刑事审判程序改革试点的开展时间为 2005 年 7 月 28 日至 2006 年 3 月 21 日，总体内容是

① 李乐平：《创新创优不能过度"盆景化"》，载《检察日报》2012 年 2 月 28 日。

研究我国刑事审判方式的改革，具体包括：如何完善证人出庭制度、保障辩护人的到位、对法官庭外调查取证的研究、如何发挥审判长在庭审中的作用、刑事判决书的制作以及对审判委员会的改革 6 个专题。在研究方法上，主要是通过试点法院开展项目试验的方式进行实证研究，研究目的是根据试点法院①开展审判方式改革的做法和效果，形成研究项目成果及专家意见，为全国人大法制工作委员会做立法参考。

上述试点动因可依不同标准进行分类：首先，可将主体作为分类标准。试点的动因是试点主体的动因，结合对试点模式的划分——基本类型是实践型、研究型。② 所以，试点的动因可以分为实践型试点中实务部门的动因和研究型试点中研究机构的动因。实践型试点是实务部门启动的试点。实践型试点产生的动因直接且务实，上述列举的试点动因中前六项基本上可以归属为实践型试点的动因，这当中既有实务部门基于自身利益的考虑，比如，为了应付绩效考评、缓解办案压力，也有现代刑事司法理念的影响，比如未成年人案件刑事程序的变革。研究型试点是一种实证研究方法，大多以解决司法实务中的顽症、解释刑事司法中的现象为出发点，通过试验、观测和评估获取实证研究数据，以便验证某种理论或进行制度推广、向立法机关提供立法建议。可以看出，实践型试点的动因比研究型试点更具复杂性，但并不能由此说明后者比前者更具合法性。其次，以内容为分类标准。试点的动因可以分为积极的和消极的两个方面。积极的试点动因，如践行现代刑事司法理念、细化和完善刑事诉讼制度，解决司法实务中的顽疾，为立法提供经验支持等。在传统的形式合法性、实质合法性二维试点合法性研究体系中，这些积极的试点动因，一般被归属为试点具有实质合法性的理由，并由此得出结论：由于试点是以社会公众的利益和需要为根据，所以具有实质合法性，即使试点暂时欠缺形式合法性，这种改革也是正当的，可以为社会所接受，应当承认它的合法性。但这种论证方法是不可靠的。因为试点动因中还有消极

---

① 参加试点的法院为山东省东营市中级人民法院、广东省佛山市顺德区人民法院。
② 混合型是建筑于实践型和研究型基础之上的。

的一面，比如所谓的"司法改革秀"，所以，单看一方面难以对试点做出客观评价。

　　罗列试点动因并不能找到试点合法性的根基。因为，第一，动因具有复杂性，已经分析的几种情况并不能涵盖所有，而且，在每一个试点中，这些动因也存在交叉性，并非是单一的。笔者曾在两个群体中做过试点动因的问卷调查，一个是来自省市级检察院的高级检察官，另一个是全国检察业务专家，调查的问题是"您认为您所在单位开展试点的动因是什么？可多选"。两组数据具有很大的共性，表明了这些观点所具有的某种普遍性。调查数据（见表3）显示，七成以上的人认为之所以搞试点是上级院的统一要求；一半的试点亲历者同意，试点的动因是"现有制度存在弊端或漏洞，无法满足司法实践的需要"。其他四种选项也或多或少地得到了受访者的认同。因此，试点动因的复杂性由此可见一斑。

表 3　试点动因调查统计表

选　项	高级检察官组（共33份）		检察业务专家组（共20份）	
	人数	比例	人数	比例
现有制度存在弊端或漏洞，无法满足司法实践的需要	15	45.45%	10	50%
上级院的统一要求	26	78.79%	14	70%
考评考核的需要	12	36.36%	3	15%
践行现代刑事司法理念	14	42.42%	6	30%
引入域外的先进制度	2	6.06%	0	0
偶然事件所致	1	3.03%	1	5%

　　第二，动因具有隐蔽性。从样本观察可以了解到，展示的动因一般是积极的，而消极的动因通常是隐含的，一般不易觉察。

　　第三，最为主要的是动因本身是不能产生合法性的。"好心也会办坏事"，对于实务部门来讲，不能因为出于善良动机，就可以逾越宪法定位，代行立法机关的职权。对于研究机构来讲，虽然没有揽权诿责的自身利益诉求，但也没有研究者特权，所以也要面对是否能够恪守实证研究伦理的追问。研究型试点是实证研究的一种方法，试点中要牵涉多种诉讼主体的利益，比如实验组和对比组的划分可能会影响到犯罪嫌疑人在程序中的处遇。另外，试验对象的知情权、隐私权保护缺失也都不是研究者的善良动机可以遮蔽的。

所以，各种试点动因本身不能成为合法性的基础，正如有学者所说，"评价任何改革都不能仅仅考虑改革者的动机和意图，甚至没有必要评价"。① 应将它们纳入试点合法性辩论的程序中，也就是说，通过某种外设的程序，以外观性的标准来实现试点的合法化。

（四）程序法定与法律生成

在刑事司法领域中，试点所面对的最直接的价值拷问就是与程序法定原则相悖。刑事司法关涉利益重大，刑事诉讼法有"小宪法"之称。司法机关必须严格依法办事，进行司法改革同样也不能超越法律规定。所以，有论者认为，司法改革主要是一个组织过程，即司法改革是对现有司法制度的改革。正确的司法改革途径应当由国家立法机关通过修订司法机关组织法、法官法、检察官法以及诉讼法的方式予以推进，在相关法律修订后，司法机关再依照法律进行改革。② 理由主要有以下几个方面：

第一，试点是得不偿失之举。基于对我国长期以来法制混沌的痛苦反思，也基于对一段时期内违法试点的忧虑，有学者认为，"在当今中国，没有比遵守法律更为重要，更为迫切的事了。严格执行法律比任何人为地在法律之外搞所谓'创新'都重要得多。"③ 换句话讲，以违法"创新"的方式来建设法制，实质上是对法律权威的侵蚀，不仅难以取得预期的"创新"

---

① 朱苏力：《制度改革的逻辑错位——评〈地方各级人民法院及专门人民法院院长、副院长引咎辞职规定（试行）〉》，载法律思想网 http://www.lawtime.cn/info/lunwen/sifazd/2006102，2012-8-10。
② 谭世贵：《系统论与我国司法改革的深化》，载《检察日报》2001年2月27日。
③ 谭世贵：《中国司法改革理论与制度创新》，法律出版社2003年版，第279页。

效果，连原来好不容易建立起来的人们对法律的信仰也要损失掉，是得不偿失之举。司法改革要由立法机关通过修订相关的组织法、诉讼法等予以推进。

第二，试点暴露了反形式的"实质合理化"倾向之弊。我国传统的法律思维中，存在这样一个特点，不承认法律内在的合理标准，比如严格执法、遵守既定法律，讲求法规内部的逻辑严谨，而是把外在于法律的合理标准，比如是否合于天理、人情、公众反映作为追求的目标。在这种严重的实质性倾向中，人们一般很容易被"目的性"、"灵活性"、"大局性"等理由说服去放弃法律的规定性，其结果往往是"治法存，法治亡"。

第三，试点违反了程序法定原则。由于刑事诉讼涉及利益的重大，为了限制国家刑罚权和保障人权，所以规定了刑事程序法定原则。即刑事诉讼程序规则"只能由立法加以规定，因此只能具有立法性质"。[①] 这也就是说，刑事司法机关的职权和行使职权的程序需要有法律授权；对于法律已明确规定的职责，司法机关不得任意修改。显然，试点作为一种制度创新和制度试验，通常是逾越了刑事诉讼法的规定，比如争议较大的"零口供"试点、刑事和解试点等。有学者曾表态，"我坚定地认为，程序法的天生一面，是用来限制司法者的越权。司法者的天性，应当是首先尊重和遵守程序法。程序法好比是套在司法者头上的紧箍咒，只有立法者方可决定它的大小和取舍"。[②] 也就是说，只有立法者才有权完善程序法，司法者不能越权。

在大陆法系国家中，程序法定原则主要强调的就是有关刑事程序的规范，包括这些规范的调整，要由立法机关规定于成文法之中，司法机关必须遵照执行。所以，上述几种理由实质上是从不同角度强调了对程序法定原则的坚守，对司法机关越权试点的排斥。程序法定原则所意图实现的价值，就是防止国家刑罚权在刑事诉讼领域内的过度扩张。程序法定原则要求司法官员依照法律预先规定的刑事程序进行刑事诉讼，其理念基础：一是国民主权原理

---

① ［法］卡斯东·斯特法尼等：《法国刑事诉讼法精义》，罗结珍译，中国政法大学出版社 1998 年版，第 10 页。

② 谢佑平：《程序法定原则研究》，中国检察出版社 2006 年版，前言部分。

的体现；二是维护立法与司法相互制衡关系的需要；三是实现人权保障的需要。① 也就是说，程序法定原则旨在保障人权和通过立法权实现对司法权的限制。防止司法机关在诉讼中滥用职权，防止出现孟德斯鸠所谓的"司法权与立法权合二为一"的情形，因为那样司法官就享有了"对公民的生命和自由施行专断的权力"。

但法律生成理论就没有这么信任立法者，② 更重要的是他们根本不认同司法者在法律生成过程中的被动性。在他们看来，法律不是被立法者制订的，而是生成的。具体讲，法律并非一成不变，而是随着社会的改变而改变。在这一过程中，立法者或者掌权者并不应当随心所欲地制定法律，也要受各种因素的制约。萨维尼在与蒂博关于是否需要制订法典的辩论中，曾对法律的产生和发展有过这样的论述：萨维尼认为，法律秉性有自确定的特性，并为一定民族所特有，如同其语言、行为方式和基本的社会组织体制一样。这些现象并非各自孤立存在，而是一个独特的民族所特有的根本不可分割的禀赋和取向。法律是社会存在整体中的一部分，当然，随着法学家阶层的形成，法律也是掌握于法学家之手的独立的知识分支。但法律的成长如同语言发展一样，遵循着内在必然性规律。所以，法律"首先产生于习俗和人民的信仰，其次乃假手于法学——职是之故，法律完全是沉潜于内、默无言声而孜孜矻矻的伟力，而非法律制定者的专断意志所孕就的"③。在法律成长的过程中，形式上，法律是被立法机关不断的制定和修订；实质上，法律是不断地生成的。法律的生成不是立法者凭借自身素质能够完全决定的，"法律恰恰是在法律实施者的实际行动中逐渐形成的，法律的确切含义和意义必须通过法律的实施加以理解、观察和研究，经过反复再制度化之后的法律，才是人们生活中真正有效的法律"④。在法律生成的过程中，立法者与

---

① 宋英辉：《刑事诉讼原理导读》，法律出版社 2003 年版，第 194 页。
② 有关法律生成理论详见葛洪义：《法律与理性——法的现代性问题解读》，法律出版社 2001 年版；严存生：《法的生成的几个问题》，载《华东政法学院学报》2002 年第 1 期；葛洪义：《论法的生成》，载《法律科学》2003 年第 5 期。
③ ［德］萨维尼：《论立法与法学的当代使命》，许章润译，中国法制出版社 2001 年版，第 11 页。
④ 葛洪义：《论法的生成》，载《法律科学》2003 年第 5 期，第 71 页。

法律的实施者之间没有严格的分工和界限。法律的生成，不是立法者单方面的基于理性的行动的结果，而是整个社会持续反映机制不断影响的产物。只看到立法机关的积极作用，看不见社会对国家立法的修正、完善、弥补，就不能全面地把握法律的意蕴。法律生成理论与 20 世纪 60 年代后伴随美国法律社会化浪潮兴起的"回应型法"理论模式是一脉相承的。①

由此可见，以往对立法的理解其实过于狭隘。"立法程序的核心也不是制造各类文件篇、章、节、款、项的生产线，而是对规范究竟是否妥善还是不妥善进行检验和判断的多重过滤装置。立法者并不能，至少是不应该率尔拟订条文的。"② 故此，不可否认司法机关在法律成长中所发挥的作用。实际上，就程序法定原则所意图实现的司法公正和效益的目的来讲，与司法改革的目的是一致的，那么，如果通过规范和调整试点的机制，使司法机关的制度创新、研究者的制度试验纳入到立法权的统辖之下，即对试点启动和试点依据实行总控，而司法机关回归到试点实施者的定位，那么，程序法定原则与程序主义的试点也并非方枘圆凿。

"法律必须稳定，却不能静止不变"，我们总是面临这一巨大的悖论。无论静止不变，还是变动不居，如果不加以调剂或不加以制约，都同样具有破坏力。所有的立法者不可避免地面临着如何协调法律的稳定性与法律的变动性这对彼此冲突的要求。所以，需要寻觅某些妥协的途径、调和的智慧——在稳定与发展、确定性与灵活性之间。卡多佐大法官在《法律的成长：法律科学的悖论》中阐释了司法过程中的法律成长，在成文法体系虽然不能机械地套用，但也具有某种启发性。卡多佐认为，"法律作为一系列规则、原则和准则，为了某个目的，在适用于新的事物组合过程中，不断地被分门别类、被挑选、被铸造、被修改。在一个不断试错的过程中，判决形

---

① "回应型法"理论模式认为法是作为回应社会需求和愿望的一种便利工具，是相对于"压制型法"、"自治型法"而存在的法律类型。［美］诺内特、塞尔兹尼克：《转变中的法律与社会：迈向回应型法》，张志铭译，中国政法大学出版社 2004 年版，第 15 页。
② 季卫东：《秩序与混沌的临界》，法律出版社 2008 年版，第 136 页。

成了。在一个不断试错过程中，决定了谁将获得再生产的权利"①。那么，在成文法体系，这种试错实际上是立法者手中的权利。在成文法的传统中，法官并不被充分地信任，立法者的地位更加尊崇。立法者同普通法体系中的法官一样，可以通过试错找寻法律成长的途径。

三、程序主义试点的实质性与合法性的关系

分析程序主义试点实质性的目的并非在于以实质性来证成试点的合法性。重申这一观点是因为如果稍不留神，就容易回到以往实质合法性的研究路径。程序主义试点的实质性体现于对试点现象中各种价值命题的关照，研究影响人们对试点评价的价值语境，意在探寻人们评价试点的各种基础性价值理念。正如我们所假设的，与试点评价相关的价值理念是多元的、发展的，难以从中选定一种优位价值，然后说服他人接受。但这并不代表，关于试点中价值命题的梳理和讨论是无意义的，因为这样就有机会发现隐藏于分歧背后试点趋向合法化的某种规律性，而这种规律性是由一些看似不相关的现象组合后得出的。

现象一：评价中的动机因素逐渐被淡化。试点的动因具有复杂性、隐蔽性，试点动因本身无法支撑合法性。只有热情和善良动机，试点是无法获得信任和认同的。有学者评论说，我们的热情的司法改革者把从图纸到现实的过程看得太简单了、太直接了，甚至连图纸也没有，只有一颗赤诚的心。我并不是嘲弄这种赤诚的心；但是，即使是扫地，我们也要有一柄扫帚呀！② 可以发现，当评价中的动机因素逐渐淡化后，各种实质合法性的理由逐渐不敌形式违法性的指责。因此，可以越来越多地看到，对刑事司法改革领域试

---

① ［美］本杰明·N. 卡多佐：《法律的成长：法律科学的悖论》，董炯、彭冰译，中国法制出版社2002年版，第32页。

② 朱苏力：《制度改革的逻辑错位——评〈地方各级人民法院及专门人民法院院长、副院长引咎辞职规定（试行）〉》，载法律思想网 http://www.lawtime.cn/info/lunwen/sifazd/2006102，2012－8－10。

点管理的加强；① 高层愈来愈强调改革必须在现行法律的框架下进行；② 一些突破现行法规定的试点被叫停；实务界、学界开始关注和反思司法改革措施本身的正当性、合法性等问题。

现象二：试点逐渐集中于争议较小的区域，未成年人刑事案件程序成为改革突破口。研究中发现，最近十余年来，一些地方法院和检察院在未成年人刑事司法领域中不断进行探索，包括少年法庭、社会调查、分案起诉、前科消灭、暂缓起诉、非羁押措施等。在试点样本中，未成年人案件诉讼程序的改革试点占 1/3。在这个区域中，试点机构一般不需要面对激烈争议和质疑，开展试点的阻力较小。为什么未成年人案件的试点环境比较特殊呢？相关研究者的表态可以揭示问题的答案。

少年司法制度是冷漠的司法制度中显现"人性之光"的绿洲。我常常提醒自己，应当对少年司法领域的改革怀有宽容之心、慈爱之心、热忱之心，因为在这一领域的每一项改革探索措施都会让具体的孩子受益，甚至可能会普惠于每一个进入刑事司法中的孩子。绝不能因为我的所谓"学术批判"——不管是多么崇高或者炫目的理由，而堵塞了这些孩子受益的机会。批判总是比建设容易，在少年司法改革领域虽然需要批判者，但更需要建

---

① 例如最高人民检察院在 2010 年向各级检察机关下发了《关于严格执行检察改革试点报批制度的通知》，要求各级检察机关必须按照中央的要求积极、依法、慎重、有序推进改革。涉及检察工作的各项改革措施必须以宪法和法律为依据，凡是与现行法律法规相冲突的，应在修改相关法律法规后实施。改革试点必须履行相关的报批、报备手续批准、备案后才能开展，试点未经批准一律不得擅自实施。并在随后对全国检察机关开展改革试点情况做了检查，并对违规者点名予以批评。

② 对于附条件不起诉试点，最高人民检察院公诉厅相关负责人的表态是："目前《刑事诉讼法修正案（草案）》尚未通过，不宜作为不起诉的制度依据，符合相对不起诉条件的依法作出即可。对于已经起诉至法院的未成年人被告人，在法庭审理中社会调查报告如何出示并进行质证问题值得研究。"原来的某些试点机构的负责人也主张，"对在设置特殊检察制度时首先要注意合法性问题。对于特殊检察制度的实践探索应当在现行法律框架内进行，不能进行'违法试验'。例如在刑事诉讼法尚未正式规定附条件不起诉制度之前，不能以有利于未成年人保护为由，擅自放宽不起诉的法定条件"。王军、宋英辉等：《未成年人检察工作深化发展的路径选择》，载《人民检察》2011 年第 23 期，第 46—47 页。

设者。①

　　这段表述是很容易被人接受的，原因并不是研究者丧失了批判的精神，而是在面对有关未成年人利益时，人们的价值取向发生了微妙的转变。未成年人是国家的未来、民族的希望。"儿童利益最大化"是联合国少年司法的准则，"教育、感化、挽救"是我国未成年人刑事司法的方针。对于未成年人在司法处遇中的宽怀之心是我国社会的一种普遍心理。曾有课题组对宽严相济刑事司法政策的贯彻进行问卷调查，其中有一个选项为"您认为哪些案件应当从宽处理"，备选项有多项，其中包括未成年犯罪案件，有坦白、自首等从轻情节的贪污贿赂犯罪等，接受调查者可以多选。调查结果显示，所有受访者都认为未成年人犯罪应当从宽处理。而对于贪污贿赂犯罪，许多人认为即使有坦白、自首情节也不应当从宽处理。② 龙宗智教授主张，"我国这些年来的司法改革主要是在工作机制层面的改革，体制性改革难以推动，而未成年人司法制度改革相对来讲争议最少、社会支持面最大，最容易取得突破。司法体制改革从未成年人司法做起，最容易取得成效，因此未成年人司法改革可以作为中国司法改革的试点和缩影"。③ 于是，从现象上看，未成年人案件试点成为我国刑事司法改革的突破口和试验田。

　　现象三：争议性观点逐渐向折中性理论发展。整理与试点有关的基础理论可以发现，某些对立性观点并非不可调和，它们在发展的过程中也有相互借鉴的趋势，一些折中性理论逐渐形成。比如，渐进式的改革路径确与试点有着天然的默契，而顶层设计与试点也并非方枘圆凿。顶层设计强调了改革的整体性、统筹性，它必然会排斥自发式的、零星试点，但并不排斥基层经验，所以程序控制下的试点在顶层设计时代也可以有生存空间。更为明显的是，立法推进主义与司法推进主义在发展过程中，都存着明显的弊端，在两

---

① 姚建龙：《权利的细微关怀："合适成年人"参与未成年人刑事诉讼制度的移植与本土化》，北京大学出版社 2010 年版，第 343 页。

② 张智辉：《简易程序改革研究——辩诉交易制度研究结题报告》，中国检察出版社 2010 年版，第 280 页。

③ 张红良、李和杰：《寻找正当程序与未成年人司法特殊性的平衡点》，载《人民检察》2011 年第 13 期，第 30—31 页。

种理论的磨合中，学者提出了更具合理性的折中性理论，即"相关制度改革试验先行"、"立法机关将成熟的改革经验总结成为法律规范"的变革之路。这种理论兼采了立法推进主义与司法推进主义之长。它既强调了对实务部门司法经验的重视，也没有放弃立法的原则，所以既可以避免改革试验各行其是的局面，又有利于实现立法的稳妥性。理论发展中的相互借鉴是与社会发展的规律性相一致的，构成社会的单元是无数有意识、有目的的个人。单个人都有着意志指向性，也就是说，每个人都希望社会成为他所希望的样子，并朝着他希望的结果而努力。所以，每个人或由志趣相同的人组成的群体都在一定程度上影响着社会的发展。马克思主义哲学认为，这些影响必然会形成"一个总的合力"、"一个总的平均数"。恩格斯为我们生动地描述了这一过程："社会历史的最终结果总是从许多单个的意志相互冲突中产生出来的，而其中每一意志，又是由许多特殊的生活条件，才成为它所成为的那样。这样就有无数互相交错的力量，有无数个力的平行四边形，而由此产生出一个总的结果……各个人的意志都会对合力有所贡献，但都不可能全部达到自己的愿望。"① 恩格斯把这一总的合力形成的过程定性为不自觉的和不自主的——"像一种自然过程"。

　　这三个表面上没有逻辑关系的现象之间透露出试点发展的规律性。将三种现象组合以后可以发现：刑事司法改革试点最初是由实务部门启动的，发端于 20 世纪 90 年代，代表样本为附条件不起诉和普通程序简化审。实务部门开展试点所表明的动因是提高诉讼效率、保障未成年人权益。然而，随着试点现象的蔓延，质疑声也越发强烈，而对于绝大部分试点来讲，无论理由多么充分，总有一个无法逾越的障碍——不符合现行法的规定。当各种实质合法性的理由逐渐不敌形式违法性指责时，各类文件不断强调刑事司法改革必须在现行法律的框架下进行，甚至有的试点被叫停。试点逐渐集中于争议较小的区域，如未成年人刑事案件程序。这说明，实务部门试点的动力性、

---

① 《马克思恩格斯选集》（第 4 卷），中共中央马克思恩格斯列宁斯大林著作编译局译，人民出版社 1972 年版，第 478—479 页。

迫切性是依然存在的，但因为尚没有形成规范的试点运行机制，所以，实务部门的试点聚拢于一个争议较小的领域。当然，仍不能说，这部分试点的合法性是由其目的上的正当性而取得的，而只能将这种状况理解为，因为有关未成年人试点的价值命题和基础理论存在较小争议，在"一切为了孩子"的社会普遍心理下，试点所应当具有的形式性要素被忽略了，本应具有的多元价值沟通和磨合过程被省略了或者也可以理解为共识自然地形成了。而这些程序过程本来是应该有的，否则，一方面这种不公平竞争会影响未成年人案件试点的良性发展；另一方面，也不是所有的未成年人刑事司法改革试点都没有争议，比如一些地方正在进行的观护基地试点，目的是为提高外地未成年人的取保率，降低羁押率，但也有人质疑这是不是对涉案未成年人人身自由的法外限制。一旦出现类似情形，善良动机对试点合法性的辩护就显得苍白无力了。

与此同时，一些折中性理论正在形成，它们有望成为指导试点的思想和理论基础，但这个合力的产生过程还是一种不自觉的状态。借鉴社会发展的这一客观规律性，可以设想，是否可以自觉地促进试点合法性合力的产生，将无数的和无序的平行四边形组合设计为可以操作的、可控的程序，也就是说，沟通的程序应当是建制化的，以避免商谈的持久化，以及由此产生的"异议风险"。在这一程序中，试点中的多元价值可以汇聚一堂、交涉影响、碰撞沟通，但并不是杂乱无章，程序使社会的自发性有序化的机制得以定向运作，而试点合法性本身也会经由程序所产生。正如有学者所说，"当某一社会存在着强有力的合意或统一的意识形态时，程序的重要性尚不了然。因为自明的价值前提往往不需要论证和选择性解释。当价值一元的状态不复存在时，程序就一跃而成为价值的原点。"[1] 当然，程序功能发挥的前提是试点程序要素的完善和运行机制的形成。

---

[1] 季卫东：《法律程序的意义——对中国法制建设的另一种思考》，中国法制出版社 2004 年版，第 90 页。

第五章　程序主义试点的形式性及其程序载体

　　程序主义试点的形式性与以往形式合法性研究的旨趣不同，所以首先要厘清两者之间的关系，明确程序主义形式性的内涵和功能。程序主义的形式性既不回避试点逾越现行法律的现实问题，也不诉诸"良性违法"得以解脱，而是谋求通过试点制度的程序化，实现试点的合法化。

　　程序主义合法性理论主张，合法性产生于论辩的过程，但批判者认为，"论辩只是一个思维过程，它仅仅是在论辩伦理学家们的头脑中进行，原则上没有任何内容。""以为内容只能出自形式即程序的人，实际上是自欺欺人，是富有智慧的过度操劳。"① 这样的批评或多或少地对程序主义合法性理论存在某些误解，其实，哈氏本人也是一位长期关注现实社会政治的实践者，在政治整合领域，他参与德国的政治实践，并长期致力于为统一欧洲进行规范论证。程序主义理论也始终强调应将主体间平等商谈之理想预设条件建制化，哈贝马斯对罗尔斯的批评其实也正是集中于后者缺乏程序的建制，陷入了形而上学的危险。程序建制可以避免商谈的持久化，故此，需要打造

---

① ［德］阿图尔·考夫曼：《现代法哲学——告别演讲》，米健译，法律出版社 2000 年版，第 39—61 页。

技术性的操作平台，激活民主商谈的"公共领域"，培养"表达民主的技能"。① 关键词是建构——依据程序主义合法性理论对试点程序化的建构，包括试点的程序要素和运行机制。

一、形式合法性理论的困境

（一）形式合法性的解读

就形式/实质合法性二维研究结构中的实质合法性而言，它的研究思路脱胎于规范主义合法性理论，研究者依据预先确立的优位价值观判断试点的实质合法性，虽然这种优位价值观实际上是很难确定的。而对于形式合法性本身的含义没有公论，而且讨论的声音不多，似乎这是个不证自明的问题。产生这种状况的原因可能是由于刑事诉讼法学与法社会学是从不同的角度为合法性下定义的。比如关于刑事程序的合法性问题，刑事诉讼法学者认为，刑事程序合法性是指刑事诉讼的进行必须遵守法定的程序规则。在表述方法上可以是"合法性原则"、"法制的程序原则"或"诉讼行为合法性原则"，但在内涵上都是要求国家机关在追究刑事责任时必须依据法律的明确授权，遵守明定的法律程序方得为之，不依法定程序进行的诉讼行为均应承担相应的法律后果。这种合法性要求既针对立法，也包括执法。执法人员包括侦查人员、检察官、法官——"无程序则无处罚"。② 有刑事诉讼法学者在以"程序合法性"为研究专题的著述中，也开宗明义地指出，"按照通常的理解，合法性的基本含义就是，执法者在执法过程中必须依照既定的法律规定办事"。因此，程序合法性主要是指在刑事诉讼中，作为公共权力的行使者，公、检、法机关及其工作人员必须遵守"法定的程序规则"。③ 故此，

① 有学者认为，北洋政府时期，也有对民主代议制的期待，但那个时代的制度中人，缺乏熟练的民主表达技能，都操练不好民主，不单是军阀不行，政客不行，议员不行，连媒体记者和参与选举的老百姓也不行。张鸣：《民国的三个面相》，载《读书》2008 年第 10 期，第 86—94 页。

② 陈卫东、程雷：《刑事程序合法性原则论纲》，载《法律科学（西北政法学院学报）》2004 年第 1 期，第 85—86 页。

③ 李奋飞：《程序合法性研究——以刑事诉讼法为范例》，法律出版社 2011 年版，第 8—9 页。

在刑事诉讼法学的论域中，一般认为，试点由于通常缺乏具体的法律依据或突破了现行法的规定，违反了程序法定，所以不具有合法性。同时，因为这种合法性是从形式角度，即是否符合现行法规定角度的判断，所以也是试点的形式合法性问题。在大多数的试点评论文章中，所谓形式合法性的问题即指是否突破现行法框架的问题。①

对形式合法性的简化理解至少有两个不妥之处：一是没有界定合法性的内涵；二是误读了合法律性。合法性一词含义模糊，所以在研究某个领域有关合法性的问题前，应对合法性的内涵进行界定。在日常用语中，针对个人或组织机构的行为而言，有是否合乎法律规定的意思，比如，某人的行为没有合法性，大意是指该人的行为违反了法律的规定，即行为不合法。而在政治学、法哲学、法社会学领域中，合法性一般是针对公共权力而言的，合法性是对被统治者与统治者关系的评价，其主要含义是正当性——合法性即是对统治权利的承认。② "合法律性"是在讨论合法性理据的语境中出现的概念，把"合法律性"依字面单纯理解为符合现行法的规定，就是日常生活中常说的"合法"，实际上是不确切的。"合法律性"的合法性是以韦伯为代表的经验主义理论所倾向的合法性模式，是形式化的合法性判断标准，暗含着法的自治性、统治的制度化等意蕴，是一种理论体系的概要表达，不是字面理解的"符合现行法规定"。故此，合法性、合法律性、形式合法性、符合现行法规定之间其实不是简单的等号关系。

（二）　面临的困境

不管符合现行法规定被定义为形式合法性是否恰当，"合法与违法"确

---

① 也有学者提出了反对意见，认为司法改革的合法性不能等同于合法律性。主张司法改革在本质上是一种立法活动，不能以司法活动——据法司法的形式标准来要求。司法改革应当遵循立法的形式合法性要求。另有学者主张法的形式合法性是指"立法权限、立法程序的合法性和已立出的法律与已有的法律，特别是效力位阶高的法律，在内容上的一致性问题"。史立梅：《论司法改革的合法性》，载《北京师范大学学报（社会科学版）》2005 年第 6 期，第 123—130 页；严存生：《法的合法性问题研究》，载《法律科学》2002 年第 3 期，第 3—14 页。

② ［法］让－马克·夸克：《合法性与政治》，佟心平、王远飞译，中央编译出版社 2002 年版，序部分。

实是我国司法改革面临的难题之一。有课题组认为："司法改革到底是应该在现行法律的框架之下进行，还是可以突破法律的既有规定，人们对此持不同意见。如果选择前者，则是隔靴搔痒，不解决根本问题；如果选择后者，则必须先修改宪法和有关法律，成本太高，难度较大，一时做不到。这就使得我国的司法改革处于两难的境地，司法改革的决策者不得不认真权衡利弊，在两者之间作出选择。"① 试点突破现行法律框架的确是引发质疑和争论的重要原因，质疑所引发的不认同是导致试点合法性危机的重要原因，而并非不符合现行规定本身。如何看待试点突破现行法规定的问题，是试点合法性研究的题中之义。

试点始于20世纪90年代，是在法律体系已具一定规模，法律覆盖面已较为广阔，司法体制的主要构架以及司法行为的主要过程已经由法律作出规定的情况下进行的。就刑事司法领域而言，宪法以及其他法律法规，如法院组织法、检察院组织法、刑事诉讼法以及配套司法解释已成体系，各个法律涉及司法体制的内容也彼此关联。如果某一个法律的内容发生变化，其他法律也应随之发生相应变化，牵一发动全身。所以，试点必然处于一种困境，要面对"违法试验"、"违法司法"的责难。因为我们所界定的试点就是缺乏现行法依据或突破现行法制度机制的创新试验，不是对法律细枝末节的修修补补。就像有些实务部门的人员所主张的，这是别无选择之举，如果司法改革只能在现行法律的规定之内进行的话，那还怎么进行改革？就像一个人在只有2米高的房间里练习跳高，无论他怎么努力，他永远不可能跳出超越2米的高度。只有掀开屋顶，那样才有可能创造佳绩。②

形式合法性理论强调试点应在法律框架内开展，"法律框架"其实是模糊的。根据对参与过试点的检察官的调查，询问"您认为所谓'试点应在法律框架内开展'，其中的'法律'指的是什么？"选项有7种，包括：宪

---

① 厦门大学法学院课题组：《司法体制和工作机制改革问题研究》，载张卫平、齐树洁：《司法改革论评》（第8辑），厦门大学出版社2008年版，第14页。

② 蔡斐：《试点改革：如果划出"特区"来……——从人民监督员制度广安试点说起》，载《昆明理工大学学报（社会科学版）》2009年第1期，第16页。

法规范、组织法、刑事诉讼法典、司法解释、司法改革文件、法律原则、试点单位出台的规定。被调查者可以多选，可以增项。被访的检察官一共有45人，来自全国20多个省市。调查情况统计如下：

表4　选项结果统计表

选项	宪法规范	组织法	刑事诉讼法典	司法解释	司法改革文件	法律原则	试点单位出台的规定
选择人次	38人	12人	24人	9人	8人	19人	2人

表5　个人所选项数统计

所选项数	1项	2项	3项	4项	5项	6项	7项
人数	13人	14人	8人	3人	2人	3人	1人

从表4的情况看，大部分的检察官认为，所谓试点应在法律的框架下进行，这当中的"法律"排前三位的选项是：宪法规范、刑事诉讼法典以及法律原则，接下来是组织法、司法解释、司法改革文件，认为试点单位出台的规定可以成为法律依据的只有2人。同时，由于这是一个可以多选的调查，所以，被调查者的选项数也可以一定程度地反映他们对待这一问题的态度。从表5的情况看，只有1名被调查者选了全部内容，即认为所有这些被选项都可以作为试点的依据，有3人选了其中的6项，但同时，60%的人只选择1—2项。经过统计，在只选择了1项的13人中，9人选择了宪法规范，3人选择了刑事诉讼法典，1人选择了法律原则。在选择了2项的14人中，分为两种组合，要么是宪法规范和刑事诉讼法典，要么是宪法规范和法律原则，也就是说，这14人的共同选项也是宪法规范。表5的统计情况印证了表4中前三甲的准确性。

这一调查反映出，当强调试点应在"法律框架"下进行时，人们可能以为这一命题是清晰无误的，不会与现有法律规定产生冲突。如果遵照执行，也就符合了形式合法性的要求。但实际并非如此，因为，虽然没有出现百花齐放，但大多数人所理解的法律框架是"宪法规范"、"法律原则"，把刑事诉讼法典作为唯一选项的只有 3 人。我们目前所见的各种司改文件也是笼统地要求试点要在既有法律范围内进行，不要突破现有的法律规定，但对"法律的框架"做何理解并没有进一步的说明。很显然，大多数人理解的"宪法规范"和"法律原则"是相对抽象和宏观的，这当然扩大了试点可以施展的空间，但难免会造成具体解释的不同，产生试点评价分歧。

以人民陪审员试点为例可以具体说明试点中对"法律框架"理解的模糊。2009 年初，河南省高级人民法院在国内首开了对现有人民陪审员制度的"团式改造"，即人民陪审团制度试点。内容上是指由一定人数的成员组成人民陪审团参与庭审活动，陪审团的职责是就案件中所涉及的事实问题和法律问题发表意见、观点和主张，以供合议庭参考。与现行的人民陪审员制度相比较，区别在于人数规模不同和职能不同，人民陪审团不是合议庭的组成部分，不能与合议庭的成员一起共同行使审判权，其所作出的决断，不能直接成为裁判的基础和依据，而仅仅供正式的审判组织在作出裁判时参考。人民陪审团制度在试点伊始就受到质疑，反对者认为，学术虽无禁区，但改革应有宪法、法律依据，须遵循常理。人民陪审团作为刑事裁判的主体没有法律依据，"这种改革实质上超越了现行司法体制的边界，隐然中对目前的司法制度形成了冲击。"[1] 所以，这种改革的正当性要受到质疑。而赞同者则认为，"人民陪审团制度是不违反我国法律规定的，其试点是有正当性依据的，理由也是充分的。"[2] 理由主要有三个方面：其一，人民陪审团的结论性意见不具有强制性效力，因此不影响审判的独立性原则。其二，人民陪审团在庭审中发挥的是与专家辅助人同样的诉讼职能，所以并不违反程序法的规定。其三，人民陪审团制度虽然有启动审判委员会程序的效力，但对审判委员会的决策以及决策过程并无实质影响。所以，试点既不违反宪法和法律的禁止性规定，也和宪法和法律的司法民主化精神相符，其正当性乃根植于实践的强劲需求以及诉讼制度的发展规律之中。试点单位对质疑的回应

---

① 汪建成：《非驴非马的"河南陪审团"改革当慎行》，载《法学》2009 年第 5 期，第 15—21 页。
② 汤维建：《人民陪审团制度试点的评析和完善建议》，载《政治与法律》2011 年第 3 期，第 2—11 页。

是："只要是司法改革，必然在某种程度上要突破或者超越现有的法律规定，没有突破就不叫改革。但法律上没有规定，并不等于没有法律依据，更不能说违背法律。尤其对于一项新的改革措施而言，宪法和法律的精神、基本原则、司法改革的总体发展方向等，都可以构成探索与创新的法律依据。所以，人民陪审团试点是在法律规定的框架范围内进行的，没有违反法律的明文规定或者禁止性要求。"① 由此可见，对于所谓"法律框架"，实践中确实有多版本的解读，宪法和法律的精神、基本原则、司法改革的总体发展方向，以及不违反宪法和法律的禁止性规定等。

当然，无论如何，司法机关在关涉公民财产权、自由权甚至生命权等基本权利的刑事司法领域中，进行自我授权的制度试验，在任何法治国家或正在进行法治建设的国家都是要受到质疑的。如果司法机关可以自行其是地进行刑事司法的创新，实际上是改革措施与改革效果的自相抵销，损害的不仅是司法的公正、权威，而且可能会颠覆司法改革全局。实然层面上，作为一种社会现象——突破现行法律制度的试点已经发生；应然层面上，是否有解释这一现象正当性的理论，这是两个层面的问题。

（三）　可能的出路

1. 藉由法律解释

依据形式合法性理论的标准，试点应当在现有法律的框架下进行。形式合法性是一种以经由立法程序设定的规范文本为载体的合法性，其合法性约束实际上见诸规范表达的语义可能性边界。这就使得试点有了藉由法律解释获得制度支撑的可能，从而在一定程度上化解对试点形式违法的质疑。

从理论上讲，有法律，就有对法律的理解和解释活动。有学者主张，法律解释是对法律文本的意思的理解和说明。② 从这一角度理解，法律解释可

① 邓红阳：《河南省高级法院院长回应质疑："人民陪审团"与国外陪审团有质的区别》，载《法制日报》2010 年 3 月 26 日；邓红阳：《能够解决问题就是一种好模式》，载《法制日报》2010 年 6 月 10 日。

② 张志铭：《法律解释概念探微》，载《法学研究》1998 年第 5 期，第 29—48 页。

能发生于各种场合，不同场合的法律解释会有不同的目的和特征，因解释的主体不同，效力也不同。① 通常是将法律解释限定于行使法定解释权的抽象解释，在我国现行法律解释的制度框架中，即为全国人大常委会立法中的法律解释和最高司法机关具体应用法律中的司法解释，此种法律解释与法律本身具有同等的效力。但实际上，法律解释的场合也包括个案的司法裁判和法律适用，此时，法律解释的主体是法官、检察官、学者和当事人等，这种解释是上述主体阐明对法律文本意思的自身理解，并不具有法律本身的效力。在刑事司法改革试点中，也有法律解释的现象发生，解释的目的是意图将法律框架弹性化，使试点免受"司法违法"的指责。

非正式法律解释可以在多个试点样本中观察到，解释的主体一般为试点主持机构，目的在于澄清试点制度与现行法的契合性或解释法律依据的欠缺。例如，羁押场所巡视制度试点是学者主持的研究型试点，研究者首先声明了这是一种程序外的机制，尽管与刑事程序紧密相连，但不依赖于刑事诉讼程序存在，与录音录像、值班律师等程序内反酷刑机制不同。② 而且项目组聘请的巡视员是当地人大代表、政协委员、检察机关人民监督员，他们本身就具有人大权力监督、政协民主监督的权力，这些试点方法也帮助有效地弥补了法律直接依据的不足。再如，人民监督员制度试点，研究者认为，这一制度虽然没有法律上的直接规定，但人民监督员制度是把《宪法》和《人民检察院组织法》规定的人民群众的法定监督权利具体化、经常化，因此具有合法性。③ 情况类似的还有人民陪审团制度试点，赞同者主张该制度虽然目前尚缺乏明确的立法根据，但在试点的意义上，其既不违反宪法和法律的禁止性规定，也和宪法和法律的司法民主化精神相符，其正当性乃根植于实践的强劲需求以及诉讼制度的发展规律之中。④

---

① 按照法律解释的主体和效力的不同，国内学界通常认为，法律解释可以分为法定解释和学理解释。
② 倪爱静：《遏制刑讯逼供的新尝试——吉林辽源羁押场所巡视制度试点概述》，载《人民检察》2008 年第 23 期，第 44—46 页。
③ 高一飞：《检察改革措施研究》，中国检察出版社 2007 年版，第 28 页。
④ 汤维建：《人民陪审团制度试点的评析和完善建议》，载《政治与法律》2011 年第 3 期，第 2—11 页。

为了避免争议，试点主持者是将宪法性原则，如人大监督、政协监督、群众监督作为试点的依据，从而表明试点是在现行法的框架之内。这种解释方法也得到了学界的一定认同。在 2011 年重庆召开的"未成年人检察工作机制创新"研讨会上，法学专家和司法实务界的代表围绕重庆市沙坪坝区人民检察院探索建立的未成年人检察工作机制进行了深入研讨，内容涵盖律师介入机制、非罪化处理机制、不捕不诉未成年人社会帮教管理机制等。其中关于未成年人司法制度改革的法律依据，有专家认为，"在立法机关还没有最终确立改革意见之前，所有的改革探索都不存在非法性的问题"。也有专家提出，"目前任何的改革对于未成年人司法制度来说都是值得肯定的。很多改革举措尽管没有直接的法律依据，但多数都能从法律原则中找到一些支持，比如，在未成年人保护法里面就有'法定代理人或者法定代理人不能到场时应当通知律师或者其他人员在场'的规定。因此，大部分的改革应该都有法律上的空间。"[①] 学界之所以认同司法机关具有解释刑事程序法律的空间，是出于对刑事诉讼程序法定原则整体性的考量。具体讲：由于刑事诉讼涉及国家权力与个人权利的基本关系，所以，要求刑事诉讼法必须由国家立法机构制定，即刑事程序法定原则。各专门机关的诉讼活动应依法进行，司法机关不得制定刑事诉讼法。但问题是，宜粗不宜细是我国传统的立法原则，而案件具体情况又千差万别，在将抽象的刑事诉讼法律条文适用于具体案件时，往往需要执法者对法律条文作出解释。学者主张，"对此，有一个基本原则，就是影响公民基本权利和诉讼权利的规范只能由法律规定，不损害公民基本权利和诉讼权利而仅属于技术性的规则，可以由最高人民法院制定；对刑事诉讼法的解释以存在法律规范的规定为前提，且应当符合法律精神，不得通过司法解释而创制法律，或者违背法律精神解释法律。"[②] 另外，"对旨在保证最佳刑事司法，归根到底有利于'受法院管辖之人'的程序性法律，可以作扩张解释；与此相反，

---

① 张红良、李和杰：《寻找正当程序与未成年人司法特殊性的平衡点》，载《人民检察》2011 年第 13 期，第 30—31 页。

② 宋英辉：《刑事诉讼原理导读》，法律出版社 2003 年版，第 7 页。

对规定犯罪与刑罚的实体刑事法律应当作严格解释，至少在其不利于犯罪人的限度内应当严格解释之。"也就是说，除了技术性解释，依据上述原则，对刑事程序法还可以作有利被告的扩张解释。①

总之，此种避免形式违法的出路，在逻辑上是通过法律解释使法律框架弹性化，试点也因此有了在现行法规范内腾挪的空间。但是这种通过非正式法律解释谋求试点制度支撑的方法，存在的最大问题是——可能会使刑事程序规则柔性有余而刚性不足。如果非正式解释可以成为试点的依据，那么规则不统一或违背立法初衷的情形可能就难以避免。有研究者提出，在方法上，可以通过区分不同形式合法性规范约束的类型和重要程度，允许突破一些较为次要的规范约束，并且确定若干不可突破的刚性规范约束类型。② 但是，这一思路的可操作性其实是一个疑问。第一，不可否认，这种机制的建立需要丰富的改革实践经验和精深的法律技艺做支撑。司法者的普遍素质是不是能满足这一要求？第二，试点中法律的技术性解释或扩张解释需要某种规范的表达，不可能是实务部门的率性而为。即便是解释也有统一性和权限等问题，如果法律解释的主体、权限、程序问题不解决，试点藉由解释而获得的合法性空间也是难以实现的。所以，还是要回到法律的法定解释。

在试点样本中有大量的试点规范，几乎每个试点项目都出台有相应的试点规范（见表6）。讨论它们是否可以归为法定解释，关注的重点不是这些规范的内容，而是它们的效力性。从颁发的主体看，实践型试点中的规范是由主持试点的实务部门单独或联合制订颁布的，比如，北京市检法两院是较早开展普通程序简化审的机构。2002年，北京市人民检察院制定了《北京市人民检察院公诉处关于试行普通程序被告人认罪案件简化审理的意见》，开始在北京市全市检察机关公诉部门推广普通程序简化审。2003年3月14日，最高人民法院、最高人民检察院、司法部联合发布了《关于适用普通

---

① ［法］卡斯东·斯特法尼等：《法国刑事诉讼法精义》，罗结珍译，中国政法大学出版社1998年版，第10—12页。

② 苏宇：《略论"试点"的合法性基础》，载《政治与法律》2010年第2期，第82页。

程序审理"被告人认罪案件"的若干意见（试行）》，普通程序简化审试点正式在全国推行。在学者主持的研究型试点中，有两类规范，一类是课题组在试验前拟定的试点操作规范，如"三项制度"试点中，课题组制订《在场律师工作须知》、《讯问犯罪嫌疑人全程录音操作规范》和《讯问犯罪嫌疑人全程录像操作规范》。另一类是课题组与试点单位合作起草的规范，并报相关机构批准。如羁押场所巡视制度试点，课题组与吉林省辽源市人民检察院合作起草了《羁押场所巡视员制度操作规程（试行）》，并由吉林省辽源市人民检察院报请市政法委、人大常委会、政协批准同意。这些规范中哪些可以成为试点的法律依据？哪些只是一种内部的规定？这实际上要取决于宪法性法律中有关立法权限的规定。

表 6　试点规范统计表

试点名称	试点规范
附条件不起诉	河北省石家庄市长安区人民检察院《关于实施"社会服务令"暂行规定》、北京市海淀区人民检察院《实施暂缓起诉制度细则》、江苏省南京市人民检察院《检察机关暂缓起诉试行办法》、江苏省无锡市人民检察院《暂缓起诉办法（试行）》、辽宁省抚顺市人民检察院《关于对青少年犯罪嫌疑人暂缓起诉的规定》
普通程序简化审	最高人民法院、最高人民检察院、司法部联合出台《关于适用普通程序审理"被告人认罪案件"的若干意见（试行）》、《北京市人民检察院公诉处关于试行普通程序被告人认罪案件简化审理的意见》、《北京市海淀区人民法院关于普通程序简易化审理操作规则》、《北京市东城区人民法院刑事审判第一审普通程序刑事案件简化审理的实施办法》等
零口供	《主诉检察官办案零口供规则》（共计五稿）
刑事和解	《轻伤害案件处理程序实施规则》、《关于民间纠纷引发伤害案件联合进行调处的实施意见（试行）》
三项制度试点	《讯问犯罪嫌疑人全程录音操作规范》与《讯问犯罪嫌疑人全程录像操作规范》

续表

试点名称		试点规范
人民监督员制度		《关于人民检察院直接受理侦查案件实行人民监督员制度的规定（试行）》、《关于人民监督员监督"五种情形"的实施规则（试行）》、《关于实行人民监督员制度的规定》
未成年人刑事司法改革试点	合适成年人	上海市高级人民法院、人民检察院、公安局、司法局共同会签了《关于合适成年人参与刑事诉讼的规定》
	刑事记录封存	青岛市李沧区区政法委、综治委、人民法院、人民检察院、公安分局、司法局、人力资源和社会保障局、教体局、团区委九个部门联合出台《青岛市李沧区未成年人犯罪人前科封存实施意见（试行）》、青岛市社会治安综合治理委员会办公室联合青岛市中级人民法院等八个部门联合出台《青岛市未成年人轻罪犯罪记录封存暂行办法》、贵州省瓮安县人民法院、人民检察院、公安局以及司法局联合签发了《瓮安县"6·28"事件涉案未成年人违法及轻罪犯罪记录消除试行办法》等
	律师参与审查批捕	《重庆市沙坪坝区人民检察院审查逮捕环节讯问未成年犯罪嫌疑人律师介入暂行办法》、《未成年人刑事案件侦查、审查逮捕环节法律援助实施办法（试行）》
	审前羁押替代措施	上海市闵行区人民检察院与区公安分局、区社工站会签《关于加强对涉罪未成年人教育考察及衔接工作的规定》
附条件逮捕		最高人民检察院《人民检察院审查逮捕质量标准（试行）》
刑事审判程序		
取保候审制度的改革与辩护律师作用的扩大		《平邑县人民检察院关于适用取保候审的若干规定》、《平邑县人民检察院关于对部分可以作出不捕决定的案件进行听证的规定》
羁押场所巡视		《吉林省辽源市羁押场所巡视员制度操作规程（试行）》
量刑		最高人民法院、最高人民检察院、公安部、国家安全部、司法部《关于规范量刑程序若干问题的意见（试行）》、《人民法院量刑指导意见（试行）》、《人民法院量刑程序指导意见（试行）》
职务犯罪逮捕权"上提一级"		最高人民检察院《关于省级以下人民检察院立案侦查的案件由上一级人民检察院审查决定逮捕的规定（试行）》
人民陪审团		河南省人民法院《关于在刑事审判工作中实行人民陪审团制度的试点方案》、《关于开展人民陪审团制度意见（试行）》
非法证据排除		《盐城市中级人民法院刑事诉讼非法证据排除规则（试行）》

　　根据《中华人民共和国立法法》（以下简称《立法法》）的规定，有关犯罪和刑罚，对公民政治权利的剥夺、限制人身自由的强制措施和处罚等事项只能制定法律。其中，与试点规范有关的，需要强调三方面的问题：刑事立法权（包括修改权）、法律解释权（包括立法解释和司法解释）以及地方立法权和法律解释问题。第一，根据《立法法》第7、8条的规定，全国人民代表大会有权制定和修改刑事基本法律。常务委员会对法律的补充和修改不得同该法律的基本原则相抵触。第二，对刑事诉讼法有法律解释权的机关为全国人大常委会，但《立法法》第42条又限制了全国人大常委会法律解释的情形。① 有司法解释权的是最高人民法院和最高人民检察院，但只能对属于审判工作或检察工作中具体应用刑事诉讼法律的问题进行解释。有行政解释权的机关为国务院及主管部门。地方司法机关和行政机关无权解释。第三，有关地方性法规《立法法》规定，省、自治区、直辖市和较大的市的人民代表大会及其常务委员会根据本行政区域的具体情况和实际需要，在不同宪法、法律、行政法规相抵触的前提下，可以制定地方性法规。而地方司法机关和行政机关无权制定刑事诉讼规范性法律文件，同时也没有解释权。

　　依据立法权限划分，凡是由地方实务部门出台的试点规范都属于系统或单位的内部规章，不具有法律法规、司法解释的性质，或者说不在法律框架之内。而对于最高人民法院、最高人民检察院、公安部、司法部单独或联合出台的规范，是不是可以归属为司法解释，从而成为试点的法律依据，则要作进一步的分析。最高人民法院、最高人民检察院根据《全国人民代表大会常务委员会关于加强法律解释工作的决议》及有关规定，分别于2007年和2006年发布了《最高人民法院关于司法解释工作的规定》和《最高人民检察院司法解释工作规定》。对开展司法解释工作进行规范，重申了"两高"有权对审判工作和检察工作中具体应用法律的问题作出司法解释。最高人民法院司法解释的形式分为"解释"、"规定"、"批复"和"决定"四

---

① 《立法法》第42条第2款规定："法律有以下情况之一的，由全国人民代表大会常务委员会解释：（一）法律的规定需要进一步明确具体含义的；（二）法律制定后出现新的情况，需要明确适用法律依据的。"

种。最高人民检察院司法解释的形式分为"解释"、"规定"、"规则"、"意见"、"批复"五种。司法解释应统一编排法释字、检释字文号，并在《最高人民法院公报》、《最高人民检察院公报》和全国性的媒体上公开发布。因此，这两份文件实施后，对于司法解释可以通过文号作直接的外观判断，而其他虽然有司法解释实质性内容，但无司法解释外观形式的可以归属为司法解释性文件，不是严格意义上的司法解释。

对于试点来讲，分析这一问题的意义在于，由于司法解释具有法律效力，而"两高"又是有权发布司法解释的机关，所以，对于没有突破现行体制的机制性试点规范，"两高"可以通过发布司法解释予以规范，这与法律试行在一定程度上是重合的。但对于创新式的解释，按照立法法的权限规定，不应当属于司法解释的范畴。[①] 即便是出于完成司法改革任务的需要，[②]也应当有立法机关相应的授权，而这种授权需要有程序上的保障，避免引起司法解释的混乱和受到不合法的指责。总之，法律与法律解释如影随形，"即使最好的立法技术也会留下司法填补的空间，还会留有隐藏的模棱两可和不确定之处交由司法解释。"[③] 所以，法律的框架是法律解释后的框架，而不单单是字面的。但法律需要依程序作出解释，司法解释只能是对法律的微调，不能是对立法权的僭越，而且要有相应的外观形式。

[①] 比如有学者即对 2003 年 3 月 14 日最高人民法院、最高人民检察院、司法部联合发布《关于适用普通程序审理"被告人认罪案件"的若干意见（试行）》的正当性提出质疑，认为《意见》涉及刑事诉讼方式和当事人的基本权利，按照我国的立法程序已不属于司法解释的权限。所以，"两高"无权作出这样的规定，而作为行政机关的司法部因没有司法解释权更是无权作出这样的规定。所以，《意见》从其制定主体和位阶上与法治及程序法定原则的基本要求相冲突，也与我国现行的立法体制不符，是一种典型的"法外造法的行为"，也不符合国际上的通行做法。参见王超：《普通程序简易审改革质疑》，载《法商研究》2002 年第 3 期；林少平、卢赛环：《理性的选择和现实的期待——对刑事案件普通程序简化审的思考》，载《西南政法大学学报》2007 年第 1 期。

[②] 指 2008 年 12 月中央转发《中央政法委员会关于深化司法体制和工作机制改革若干问题的意见》，从优化司法职权配置、落实宽严相济刑事政策、加强政法队伍建设、加强政法经费保障等方面再次提出 60 项改革任务，由最高人民法院、最高人民检察院、公安部等机构分别牵头完成。

[③] ［意］卡佩莱蒂：《比较法视野中的司法程序》，徐昕、王奕译，清华大学出版社 2005 年版，第4—5 页。

2. 默认良性违法

默认良性违法是试点可能躲过形式违法批评的另一条可能出路。它实质上是承认了形式违法这种改革变通手段的合理性，理由是这种违法是良性的。我们可以透过有关良性违法的争论，分析这一解决试点合法性出路的可行性。

在我国，有关良性违法的论辩发端于 20 世纪 90 年代的宪政法学领域，延续至今可以划分为四个阶段。第一阶段："良性违宪（法）"说。有学者提出，改革开放以来，中国出现了不少表面上看似违宪，但实际上却符合历史发展趋势的事件，这些事例虽然违背了当时的宪法条文，但符合人民的根本利益，因而可称之为"良性违宪"，"良性违宪"一说遂不胫而走。[①] 第二阶段："恶性违宪（法）"说。很快有学者对"良性违宪"说作出了回应，指出"良性违宪"也是违宪，同"恶性违宪"没有实质差别，甚至比"恶性违宪"更可怕、更值得人们警惕，"对于改革中出现的新问题，可以经过法定程序以宪法修正案的形式解决，不可期望法外解决"。[②] 第三阶段："宪法变通"说，实质上是对"良性违宪（法）"说的改良。在论辩中，改良学说应运而生，有学者对"良性违宪"理论进行了重新评价，并试图用"宪法变通"这一更具客观中立色彩的概念来取代"良性违宪"。[③] 第四阶段："良性违宪"的多维解释。到 2010 年，有研究者试图超越以往对"良性违宪"论的平面化讨论，对良性违宪进行多维视角的解读。主张"良性违宪（法）"的现象和根源是我国"摸着石头过河"的制度突破模式与"可改可不改的不改"之宪法修改模式的相互冲突，并描述了改革时代宪法变迁模式的内在理路：制度试验—推及全国—党的理论—宪法的确认。[④] 这

---

① 郝铁川：《论良性违宪》，载《法学研究》1996 年第 4 期，第 89—91 页。
② 童之伟：《"良性违宪"不宜肯定——对郝铁川同志有关主张的不同看法》，载《法学研究》1996 年第 6 期，第 19—22 页。
③ 张千帆：《宪法变通与地方试验》，载《法学研究》2007 年第 1 期，第 385—398 页。
④ 常安：《"摸着石头过河"与"可改可不改的不改"——改革背景下的当代中国宪法变迁》，载《法律科学（西北政法大学学报）》2010 年第 2 期，第 3—11 页。

种观点的核心意思有两个方面：第一，为了确保宪法的稳定性，认可变革年代的事后确认机制。因为"试验性变革"需要大量的时间和机会成本，所以，"良性违宪"或"宪法变通"在改革开放特定政治语境下具有一定的合理性。第二，不放弃对宪法权威的尊重，保留变通的底限。变通的底限是不能损害我国的基本政治秩序和公民基本权利。这种观点与前面讨论过的试点"革新理由"说极为类似，实质上都是基于某种实质上的正当理由，比如成文法的局限性或社会变革需求等，对形式合法性的判断标准予以回避，但也都表示应有必要的底限保留。

在刑事司法改革领域中，也存在默许良性违法的主张。比如，在渐进论、较好论、从技术到制度理论基础上，有学者提出了"相对合理主义理论"。相对合理主义的应用关键是分寸与度的把握，判断标准和依据之一就是经分析验证的执行度，即某项制度可能被执行的程度。执行度的确定，应采取分析验证的方式，包括试点、实验等。允许在司法操作中，在严格"底限"控制的前提下，采用灵活的"擦边"战术；对某些"善意的"、不得已的技术性违规行为，在充分注意分寸把握的情况下更有一种理解甚至适度的宽容。① 改革"试验田"理论更是直接主张由国家立法机关明确授予司法机关特殊政策，在指定的较小的区域范围内放开手脚搞改革试点，允许突破现行法律条文的限制，大胆创新，自由探索。经一段时间试验证明某项改革方案、改革措施获得成功，再提炼上升为正式法律全面推广实施。

默认良性违法并没有形成观念上的共识。反对者的态度异常坚决——良性违法也是违法，甚至比恶性违法还具有危险性，因为它更容易使人们丧失警惕。两者在本质上都是与法治背道而驰的。退一步讲，即便良性违法是可以被宽容的，"善良"、"良性"并没有明确的判断标准。我国较早提出良性违法说的郝铁川教授曾界定，衡量良性违宪还是恶性违宪的标准是"是否有利于社会生产力的发展、是否有利于维护国家和民族的根本利益"，这一提法在根本立场上固然是正确的，但却过于抽象，缺乏足够的操作性。有研

---

① 龙宗智：《相对合理主义》，中国政法大学出版社 1999 年版，第 3—28 页。

究者批评说，"良性违宪"理论是将政治标准凌驾于宪法原则之上，站在了中国法制现代化的对立面。这一理论的错误不是一般性错误，而是法哲学层面的方向性错误。[①] 如果用"良性违法"理论来解释试点现象也会遇到同样的窘境，试点动因具有多重性、隐蔽性等特点，难以独立支撑试点的合法性。

3. 依托刑事政策

在试点样本中，某些试点是以贯彻刑事政策作为试点启动依据的。比如，附条件不起诉、刑事和解以及未成年人刑事司法改革试点，但试点难以依托刑事政策获得合法性。

刑事政策的概念依据学界通说出现在 18 世纪末 19 世纪初德国法学教授克兰斯洛德和费尔巴哈的著作中。克兰斯洛德认为，刑事政策是立法者根据各个国家的具体情况而采取的预防犯罪、保护公民自然权利的措施；费尔巴哈则认为，刑事政策是国家据以与犯罪作斗争的惩罚措施的总和，刑事政策是立法国家的智慧。在我国，近年来学界主张将刑事政策宏观化，即认为，刑事政策是一个国家和社会抗制犯罪的整体反应体系，而不仅仅是针对某些犯罪类型、犯罪人类型的措施和原则，例如，"惩办与宽大相结合"、针对青少年犯罪的"教育、感化、挽救"等。[②] 无论从广义还是狭义的角度定义刑事政策，都要认可刑事政策既有政策性，也有法律性的特征。刑事政策所调整、控制、预防的对象虽然是犯罪，但刑事政策的制定主体或者颁布主体往往是执政党或者国家行政机关，而不是国家立法机关。有研究者从法律与公权、公正与效率两个维度专门论证了刑事政策与刑事程序的两重悖难，[③] 但同时也承认刑事政策与刑事程序法律的牵连与互动。

以"宽严相济"刑事政策为例，中国共产党十六届六中全会作出了《关于构建社会主义和谐社会若干重大问题的决定》，围绕构建社会主义和

---

① 曦中：《对"良性违宪"的反思》，载《法学评论》1998 年第 4 期，第 26—33 页。
② 卢建平：《刑事政策学》，中国人民大学出版社 2007 年版，第 19—22 页。
③ 谢佑平：《程序法定原则研究》，中国检察出版社 2006 年版，第 222—225 页。

谐社会这一主题，党提出了实施"宽严相济"的刑事司法政策。宽严相济刑事政策的提出不仅引发了刑事司法理念的转变，也促进了刑事司法制度的相应变革。比如，司法实践中刑事和解试点的逐渐兴起、附条件不起诉试点的重新蔓延。但这并不意味着刑事政策可以成为刑事执法的直接法律依据。从刑事政策到刑事程序法律法规需要有转化的程序，具体讲：如果刑事政策需要通过法律来体现，则需要全国人大或全国人大常委会制定或修订法律；如果需要通过国务院的决定、命令或行政法规来体现，则需要国务院全体会议或国务院常务会议通过；如果刑事政策是以司法解释来体现，则需要由最高人民法院、最高人民检察院制定和发布相应的司法解释。总之，刑事政策在运作过程中需要依靠刑事法律、行政法规、司法解释具体化、程序化、可操作化，由比较抽象的刑事政策转化为具有可行性的切实运作。刑事政策的确立、运作和完善需要通过刑事法律的修改、解释、完善来体现，否则，其本身只能作为某种理论实现在司法实践中的运作。

刑事政策与刑事程序法律存在一定的紧张关系，虽然，两者之间的互动也是显而易见的。如果以刑事政策作为实现试点合法化的依托，无疑会加重两者之间的紧张气氛；省略刑事政策法律转化的过程，可能会将对试点的质疑转移为对刑事政策的批评，这是得不偿失之举。

综上，对于已经发生的试点现象的评价，如果将标准限制为经由立法程序设定的规范文本为载体的合法性形式，试点必然面临着形式违法的指责。也许存在三条可能的出路：一是通过法律解释将法律框架弹性化；二是默认良性违法理论；三是依托刑事政策。但如果仔细加以分析，又都存在不妥之处：在第一种情形中，不宜高估学理解释的效力，而法定解释只适宜解决机制性改革的问题，对于制度性改革的内容不应涵盖于法律解释的范围之内。关于第二种情形，由于存在激烈的争论，"良性违法"只是见仁见智之说，远没有达到普遍认同的程度。第三种可能出路——以刑事政策为依托，政策本身并不能成为法律实施的依据，所以，也要解决转化的问题。这意味着司法改革"合法与违法"的难题始终没有较为满意的答案。人们苦恼于司法改革到底应该在现行法律的框架之下进行，还是可以突破法律的既有规定。如果选择前者，则是隔靴搔痒；如果选择后者，则有司法违法之嫌。如果以形式合法性为标准难以突破这种两难的境地，那么则需要另辟蹊径，借助于其他的制度装置。

试点是法律变迁的方法或模式问题，不是单纯的法律适用问题，在社会转型和法制变革期，试点现象会显得更为突出。所以，不宜用法律实施的标准去评价试点，就像不能用尺子去测量温度。当然，这也绝不意味着以试点为名，就可以无视现行法的规定。这与所谓的法律非形式化或追求"实质合理化"[①] 并非如出一辙，因为那将与司法改革的目的背道而驰。所以，需要在新的评价体系下重新审视试点的合法性问题。

二、程序主义试点的形式性

（一）形式性的解析

程序化的解决之路建筑于对合法性来源的新主张——辩论的共识。程序主义理论认为，合法性不是由某种外在的、先验的、超越性的价值预设的，产生合法性的基础是辩论的过程。但这不代表程序主义是价值无涉的。在程序主义理论中，形式性与实质性是不可割裂的伴生关系，是陀螺的旋转过程和向心力。程序主义试点的实质性体现为：程序主义作为一种分析试点合法性的理论，允许有关试点的价值争论存在。如果实质性考虑的是因时、因地的情势必要，那么，形式性强调的则是同等情况的同等对待。决定者可以根据规则本身以及是否具备规则所要求的有关事实来论证自己的决定，不用考虑主观的动机或结果的善恶等问题。如同体育比赛，对每个运动员来讲，决定胜负的是最终的比赛成绩，而不是平时的训练成绩；无论是谁，违规都意味着出局，这就是程序的形式性所在。立法程序的例子也许更具说服力，在

---

① 有学者认为，中国传统法律存在反形式的倾向或称为"实质合理化"倾向，即不承认法律内在的合理标准，比如严格执法、遵循既定规则，而是把外在于法律的合理标准作为追求的目标，法律问题与非法律问题处于不分离状态。孙笑侠：《程序的法理》，商务印书馆 2005 年版，第4—5 页。

立法中，有各种意见的表达，各种利益的博弈，在民主政治中，通过多数表决的立法程序，多元利益冲突被转化为了形式化的数字比较，这就是程序主义的形式性所在。

实质性和形式性是程序中兼容的两种属性，实质性允许因时因势的价值权衡、取舍，所以，从外观上看，程序主义正视多元价值语境中价值纠纷的存在。程序的形式性强调同等情况同等对待，形式性所依存的载体则是程序的运行。不能把程序本身理解为形式性，程序是决定作出的过程以及参与者之间的相互关系，程序是相对于实体结果而言的，但程序合成物也包含实体的内容。所以，应始终强调程序兼具实质性与形式性，程序正义犹如一个旋转的陀螺，没有实质性陀螺就没有轴心，无法产生旋转；没有形式性陀螺就会失去平衡而倒下。形式性是与实质性不能割裂的程序属性，虽然两者所侧重表达的含义不同。理解形式性不能离开程序的含义、结构和运行机制，对试点程序形式性的理解也是如此。

（二）试点程序的含义及特征

在社会生活中，为了形成一定的结果或状态，人们伴随着一段时间经过的活动过程是必要的，这就是广义的程序。[①] 所以，程序是一个可以适用于多领域的概念，比如电脑程序、会议程序、清算程序、诉讼程序、立法程序、行政程序等。在社会科学，尤其是法学领域中，有关什么是程序，季卫东教授认为：

程序主要体现为按照一定的顺序、方式和手续来作出决定的相互关系。其普遍形态是：按照某种标准和条件整理争论点，公平地听取各方意见，在使当事人可以理解或认可的情况下作出决定。程序不能简单地还原为决定过程，因为程序还包含着决定成立的前提、存在着左右当事人在程序完成之后的行为态度的契机，并且保留着客观评价决定过程的可能性。程序没有预设

---

① ［日］谷口安平：《程序的正义与诉讼》（增补本），王亚新、刘荣军译，中国政法大学出版社2002年版，第1页。

的真理标准。程序通过促进意见疏通、加强理性思考、扩大选择范围、排除外部干扰来保证决定的成立和正确性。[①]

在这一关于程序内涵的表述中，程序的形式性表现得非常充分：程序是作出决定的过程和过程中参与者之间的相互关系。决定的成立和正确性不是由程序之外某种预设的真理标准所产生的，而是由决定作出的过程所产生的，即由于有关各方平等、充分地参与，发挥角色作用，从而使得决定的结果具有了可接受性。

程序所涉领域较广，仅就法学领域而言，关于程序的类型划分也存有差异。温斯顿根据富勒的论述，认为最重要的五种法律程序是：审判、调解、契约、立法和管理指令，并对它们的特征进行了精彩的概括。季卫东教授主张，按照通常的分类方法，法律程序主要有立法、司法以及行政三种。另外，选举近年来也成为法律程序的重要形态。与此同时，随着非正式纠纷解决方式的兴起，仲裁、调解程序也应被加以重视。并认为，上述程序之间既有共同的属性，又在制度的原理和运作方式上保有差异。还有学者认为，法律程序最基本的分类是按照法律行为的内容及其性质的划分，包括立法程序、行政程序、审判程序、调解与仲裁。[②] 这当中，季卫东教授显然是把程序类型置于一种开放式的结构中加以讨论的，所以，不仅在类型上也更加丰富，而且具有对社会变动的适应性。

在哈贝马斯根植于交往理性与商谈过程的程序主义合法性理论中，还有另外一种程序划分的方法。哈氏认为，在民主过程中，存在着三种不同的程序：第一，（各种形式的）交往过程中的对话性论证之纯粹认知程序（purely cognitive procedures）；第二，将决策与（通常情形下实行多数裁定规则的）此前之交往过程中的对话性论证连为一体之决策程序（decision - procedures）；第三，以一种具有拘束力的方式，具体落实在其调节"意见—意志"形成过程之物质、社会和世俗事务等方方面面之法律程序中（legal pro-

---

① 季卫东：《法律程序的意义——对中国法制建设的另一种思考》，中国法制出版社 2004 年版，第 17—18 页。

② 孙笑侠：《程序的法理》，商务印书馆 2005 年版，第 17 页。

cedures)。①

遵循程序原理，所谓的试点程序即作出试点启动决定、审查试点方案、评估试点结果的过程，以及程序主体间的相互关系。在试点程序中，既有做出权威结论的决策者，也有试点方案的设计者和实施者，更要有参与讨论者，包括试点所涉案件的当事人、学者、一般公众。参与主体在试点程序中应处于平等地位，享有知情权以及平等、自由、充分地发表意见的权利。试点程序是统合试点制度设计者和实施者立场；统合决定者与申请者立场；统合价值观争议的程序。试点程序既非诉讼程序，也非立法程序，在结构形态和运行机制方面似乎要更加复杂一些。如果说，诉讼程序是解决基于法律规范而产生的权利义务纠纷的程序，试点程序则是解决有关试点价值争议的程序。

刑事诉讼程序是具体案件的处理程序，依据法律既定的管辖、证据、审判等制度予以操作。就审判环节而言，一般只涉及过去的要件事实，如果不考虑能动司法等因素，对于裁判者来讲，只要重点关注了决定的前提和权限等条件的满足就可以。这样得出的结论通常就可以抵制当事人以及其他第三者的批评。所以，刑事诉讼中既定的前提和权限简化了裁判者进行裁判的条件，同时也减轻了裁判者的责任负荷。让权力和权利同时受到审判程序的限制是一项非常明智的制度设置。简单地说，法官被要求忠实于程序，反过来，程序也有效地保护了法官。相比之下，试点程序的条件前提则远没有诉讼程序那么清晰，不是单纯的事实判断和法律适用，试点所涉及的情势相对于具体案件要更加复杂，因为不受裁判空间的限制，试点程序中的信息交流和反馈也会更广泛、更充分。当然，试点程序与诉讼程序也会有所交叉，试点作为制度试验，必然要在具体的诉讼程序中加以运用，但这只是试点的一个环节，之前的启动以及其后的检验、评估等在诉讼中是不存在的。

与试点程序比较接近的是立法程序。一般认为，立法程序是有权的国家

---

① ［德］哈贝马斯：《法的合法性——〈事实与规则〉要义》，许章润译，载郑永流：《法哲学与法社会学论丛》，中国政法大学出版社 2000 年版，第 7 页。

机关，在制定、认可、修改、补充和废止法的活动中，所遵循的步骤和方法，以及立法程序参与主体之间的相互关系。从过程的角度看，包括提出法案、审议法案、表决和通过法案以及公布法案等环节。① 法律要具有稳定性，但又不能一成不变，法律制度的变迁不是突如其来的，也不能率性而为，法律的制定和修改需要遵循法定的程序。有学者认为，立法程序的主要意义不是确立放之四海皆准的规范，不是制造各类文件篇、章、节、条、款、项的生产线，而是使一切法律都变成可以更改的。立法程序的核心在于对各种行为规范进行适当的选择，是一种多重过滤装置，以确保公布的法律具有充分的实效和权威。② 这使得程序对于立法的意义显露无余。③ 同理，试点程序关涉的同样也是法律制度变迁的问题，只不过在具体的步骤和方法会有所不同。更为重要的是，在试点和立法中，程序所发挥的作用具有同样的重要性。在立法程序中，是将众说纷纭通过代议制表决进行了形式化的处理，相对于我们刚刚讨论的诉讼程序而言，立法程序的条件导向是最弱的，也就是说，既有的规范所能给予的"如果甲，那么乙"的条件引导是缺乏的或模糊不清的。在此种情况看，很容易产生认识的分歧，即使决策者或制度实施者一再声明其目的是正当的，也容易引起争论，这种情形在试点样本中屡见不鲜。这时，单纯的解释或声明未必会达到说服的效果，因此，"在缺乏条件设定的决策过程中，选择正确与否主要取决于理性和信息，换言之，议会立法程序中最重要的问题是如何确保决定者的素质和如何提供充分的信息以资判断。此外，立法机关内部的沟通机制及其与外部环境的反馈机制也是必不可少的前提。"④ 这些立法程序中应对条件导向缺乏的方法对于试点程序也是同样适用的。

---

① 周旺生：《立法学》，法律出版社 2004 年版，第 149 页。
② 季卫东：《秩序与混沌的临界》，法律出版社 2008 年版，第 136 页。
③ 也有研究者是从人的有限理性角度分析立法程序的意义，其核心思想与哈贝马斯的商谈理性有异曲同工之妙。汤善鹏：《现代立法程序的作用及其局限》，载邓正来：《法律与中国——法学理论前沿论坛》（第 4 卷），中国政法大学出版社 2005 年版，第 329—349 页。
④ 季卫东：《法律程序的意义——对中国法制建设的另一种思考》，中国法制出版社 2004 年版，第 52 页。

（三） 试点程序的功能与要素

为什么试点合法性的实现可以诉诸于试点程序？或者说，为什么通过程序建制，程序规范就可能达致试点的合法化？根源在于程序主义合法性基础理论以及程序本身所具有的功能。

从一般意义上讲，程序本身即具有一种"通过程序的正当化"的功能。[①] 也就是说，程序过程本身能够发挥给结果以正当性的重要作用。这种功能当然也是试点程序所具有的。试点是一种制度试验，试点程序可以发挥的作用是：第一，可以限制权力者的恣意。刑事诉讼制度事关公权力与公民基本权利的界限划分，如果刑事诉讼中的专门机关可以任意设置权力边界，对于被追诉者以及其他诉讼参与主体的权利都存在巨大的威胁。通过程序可以限制试点的启动、试点地点的选择、试点的内容以及保障试点对象的知情权和选择权等。第二，可以强化参加者服从的义务感。刑事司法改革中存在的多元价值争论，通过试点程序，可以形成一种角色分派的体系，如决策者、实施者、评论者等。这些程序参加者在程序进程中可以平等表达，一方面形成了某种牵制的关系，另一方面也划定了责任范围。也就是说，程序可以强化程序参加者服从决定的义务感，同时也减轻了决策者的责任风险。第三，可以吸收不满，缓解对抗。无论是由于观念的差异，还是对事实认识的不同，程序参加者都可能对程序的结果产生不满，尤其对于创新性的试点制度来讲，更容易引起众说纷纭。通过试点程序，可以为各方参与者提供充分的、平等的对话机会，各种冲突性观点被综合予以考量，从而有利于疏导不满和矛盾，避免和缓解了对抗情绪。在这一点上，试点程序所发挥的作用与法庭辩论的作用具有高度的相似性。第四，可以发挥集思广益的作用，[②] 制度创新难免存在瑕疵，通过公开广泛的讨论，可以对制度逐步进行完善，使

---

① ［德］卢曼：《通过程序的正当化》，转引自［日］谷口安平：《程序的正义与诉讼》（增补本），王亚新·刘荣军译，中国政法大学出版社 2002 年版，第 9 页。

② 关于现代程序是理性选择保证的论证，参见季卫东：《法律程序的意义——对中国法制建设的另一种思考》，中国法制出版社 2004 年版，第 28 页。

最终的决定方案趋向于最为合理。第五，使选择有序化，促进达成共识的可能。试点同立法相似，条件导向性不足，决策者面临的情势复杂。因此，需要有一个决策的"隔音空间"，以使得各种宏观影响和微观反应可控性地进入了决策过程中。也就是说，通过程序装置进行信息、评价的交流、过滤、筛选，最终由决策者加以总结，从而促进达成共识的可能。

试点程序的功能可以简单概括为一句话：程序并不能保证结果的正确无误，但可以增强结果的可接受性。就像"人们问梭伦，他给雅典人制定的法律是不是最好的。他回答说：我给他们制定了他们所能容忍的法律中最好的法律。"①

应当承认，这里暴露了程序主义合法性理论的一个缺陷——合法性的效度难以检测。确实难以找到某种实证的方法，对经由程序的试点合法性效度进行数字化的测量，因为哈氏理论中把交往理性归结为具有交往资质（即言语能力）的主体间平等商谈的程序性条件，主张凡是同时满足客观真实性、规范正当性和主观真诚性这三个有效性要求的言语行动就是一个理性的行动。交往理性是取代目的理性的现代社会评判标准，符合交往理性要求的就是值得肯定的和具有合法性的，反之则是要批判的。应当承认，这个前提条件是基于先验的反思得来的，而不是实证的。但同时也是意义非凡的。

有研究者认为，在人类社会中，文化、理念、思想以及意识形态不过是对人脑进行编码的软件程序，人脑中的程序必须经过元代码基础之上的人为编码才能实现思维的一致性和行动的统一性。所以，正是借助这些元代码，人类才能够实现文化认同和社会整合，从而避免杂乱无章和混乱无序。人类历史上的圣贤和精英无不是元代码的程序设计师，马克思破译了生产力这个元代码，韦伯则发现了目的理性，哈贝马斯作为两位大师的后继者②成为当代西方极具影响力的破解现代性元代码的程序设计师。对于哈贝马斯来讲，破解交往理性这一元代码的价值不啻于万有引律之于牛顿，相对论之于爱因

---

① ［法］孟德斯鸠：《论法的精神》（上），张雁深译，商务印书馆1961年版，第317页。

② 有人说，如果韦伯是资产阶级的马克思，那么哈贝马斯则是马克思化的韦伯。［英］威廉姆·奥斯维特：《哈贝马斯》，沈亚生译，黑龙江人民出版社1999年版，第4页。

斯坦。① 这实际上可以理解为，西方哲学是在自然法理念、工具理性之后将目光转向了主体间视角来探寻社会问题的解决、合法性危机的化解。交往理性主张商谈的平等性、无强制性、开放性和虚拟性，但同时也主张应将商谈进行程序控制，以避免商谈的持久化，所以，应当把以法律程序出现的商谈、沟通等民主程序理解为欲实现合法性之前置条件的建制化，其中的奥妙在于哈氏法哲学理论的核心主题即为法律存在于事实性与有效性的张力之间。程序的建制化即体现了有效性的事实性向度，或者进一步讲，事实性的程序规范保障了有效性的实现。基于此，试点的合法性可以倚仗试点程序得以实现。

程序功能的发挥需要以程序的基本构成要素为保障。在试点程序的设计中，现代程序的基本构成要素是不可或缺的要素，也是发挥程序功能的前提所在。现代程序必须具备的要素有五个方面：对立面、决定者、信息和证据、对话、结果。② 这五种要素，在不同程序类型中可以做不同的外延解读。比如，在刑事诉讼程序中，对立面是追诉者与被追诉者；决定者是具有裁量权的法官以及检察官；诉讼双方按照证据规则进行证据收集、举证、质证，依据庭审规则进行法庭辩论，最后由法官作出裁判。在试点程序中，对立面主要不是针对当事人双方或追诉方与被追诉方而言的，范围要更加广泛。因为试点涉及刑事司法制度的变迁，所以，近似于立法程序中的形态——不同利益集团、各类价值主张都可以被视为对立的各方。试点程序中的信息交流和反馈也不是依据证据规则进行的，空间更开放，为保证交流的充分，时间花费也应当更宽裕。在试点中，决定者不是具有裁量权的法官以及检察官，而应当是具有试点决策权的权威机构，同时，决定者必须是中立的，这是程序的核心性原则，不能由利益相关方作为决定者。试点程序通过对试点制度运行情况的评估，也要产生确定的结果，当然，不同于裁判的既判力，不成功的试点在条件成熟时还可以重新试验。

---

① 高鸿钧：《商谈法哲学与民主法治国——〈在事实与规范之间〉阅读》，清华大学出版社 2007 年版，第 1—21 页。

② 孙笑侠：《程序的法理》，商务印书馆 2005 年版，第 30 页。

侧重于主体性的程序理论重点关注的是试点程序中的主体要素，包括享有决定权的权威机构、试点实施机构、试点案件当事人以及公众。具体讲：

其一，试点程序的决策者。试点程序的决策者应当享有试点程序的决定权。在试点的不同阶段，这种决定权可以细分为试点的启动权、试点方案的审查权、试点效果的评估权等。因为试点只是司法改革中的方法问题，因此，所谓试点程序的决策机构实质上是与整体性司法改革的领导机构相一致的。

何种机构适宜作为试点程序的决定者，理论界曾提出过一些设计方案。陈卫东教授认为，考虑到司法改革是一项综合性的系统工程，应当有一个直接领导、规则、协调全国司法改革工作的机构，所以，应当成立司法改革委员会。委员会由全国人大、法院、检察院、公安机关、司法行政机关、人事部、财政部等机构派员组成，同时，还应吸纳学者代表、协会代表作为委员或顾问。委员会设立的功效之一就是可以处理司法改革不得不超越现行法规定这一棘手问题。对于在现行法中找不到依据的改革举措，不能以改革为名在实践中推行，因为此举有损国家的法律秩序，但可以提交司法改革委员会进行论证，如果委员会予以通过，则要由全国人大及其常委会发布具有法律效力的"决定"或者"补充规定"，"这样就解决了改革与守法的矛盾。"①陈卫东教授所设计的司法改革委员会承担的是准立法审议的职责，它的任务是对制度创新进行论证，为全国人大及其常委会的决策提供参考，司法改革委员会本身没有最终的决定权，但可以起到把关的作用，使立法机关的决策更加稳妥可行。这种决定主体的设计方案与现行立法制度相契合，几乎不会产生制度创新的震动，实际上通过立法进行的制度推进。

同样提出设立司法改革委员会主张的还有钱卫清律师。但不同的是，他认为，司法改革委员会应当是全国人民代表大会下属的一个专门委员会，同其他专门委员会一样受全国人大领导。所以，司法改革委员会应作为一个常

---

① 陈卫东：《司法改革十年检讨》，载张明杰：《改革司法——中国司法改革的回顾与前瞻》，社会科学文献出版社 2005 年版，第 25—27 页。

设机构拥有立法审议权。它的工作任务是制定改革计划和监督计划落实,而这一工作任务主要是通过议案审议来完成的。司法改革委员会要审议有关司法改革的议案,对这些议案是否与宪法、法律相抵触作出决议。另外,委员会还应对司法改革计划的执行情况进行监督。① 可以看出,这一方案实质上是在全国人大另设了一个与其他法律委员会平行的立法审议机构,需要进行体制的突破,可能更不容易处理的是司法改革委员会与其他委员会之间职责范围的交叉问题。但富有启发性的一点是:这一方案中,作者提出,对于司法改革中涉及的体制问题,司法改革委员会应以立法形式加以规范,比如有关司法与行政的关系问题。但对于司法改革中的程序或技术问题,是需要通过长期的司法实践来不断探索和调试,因此不宜直接以立法形式来将其固化,司法改革委员会可以授权最高司法机构发布试行办法,进行方向性的指导,通过各地方法院的实践不断充实,再由司法改革委员会进行监督并在适当的时候上升为立法。即采用一种在立法机关监控下,允许实务部门进行试点的思路。

实践中最终落实的是另外一种方案。2003 年 4 月,中央政法委员会向中央提出了《关于进一步推进司法体制改革的建议的请示》。同年 5 月,中央听取了上述建议,对司法体制改革的指导思想、原则、目标、重点及工作方法作了重要指示,并决定在中央直接领导下,成立由中央政法委员会、全国人大内务司法委员会、政法各部门、国务院法制办公室及中央机构编制委员会办公室的负责人组成的中央司法体制改革领导小组,全面领导司法体制改革工作。中央司法体制改革领导小组办公室设在中央政法委员会,负责司法体制改革的具体组织与协调工作。对于中央司法体制改革领导小组的成立,有学者评论,具有里程碑意义——改变了分散进行,各自为政的司法改革局面,有利于祛除司法改革进程中的非理性色彩;有利于沟通司法改革中的精英意识与大众诉求;有利于调谐司法改革与政治体制的深层冲突。从而

---

① 钱卫清:《建立司法改革委员会的构想》,载《中国律师》2001 年第 9 期,第 14—17 页。

有助于缓解"非法"司法改革产生的合法性危机。① 从作者的阐释中可以看出,作者期望中央司法体制改革领导小组的成立可以遏制司法机关推行违背现行法律改革措施的现象;构建民意表达机制或者说民意传输机制,改变精英意识左右司法改革进程的局面。同时,由政治决策层牵头进行司法改革可以避免改革深化后所产生的司法改革与政治体制的冲突。

但从媒体公开披露的信息中可以看出,中央司法体制改革领导小组对司法改革发挥的主要是宏观层面的指挥、协调作用,主要体现为 2004 年和 2008 年发布的两个重要意见,即 2004 年《中央司法体制改革领导小组关于司法体制和工作机制改革的初步意见》和 2008 年《中央政法委员会关于深化司法体制和工作机制改革若干问题的意见》。两个文件先后部署了十个方面 35 项改革任务和四个方面 60 项改革任务,这些改革任务均已由最高人民法院、最高人民检察院、公安部等部门分解为牵头任务和协助任务分项予以落实。由于两个文件都加有密级,所以外界对文件的具体内容并不知晓,负责分头落实的各机关也对文件内容、落实的具体方法和步骤以及出现的问题秘而不宣,圈外人士难窥堂奥。可见,中央司法体制改革领导小组成立后,并没有形成原来学界所设计的委员会制的运行模式,比如,各界代表的广泛参与、公开的听证会、公众知情与官方反馈等。但不可否认的是,中央司法体制改革领导小组所下达的改革任务,实际上是给实务部门限定了制度创新的范围。近些年所开展的实践型和研究型试点基本上限定在司改任务范围内,或者说,就是为了完成司法改革任务进行的试点。比如检察机关为加强自身监督进行的人民监督员试点、自侦案件批捕上提一级试点,另外,还有刑事和解试点、未成年人刑事司法的各项改革试点,主要目的是完成和落实

---

① 从作者所举的范例中可以看出,这里主要是针对刑事司法改革试点而言的。如黑龙江省牡丹铁路运输法院首次施行的"辩诉交易制度";北京海淀区人民法院试行的"被告认罪普通程序"。作者认为这些改革的一个共同特征就在于脱离现行法律制度和规定而自行其是,改革行为本身在很大程度上就是违法行为。这样以完善立法、建构真正意义上的法治秩序的司法改革反过来却是以一种"非法"的方式在运行,这不能不说是一个悖论,也造成了司法改革本身的合法性危机。万毅:《转折与展望:评中央成立司法改革领导小组》,载《法学》2003 年第 8 期,第31—32 页。

中央司改任务。同时，最高司法机关也加强了对各地试点的管理，如最高人民检察院在 2010 年向各级检察机关下发了《关于严格执行检察改革试点报批制度的通知》，要求各级检察机关必须按照中央的要求积极、依法、慎重、有序推进改革。涉及检察工作的各项改革措施，必须以宪法和法律为依据，凡是与现行法律法规相冲突的，应在修改相关法律法规后实施。改革试点必须履行相关的报批报备手续，批准、备案后才能开展试点，未经批准，一律不得擅自实施。并在随后对全国检察机关开展改革试点情况做了检查并进行了通报，对违规者点名予以批评。因此，中央司法体制改革领导小组在司法改革的整体推进阶段，或者说顶层设计阶段，发挥的是宏观的领导、协调作用，这与强化党在司法改革中领导的理论是相契合的。[①] 同时，考虑到"中央政法委是党中央专门负责主管法律工作的部门，其职能在于保证党的方针政策在司法机关的贯彻，协调各机关的关系。其地位决定了它难以处理好司法的外部体制关系，如果由中央政法委来主持司法改革就混淆了党政的界限，仍然难以解决制度化的问题，因为它毕竟不是立法主体，缺乏将司法改革计划制度化的正当性。"[②] 因此，中央司法体制改革领导小组应当处于更超脱的位置，进行刑事司法改革的宏观调控，而具体的决策机关适宜由司法改革委员会来充当，但这一机构从目前看是缺位的。

此外，域外司法改革的相关做法也可以给我们以启示。有研究者对英国、日本、法国、德国、俄罗斯等国司法改革领导机构的设置和职能进行了评介，如英国设在议会的法律委员会，日本设在内阁的司法制度改革审议会，澳大利亚设立的法律改革委员会，叶利钦总统设立的俄联邦总统司法改革委员会等。[③] 给予我们的启示是，成立上述司法改革委员会性质的组织有利于司法改革的整体性推进，便于统筹兼顾、协调发展，而且，这一组织可以作为民众意见与立法机构之间的"缓冲带"，发挥信息集中、意见反馈的

---

① 乔新生：《在司法改革中强化党的领导》，载《人民法院报》2011 年 7 月 3 日。

② 钱卫清：《建立司法改革委员会的构想》，载《中国律师》2001 年第 9 期，第 14—17 页。

③ 谭世贵：《中国司法改革理论与制度创新》，法律出版社 2003 年版，第 263—265 页；王超：《中国司法改革的整体推进之路》，载《政治与法律》2004 年第 20 期，第 105—110 页。

功能。所以，委员会的组织性质并不是立法机构，而是一种过滤性装置。

在试点程序的构建中，司法改革委员会可以发挥的决策作用可以体现在以下几个方面：一是通过审查试点申请和试点方案，对于申报的刑事司法改革试点项目进行启动评估，即对可否进行试点、预期的成本和收效进行预先性判断，对于必须通过修改法律才能进行的制度变革，提交全国人大纳入立法或修法计划，其他属于机制性变革的内容则可以由委员会决定是否启动试点。所以，委员会可以发挥法律解释弹性框架内的过滤、把关作用，从而满足变革时期刑事法律变迁的弹性需求。这样，既可以减轻立法机关的压力，也可以避免出现实务部门自行启动试点产生的乱象。此外，启动程序的设置也可以改变以往试点中"铁路警察各管一段"的弊端，比如，扩大律师在诉讼程序中作用的试点，如果没有侦查机关、公诉机关的相互配合，很难达到试点的预期目的。另外，多地区重复进行试点、浪费司法资源的现象也可以得以克服。二是通过下设伦理审查委员会，依据伦理规范对试点所涉法律伦理问题进行审查，同时也可以受理违反法律伦理的相关投诉。三是听取试点执行机构对试点情况的汇报，对试点运行情况进行检查、监督，控制试点进程和动态，避免出现局面失控。对于引发争议的疑难问题，组织协调解决；对于已发生严重偏差的试点应及时责令停止。四是进行信息的交流、反馈。通过研讨会、座谈会、报告会、听证会等形式，就司法改革的问题进行研讨，听取社会各界的意见。五是组织中立的第三方对试点效果进行评估，以保证评估结论的客观性和准确性。并以此为基础，向立法机关提交相关立法建议。

总之，试点程序的决策主体可以有两个层面，一是现有的中央司法体制改革领导小组，在程序运行中发挥宏观指导的作用；二是具体的决策机构，如成立司法改革委员会，由立法机关负责牵头，吸收司法实务界、学界、协会代表、公众代表等组成，负责中央方针的落实和各项具体性工作。

其二，试点程序的执行者。各项刑事司法改革的试点都要由具体的实务部门或学术研究机构予以执行，这些实务部门、学术研究机构即为试点程序的执行者。在试点样本中，以试点主体为自变量，我们将试点归纳为实践型、研究型和混合型三种模式。

这三种模式的试点中,司法实务部门和学术研究机构应当被视为试点程序中的执行主体,而不是决策主体。也就是说,在规范化的试点程序中,不能由执行主体自行决定启动制度试点,而是应当提出试点申请,并呈报试点方案,由决策机构确定试点单位、试点范围、试点期限和试点方案。因为,司法实务部门虽然深刻了解司法实践,有改革的强大内驱力,又掌握试点资源,但司法与立法存在角色冲突,双方有各自的权力界限。同时,也为了避免利益驱动的负面影响,实务部门不宜作为试点的决策主体。进行试点研究的学者同样也不存在学术研究的特权,研究型的试点也应纳入规范的试点程序。

其三,试点程序的参与者。试点案件当事人、公众是试点程序的参与者。试点案件的当事人是试点制度的直接参与者,无论是实践型试点或研究型试点中,他们都应当享有充分的知情权和一定的程序选择权,而不应当被作为制度试验的客体加以对待。在试验效果的评估中,试点案件当事人的意见应当被作为制度完善或取舍的重要参考性因素。公众是试点程序的间接参与者,包括精英人士和普通公众在内的意见在试点程序的反馈机制中都应当有表达的渠道,而不能由某些机构垄断司法改革的话语权。有学者建言,在我国未来司法改革的进程中,一定要推进公民参与程度,司法改革改什么和怎么改都要听取和尊重公众的意愿,而就目前状况看,普通公民无法参与到司法改革的具体讨论与设计过程中。在具体司法改革举措的提出、论证与决策过程中,决策者很少真正去了解、去聆听普通公民的呼声。① 在我国人民代表大会制的政权组织形式下,广大公众可以通过选举人大代表间接地行使立法表决的权利。与此同时,公民还可以通过其他各种途径直接参与到法律的制定、修改等重大事项的决策。这些方式是代议制民主形式的有效补充,

---

① 陈卫东:《未来五年我国司法体制改革的若干建议》,载《河南社会科学》2012 年第 2 期,第 21—26 页。

当前网络通讯的便捷也为民众表达意志提供了保障。①

在以往的试点中，由于学者意见所具有的中立性和客观性，对于完善试点起到了重要的作用。在普通程序简化审试点样本中有较为详细的学者发言记录，可以对学者在试点中发挥的作用有一个较为直观的了解：

2001 年 5 月 23 日，北京市海淀区人民法院组织召开了多方参加的研讨会，以便对普通程序简化审进行更深入的论证。最高人民法院刑一庭南英庭长、高憬宏副庭长及北京市高级人民法院刑一庭刘京华副庭长、北京大学陈兴良、陈瑞华教授、中国政法大学宋英辉教授等专程前往。他们首先观摩了北京市海淀区人民法院普通程序简化审的示范庭，随后和法官共同就相关法律问题进行了细致、深入的研究。

陈兴良教授在讨论中认为，普通程序简化审实际上是一种普通程序的压缩和省略，应该说是符合普通程序的规定的，没有违反刑事诉讼法的规定，值得推广。但普通程序简化审由谁提出，会影响到司法公正，可以设立一名预审法官，由其确定是否适用普通程序简化审的模式，确立这样一种预审机制，可能会使简化审更加正当。

陈瑞华教授提出了一个关键性的问题，即法院根据什么信息来掌握和判断是适用简化审还是不用简化审？这是充分尊重被告人选择权的关键。因而他建议法院应当推广法律援助制度，让律师参与被告人对程序的选择，以实现真正的公正。他提出几点建议：一是为确保公正性，由检察机关提起适用普通程序简化审；二是建立证据展示制度，这是简化审模式的基础；三是要确保被告人对起诉书指控的罪名完全认可方可适用简化审；四是刑事判决书应繁简得当，与程序的复杂性相适应。

宋英辉教授在充分肯定了海淀区人民法院的简化审改革成果的基础上，认为应由最高人民法院作出适用简化审的司法解释，允许对被告人认罪的案件进行一些分流，以提高工作效率。另外，简化审的选择应当有律师的介

---

① 如《中华人民共和国刑事诉讼法修正案（草案）》及草案说明在中国人大网公布，向社会公开征集意见，2011 年 8 月 30 日至 9 月 30 日，一个月时间内，共收到意见 80953 条。载中国人大网 http：//www. npc. gov. cn/huiyi/lfzt/xsssfxg/node_ 16594. htm，2012－11－20。

入，应当形成一个书面的完整材料，这是对被告人权利的充分保障，同时，对于选择了简化审模式的被告人，应当在量刑上体现认罪从宽的原则。

总体来说，大家对这一改革持积极的、肯定的态度，对于涉及公正性问题的关键环节，建议设置一些程序性的保障措施。[1]

根据程序主义理论，只有那些在实践话语当中得到所有受影响的参与者赞同的规范才可以提出有效性要求。立法机构、司法机构、诉讼参加人、知识精英以及代表民间力量的各类主体，不仅在试点程序中，而且在整体刑事诉讼的变迁中都发挥着作用。正如有学者所说，"未来中国刑事诉讼制度的变迁需要多方参与尤其是社会与被告人、被害人等的参与，在理性思考的基础上进行公开讨论，并注重学者的建言与各级司法机构的试点与试验性改革经验。"[2]

总之，试点现象的出现使得我们在面对成文法时，合法与不合法的二元标准发生了模糊，立法与司法的权力边界也产生了微妙的游移。要么依靠自发的社会运动产生出试点发展的平均合力；要么通过高层部门的解释和说服。对于前者，我们要考虑时间成本；对于后者，在没有程序保障的前提下，说服极易变质为压服，同意也成了曲意迎合。借助程序主义试点的形式性，以及其程序载体所具有的功能，有助于刑事司法改革试点摆脱目前所处困境。把价值问题转换为程序问题来处理是打破僵局的一个明智选择，这也是简化社会复杂性、避免剧烈社会动荡的一种处理方法。

三、试点程序的运行机制

试点程序是诉讼程序和立法程序之外，应对刑事法律变迁需求的装置，是实现试点合法化的辩论平台，基本诉求是保障理想商谈条件的建制化。设计试点程序运行机制的目的在于推动静态程序要素的动态运作，以保障预设的各项程序功能的实现。试点程序较其他程序的特殊之处在于，既运行于封

---

[1] 陈卫东：《被告人认罪案件简化审理程序》，中国检察出版社 2004 年版，第 220—221 页。
[2] 左卫民：《刑事诉讼制度变迁的实践阐释》，载《中国法学》2011 年第 2 期。

闭空间，更运行于开放空间。原因在于此种程序旨趣不在于谋求既有规范所提供的"如果甲，那么乙"的条件引导，而在于尽可能达致主体间的合理共识。基于试点现象中所呈现出的各种评价分歧，以及试点所处多元价值语境，重点需要商谈的环节应在于：什么机构决定试点启动是合理的，什么机构进行试点是正当的，什么样的信息交流反馈途径是有效的，以及什么样的试点方法是恰当的。

（一）启动

在刑事司法改革领域，虽然处于一线的司法机关基于对司法实践的深刻体悟，有强大的改革内驱力，但司法改革的试点不宜由司法机关或学术研究机构率性而为。司法改革试点涉及刑事司法制度的变迁，哪怕只是个微小的程序变动，比如，合适成年人是否在讯问笔录上签字，都与当事人权利保障有一定的关联，所以，不可等闲视之。试点是新制度的试验，所以，必然会与现行法律法规产生冲突或处于法律法规的空白区域，即经常所说的"找不到法律依据"。刑事司法改革试点欲获得认同，减少质疑，必须要通过启动程序予以规制。

启动程序是试点的启始程序，意味着一项刑事司法改革试点的正式开始，没有经过启动程序的试点是不规范的试点，应当立即停止。试点启动的正式标志应当是决策机关根据国家总体性司法改革的目标和方针，宣布确定试点项目、试点单位、试点范围和试点期限。在启动程序中，有两个问题应加以重视：

其一，在决策机关宣布前，应当有试点方案的申报环节，申报是试点启动程序的一部分，其本身并不能标志试点程序的正式启动。考虑到我国幅员辽阔、机构繁多，如果所有的实务部门或学术研究机构都可以向试点决策机关申报试点，决策机关必然穷于应付，所以，应对试点申报的主体有所限制。

从已收集的试点样本看，现有试点包括实践型、研究型和混合型三种模式，在主体方面，三种模式的共同点是都离不开实务部门的参与。实务部门提供了试点运行的平台，是制度试验的试验室，是试点不可匮缺的要素。学术机构主导的研究型试点也必须寻找到可以操作的平台，否则只能是纸上谈兵。所以，申报试点应以实务部门为主体，或以实务部门和学术机构为联合主体。在层级上，各级实务部门都有试点建议权，但应层报最高人民法院、最高人民检察院、公安部、司法部等部门后，再向试点决策机关予以申报。这种层报制度虽然会牺牲效率，但有利于保障试点的严肃性、规范性，也可以确保实务部门在建议和申报试点时采取足够审慎的态度。对于申报的试点项目，拥有启动决定权的是试点决策机关。这种决策权不宜下放，唯如此，才能确保试点不会背离司法改革的整体规划，不会产生部门改革的冲突，不会出现浪费改革成本的多头性、重复性试点。

其二，是试点方案的完整性。无论是实务部门自身还是实务部门与学术研究机构联合申报的试点项目都应当呈报详细的试点方案，作为启动试点的决策依据。

试点方案的重要内容是先期论证，先期论证的内容应当是申报主体对试点制度的必要性、迫切性、可行性的说明和阐释。试点制度所意图解决的不仅应当是我国刑事司法实践中带有一定普遍性的问题，如案件分流程序的完善、辩护权的保障、庭审实质化、未成年人权益的特殊关注等，而且，还应具有一定的迫切性。因为，我国刑事司法尚有许多待完善的制度，所以，应分清轻重缓急，配合司法改革的总体布局和要求。此外，先期论证中，要对制度试验的可行性进行充分的说明，这当中包括：第一，试点内容和所采用的方法是什么以及是否有悖法律伦理。第二，申报主体对进行该项试点具备了哪些实施条件，比如机构人员、规章制度、案件数量和类型等，其中，对申报主体特有的优势条件，应当重点加以强调，比如所在地区案件性质的特殊性、研究团队经验丰富等，这是决策机构确定试点地区和试点执行主体的重要判断依据。第三，更为重要的是，申报主体应对试点制度与现行法律法规之间的关系做充分的说明，因为，制度试验是针对创新性制度而言的，否则就只是法律实施的问题，不需要通过试点程序予以规制。创新的内容也许是处于法规的空白区域，与现行法规没有硬性冲突，比如羁押场所巡视制度试点。也许的确是对法律的突破，比如附条件不起诉。通过申报主体对试点理由的说明和阐释，决策主体可以根据所突破法律法规的层级的程度，选择先修法后实施，还是先试点再修法。目前所进行的试点，对于突破现行法的问题大多还只是一种技术角度的处理，没有上升到试点合法性论证的层面。例如，"三项制度"试点中对在场律师权利的处理。① 总之，是否启动试点的决定权掌握在决策机构手中，无论出于何种理由实务部门不宜直接启动试点。

此外，试点方案中还应当有拟试点地区、数量、期限等几个方面内容。试点是小范围的局部试验，通过对试点效果的检验以决定是否予以推行。试点是出于改革稳妥性、安全性的考虑，所以，试点的地区不宜过大，案件数量也不宜过多。当然，也不能过小、过少，因为达不到一定的试点样本数量

---

① 在场律师的权利有三项：其一，见证侦查人员对犯罪嫌疑人的讯问过程，在不打断或不干预侦查人员对犯罪嫌疑人的讯问的情况下，对讯问的全过程进行观察、记录，其内容包括讯问的时间、地点、程序、内容等，其重点是犯罪嫌疑人涉嫌的罪名、案件事实、侦查人员讯问活动的状况以及犯罪嫌疑人对涉嫌犯罪的态度等。其二，在讯问之后，如果犯罪嫌疑人有问题咨询律师，经侦查人员同意，在场律师可以当场进行解答。其三，在讯问结束前，律师将其所制作的在场参加讯问的工作记录交由犯罪嫌疑人和侦查人员签字确认，作为开展本项试验活动的试验材料归档留底。正式开展讯问活动之前，课题组、参加试验的律师以及侦查人员曾围绕以上三项权利有关的三个问题，进行过热烈的讨论：一是在侦查人员讯问犯罪嫌疑人过程中，如果在场律师认为有不当甚至违法之处，可否打断讯问，予以指出，要求纠正；二是如果犯罪嫌疑人向在场律师提出咨询，律师是否应当予以解答，而不受侦查人员的制约；三是讯问结束后律师是否可以审阅侦查人员所作的笔录材料，并提出修改、纠正意见，最后确认并签字认可。经过充分交换意见，对以上三个问题达成了以下基本共识：首先，对于第一个问题，大家认为目前进行的工作毕竟是试验，并无现行法律依据，如果在侦查人员讯问犯罪嫌疑人的过程中，律师认为不当就可以打断的话，势必会对正常的讯问活动构成干扰，也容易造成侦查人员与在场律师的情绪对立，很有可能使本项试验活动中途夭折。但是，对于侦查人员讯问中存在的问题，在讯问结束后律师可以向侦查人员善意地提出。确实严重的，还可以向办案机关的领导反映。其次，对于第二个问题，大家感到原则上应当允许犯罪嫌疑人在讯问现场就有关法律问题向在场律师咨询，但在程序上应当由侦查人员加以安排，一是出于对侦查人员的尊重，二是防止犯罪嫌疑人提出一些不适当的问题，使律师对能否回答感到为难。因此，最后确定犯罪嫌疑人向律师咨询问题应先征得侦查人员的同意。最后，对于第三个问题，侦查人员表示，根据现行法律的规定，侦查人员讯问犯罪嫌疑人的笔录材料，只能由侦查人员和犯罪嫌疑人审查确认后签字认可，其他人员在上面签字，不仅没有法律依据，而且还有可能使已形成的侦查讯问材料归于无效。但侦查人员表示他们可以在律师所作的记录上签字，也愿意听取在场律师对于讯问活动提出的口头意见，以便他们改进工作。律师们听后表示理解，并同意按此办理。参见顾永忠：《侦查讯问时律师在场（试验）》，载樊崇义：《刑事审前程序改革实证研究》，中国人民公安大学出版社 2006 年版，第 201—202 页。

就无法进行统计学意义上的分析，而变成了举例说明。所以，在申报的试点方案中，对此也应当进行说明和论证。另外，试点的期限也是一个重要的内容。从试点样本看，实践型试点与研究型试点在期限方面是两种截然不同的表现：实践型试点一般只有开始的时间，如果该试点制度上升为法典内容，则标志着试点的结束；如果没有被吸收入法，有的试点表现为一种长期存在的状态，有的则不了了之。这些状况的出现与地区不同、领导者的更换等因素都有一定的关系。总之，表现为一种不确定的状态。研究型试点则一般有明确的起止时间，因为，一方面，研究型试点在方法上相对规范。另一方面，学术机构是外部介入的组织，不可能在司法机关内部长期入驻，而且，也有经费限制等多种因素。关于试点的期限，一方面，要求应有足够的时间使试点制度得以运行，调整完善，趋向相对成熟，然后，收集整理数据，进行分所评估。另一方面，既然是试点就意味着不应当时间过长，尤其是在法律还没有正式规定的情况下，其正当性就容易受到质疑。但总而言之，试点方案中必须要有相对确定的时间，以便决策机关统筹安排和进行阶段控制，从研究型试点的经验看，一般期限不超过一年，以半年居多，显得时间过短。①

（二）交流反馈

试点程序主义合法性理论容许有关试点的多元价值理论并存，并意图通过平等对话和商谈的正当过程，达成合意、形成共识，从而实现试点的合法化。这种基于辩论的合法化必须有畅通、完整的信息交流和反馈程序，否则，无法产生商谈的情境。当然，试点制度是在刑事诉讼程序中运行的，制度试验也在遵循诉讼的规律性，因此，信息交流反馈并不是要求公众来围观每个个案的处理，而是指有关试点内容、目的、风险预测、评估检测等信息应当适度公开。这实际上有两个层面的问题：其一是广义上而言的信息交流反馈，是信息发布者、反馈者包括决策机关、试点执行机构与不特定公众之

①　在实证研究方面较有影响的美国维拉司法研究所的试点项目一般持续时间为三年。参见［美］吉姆·帕森斯等：《试点与改革：完善司法制度的实证研究方法》，郭志媛译，北京大学出版社2006年版，第57页。

间的交流反馈。其二是试点执行机构与程序当事人之间的信息沟通，即当事人的知情权与选择权。

试点是对创新制度的试验，试验的目的是试错和检验其可接受性，没有信息交流和意见反馈，这种目的根本无从实现。试点中要努力形成公众参与机制，社会各方的意见应当有上传于决策机关的表达渠道，并得到反馈。在这一程序中，决策机关实际上起到的是中枢神经的作用，它一方面听取试点执行机关的汇报，并进行检查监督；另一方面，将试点情况向社会反馈，并听取公众对试点的意见和建议。通过座谈会、研讨会、媒体报道、听证会等多种形式，将试点的内容、目的和所面临的各种问题让公众知晓，并在全社会公开辩论。通过辩论逐渐使信息趋向完整，选择趋向合理。这一过程无疑有利于促成利益集团之间的妥协，不同价值观念之间的理解，并最终凝聚改革动力，达成改革的共识。

交流反馈环节中需要注意的问题，一是公众参与机制不能流于形式，可以通过多样化的宣传手段，如发布网上信息、印发杂志、举办讲座、拍摄专题片，使公众尽可能全面、准确地了解刑事司法改革的信息，因为公众的误解常常会招致对试点的负面评价。例如最高人民检察院开展的附条件逮捕试点就引起了相当多的公众误解，批评者认为，"有条件批准逮捕"是检察机关在认为证明犯罪事实的证据尚未达到批准逮捕标准的条件下，所作出的一种逮捕决定。"有条件的逮捕"是对现行刑事诉讼法的直接违反，并为逮捕权的滥用埋下了伏笔，将不可避免地被当作一种侦查手段加以适用，其目的主要在于以此来获取犯罪嫌疑人的有罪供述。这必然会进一步加剧我们目前侦查实践中大行其道并弊端重重的那种"由供到证"的侦查模式。这一举措是对法治原则的严重破坏，是对公民所享权利的侵犯或剥夺，它显然不是"良性违法"，而是"恶性违法"。① 而试点机构所表明的试点初衷却绝非如此，批捕标准事实上存在着法定标准和实践标准两个标准，附条件逮捕的标

---

① 李奋飞：《对"有条件的逮捕"的质疑》，载 http：//lifenfei. blogchina. com/304431. html，2012 - 5 - 12。

准低于实践标准而仍然符合法定标准。附条件逮捕试点是检察机关根据侦查机关提请逮捕案件性质、情节、手段、社会危害性、社会影响等因素的不同，在批捕时将其区分为一般案件和重大案件。对一般案件依法适用高于法定标准的、更为严格的逮捕条件，力求扩大取保候审和监视居住等非羁押性刑事强制措施的适用，以减少审前羁押比例；对涉嫌重大案件的犯罪嫌疑人，已有查证属实的证据能够证明有犯罪事实，但定罪证据尚未达到确实、充分的程度时，检察机关认为经过进一步侦查能够取到定罪所必需的证据的，在向侦查机关提出继续侦查意见，列明需要查明的事实和需要补充、完善、核实的证据的情况下，可以批准逮捕。这种理解上的巨大反差确实表明了沟通的重要性。为了保障交流反馈的实质化，要求试点的信息公开、意见反馈做到制度化，诸如试点项目启动、试点评估报告等信息应当通过官方权威媒体予以公布。重大制度变革应公开征询公众意见，并对反馈结果予以公示，以形成公众与试点决策机关、试点执行机关之间的良性沟通机制。在程序设计中，要将公示、听证、意见征集等交流反馈设置为程序的必经环节，以保障辩论的实质化。二是处理好民众参与的广泛性与精英群体参与的关系。有学者批评，某些刑事司法改革试点是实务界的统治精英和理论界的少数学术精英联袂上演的"独角戏"，广大公众近乎于"失语"。这的确是一种不正常的现象，也无助于实现试点的合法化。出现这种现象的原因是试点信息不公开，且缺乏民意表达机制；决策机构中缺少民意代表成员。改变这一状况可以做多方面的努力，除了对交流反馈机制的保障外，还可以通过吸收一定数量的民间代表加入司法改革的决策机关，尽量使代表来源广泛化，防止出现精英垄断话语权，使民众意见以及各阶层意见在决策层都有表达的机会。在此方面，日本第三次司法改革中司法制度改革审议会的组成可以起到一定的参考作用，该审议会在组成上排除了现任法官和检察官的参加，原因是在此之前进行司法改革中，包括律师和法官在内的职业法律家各自为政，热衷于维护自己的身份性特权以及垄断性利益，致使改革无法深入。因此，近年司法制度改革审议会在组成上确立了民间倾向，在总共 13 名委员中，学者、教育界和企业界代表占去了 10 个席位，现任法官 2 名，律师 1

名。《司法制度改革审议会意见书》中专门提出法律专业部门应该真诚地接受外界的意见，并加以适当的应对。从实际效果来看，这种人员结构，对司法制度改革审议会顺利完成任务提供了组织保障。① 三是尽可能保障民意表达的真实性，防止民意参与中的利益集团操纵。在日本第三次司法改革过程中，就发生了官方操纵"公听会"的丑闻，据媒体披露，2001 年 6 月至 9 月，日本政府共举行了包括司法改革问题在内的 174 场官民对话会议。为使会议提问内容符合政府需要，政府在 105 场会议中事先安排好提问者，被安排提问的 365 人中，有 65 人拿到了 5000 日元的"谢礼"。在有关司法改革的 7 场官民对话中，有 6 场被政府操纵。② 在我国近年来的民主化进程中，也曝出所谓"听证专业户"的网络词汇，所以，在交流反馈的程序中还要防止伪造民意。

另外，发挥民间机构的作用，也有助于试点中公众参与机制形成。在我国已经进行的司法改革进程中，还基本上是司法实务部门、专家学者在发挥重要的推动作用，民间机构的力量还没有显现出来。在这方面，我国台湾地区民间司法改革基金会的经验也许会给我们一些启发。台湾民间司法改革基金会正式成立于 1997 年 5 月，成员主要是律师，其次是学者，也有少数法官、检察官参与。它的职责范围包括法案研究、监督观察和研讨活动，具体如：推动立法活动、法官评监、法庭观察、政策监督、开展司改论坛、举办司法人文讲座等。民间司改会的重要作用即在于：其一，通过定期出版司法改革杂志、电子报，建立网站，调动民众的参与；其二，通过召开研讨小组、起草法律草案、游说国会传达民意，使原本单个的、间接的民意在立法中有整体、直接的表达机会；其三，发挥民间监督作用，提高改革评估的准确性和公信力。③

---

① 日本司法制度改革审议会：《日本司法制度改革审议会意见书——支撑 21 世纪日本的司法制度》，丁相顺译，载孙谦、郑成良：《司法改革报告：有关国家司法改革的理念与经验》，法律出版社 2002 年版，第 79 页。
② 最高人民法院课题组：《司法改革方法论的理论与实践》，法律出版社 2011 年版，第 168 页。
③ 严晓英：《民间机构在司法改革中的作用——以台湾民间司法改革基金会为例》，载《云南大学学报法学版》2008 年第 2 期，第 161—162 页。

　　试点中案件当事人知情权和选择权的保障也不可忽视，这有关司法伦理问题。试点是在真实的司法实践中进行的，并不是处于虚拟的环境中，所以，每一个案件，每一个当事人都是活生生的。在试点中，当事人除了享有一般案件中应有的知情权外，如了解案情、权利义务告知、期限告知等，作为试点中的被研究者，他们还有权要求了解相关的研究信息，进行必要的程序选择，同时他们的隐私权也应受到保护。比如，试点方法之一是区分实验组和对比组，经过一定的时期后对两个组进行效果比对。由于进行"研究"的原因，改变了原来一直正常进行的司法活动，从而可能会使被研究者受到不同的司法对待。比如，进行审前羁押替代措施的试点，进入实验组的犯罪嫌疑人或被告人往往更容易被取保候审，而进入对比组的仍然按照原条件进行。还比如，非法证据排除规则的实验，非法证据是否被排除，对相同案情的不同被告人，实验组和对比组的结果很可能会有天壤之别。所以，试点中应尽可能告知当事人试点内容，由当事人自愿选择，避免使当事人产生"被试验"的感觉。比如"三项制度"试点，在试点时，同时存在四种讯问方式：常规讯问方式、律师在场、录音、录像。如何确定每个具体的案件采取何种讯问方式，是一个棘手的问题。不少人反对四种方式顺序轮流的随机决定方式，即当事人轮上什么是什么，因为这样意味着把某种讯问方式强加给了犯罪嫌疑人，使欲强化犯罪嫌疑人权利的试点目的异化为了强化义务。所以，反复讨论后，试点最终采取了由嫌疑人自愿选择的方式。[①] 当然，这种所谓的"知情同意"在具体适用中是非常复杂和困难的，它涉及研究者提供信息的完整性、对方理解的程度、对方自愿的程度等因素。比如未成年人案件中，需要由犯罪嫌疑人的父母、其他监护人或合适成年人作出同意。

（三）评估

　　评估主要是针对试点成效而言的。在已经开展的试点中，研究型试点

---

① 樊崇义、顾永忠：《建立讯问犯罪嫌疑人律师在场、录音、录像制度（试验）项目总报告》，载樊崇义、顾永忠：《侦查讯问程序改革实证研究——侦查讯问中律师在场、录音、录像制度试验》，中国人民公安大学出版社 2007 年版，第 6 页。

的评估明显好于实践型试点，但评估仍是试点程序中相对薄弱的环节，比如数据采集的方法、评估机构的中立性都有待进一步完善，另外，评估者的专业知识和经验也相对匮乏。之所以强调试点的评估环节是因为试点作为制度试验，实际上是提出了一种假设制度的有效性，比如通过普通程序简易审实现案件分流，提高诉讼效率；通过合适成年人制度加强涉罪未成年人的权益保护；通过"三项制度"遏制刑讯顽疾；通过自侦案件批捕上提一级规范检察权的运行等。那么，这些假设是否成立、试点中各方意见是否相对合理，就需要运用在试点中所采集的数据和资料对制度试验的效果进行分析、比对、评价，然后，才有可能判断出试点是否达到了所预期的效果。没有客观全面的试点评估，决策机构就不能对试点制度是否有效、是否可以吸收入法作出判断。那样的结果就仅仅是试过而已，或者说充其量有个大致的主观评价，不具有说服力。另外，也正是因为缺乏制度化的评估程序，许多试点给人以不了了之的感觉。试点评估中有三个需要注意的问题：

其一，评估的主体。试点评估的主体应具有中立性。从目前多数试点项目的运行情况看，一般都是试点执行者的"自我评估"，这样就难免带有主观倾向性，说服力较弱。因此，理想的试点程序应由决策机构委托中立的第三方进行试点效果评估。作为评估者的第三方，除了立场的中立性外，还要具备足够的社会调查、统计分析等方面的专业知识和经验。从目前的情况看，法学领域中这部分人才是相对匮乏的，还需要一段时间的知识储备和经验积累。[①]

另外，考虑到试点评估的专业性、复杂性、多阶段性，也可以在决策机

---

① 有论者认为，我国刑事诉讼法学研究者数学、统计学知识匮乏，研究中很少运用数理统计工具，即使是一些以实证研究为主要方法的论文中，所看到的更多的是个案和简单的图表，对于 SPSS 等统计软件许多人甚至前所未闻。由于数理统计方法的缺乏，与经济学的实证研究相比较，我国现有的刑事诉讼实证研究都还只是初步阶段，离真正科学的实证研究尚有很大的距离。也许就如霍姆斯所说："理性地研究法律当前的主宰者或许还是'白纸黑字'的研究者，但未来属于懂统计学和经济学的研究者。"胡铭：《略论刑事诉讼实证研究方法——以经济学实证方法为借鉴》，载《清华法学》2011 年第 1 期，第 82—84 页。

构下成立专门的改革成效评估委员会，专门负责各项改革评估的组织协调工作。例如，1999年台湾地区成立了"刑事诉讼改革成效评估委员会"，成员由学者、法官、检察官、律师组成。评估的内容从改革的理念到刑事程序改革的具体制度，如法庭三方关系调整的效果。评估委员会在评估的基础上提出对需要完善的改革内容进行修正的报告。

其二，评估的原则。评估中要坚持目的性和真实性两项原则。评估是对试点效果的检验，所以评估要围绕试点所预先确定的目标展开。这一环节中，评估者会接触到各种形式、各种内容的数据和资料。评估者要从这些繁杂的信息中尽可能寻找到与试点目的相关联的部分，然后进行归类、整合、分析，找出这些信息背后所隐藏的规律，以及对验证试点效果所能起到的证明作用，即所谓的目的性原则。贯彻目的性原则的关键点和难点是评估指标的设定，以往试点评估的经验表明，评估指标的选取一般应从定量和定性两个方面考虑，包括结果评估和过程评估两个大类，具体来说，包括满意度评估、成本评估等。满意度评估主要是针对试点制度所适用的对象进行的，比如刑事和解试点中对被害人和解效果满意度的调查和评估；合适成年人试点中对涉罪未成年人满意度的调查和评估。此外，成本评估也是试点评估的一项重要内容。因为，某项新制度的推广必然会有人力、物力以及机会成本的出支，如果要说服决策机关认可一项新制度，则应当有成本支出的说明，以便于决策者作出可行性的判断。其次是真实性原则，试点评估要求所采集数据和资料要真实可靠。评估者不能出于主观目的的编造、篡改试点信息。对于一组数据中，不符合研究者预先设想的信息，也绝不能随意剔除。比如，研究者希望通过替代措施的运用，降低审前羁押率，数据也表明羁押率的总体趋势确实是下降的，但其中有某个时期的数据不降反升了，这个数据在评估时不能被"人工"剔除掉，妥当的做法是：可以到实务部门把数据再核实一下，如果确实无误，可以调查一下当时有什么特殊的社会背景或刑事政策，比如严打，然后，在报告中对这一情况作出说明。

　　其三，评估的方法。方法科学是评估的前提和保障。① 简单地说，方法科学指的是在收集到的数据范围内采用最具说服力的方式来分析数据。当然，这并不意味着存在一种可套用于所有试点评估的公式。评估者必须对各种数据进行反复、认真的分析和对比，探究和验证各数据之间可能存在的潜在联系，并通过科学的方法揭露和证实这一联系。其中，最为常用的一种方法是比较。如果试点执行机构主张试点达到了预期目的，取得了比原有制度更好的效果或解决了司法实务中的问题，则必须有相应的试点数据和信息予以支持。这时，非试点的情境对比就是必不可少的。根据试点的具体情况，开展比较的基本方法可以有试点前后的比较、实验组与对比组的比较、试点数据与公共数据的比较等，例如，北京大学法学院开展的"取保候审制度的改革与辩护律师作用的扩大"试点项目中，在完成试验组项目的采集后，与三个对比组的数据进行了对比分析，一是试点单位同期未进行试验的对比组案件，目的是进行横向的考察；二是试点单位前两年的相关数据，目的是进行纵向考察；三是试点单位同省不同地区其他单位的数据，目的是进行试验效果的不同单位、相同时期或不同时期的横纵向考察。这样就可以最大限度地展示制度试验的效果。

　　另外，试点不同于自然科学实验的一个重要方面是"人为因素"对试验结果可能产生的干扰。评估中，对于试点的"人为因素"要做客观分析，不宜进行想当然的猜测。例如，三项制度试点中，律师在场会不会对侦查讯问产生负面影响？这确实是很多人的担心，有些侦查人员在讯问前还会特意"提醒"犯罪嫌疑人，"不要以为律师在就可以不说，这不是在美国。"那么，针对这个问题，如何进行评估，结果才具有说服力，课题组的评估方法

---

① 有关评估的方法具体可参见宋英辉等：《法律实证研究本土化探索》，北京大学出版社 2012 年版，第 180—199 页；宋英辉、向燕：《关于司法改革实验项目中开展有效比较的思考》，载《国家检察官学院学报》2011 年第 1 期，第 73—82 页；郭志媛：《中国经验：以刑事司法改革试点项目为蓝本的考察》，北京大学出版社 2011 年版，第 183—192 页；［美］吉姆·帕森斯等：《试点与改革：完善司法制度的实证研究方法》，郭志媛译，北京大学出版社 2006 年版，第 113—124 页。

颇具启发性:① 课题组首先对犯罪嫌疑人在接受讯问中是否承认涉嫌的案件事实、是否认罪进行记录。其次，在案件侦查终结被移送检察机关审查起诉或审判机关审判后，又对他们进行个别访谈，了解他们在审查起诉或审判阶段，是否改变以前的口供，是否推翻以前的认罪。最后，有些案件还追踪到检察机关和审判机关，从办案人那里了解有关案件的犯罪嫌疑人、被告人是否推翻原来的认罪口供。与此同时，课题组还把参加试验的犯罪嫌疑人与没有参加试验的犯罪嫌疑人在认罪态度上进行比较，最后形成的结论是：参加试验的大多数犯罪嫌疑人在讯问中都是认罪或承认涉嫌的案件事实的，只有极少数人不认罪。而不论认罪还是不认罪，在后续的诉讼阶段都没有发生实质性变化。此外，与没有参加试验的犯罪嫌疑人相比，参加试验的犯罪嫌疑人并没有因为在试验中采取了不同于常规的讯问方式，不认罪的比例就提高了。据向侦查人员走访调查，他们也没有感到试验中选择了律师在场、录音、录像等讯问方式的犯罪嫌疑人在认罪态度上明显有变化或不认罪的人增多了。这就在一定程度上说明了，改革传统的常规讯问方式并不会导致犯罪嫌疑人的不认罪率提高、给侦查工作带来阻力。这样评估后得出的结论，无疑是具有说服力的，并有利于达成合理的共识。

---

① 樊崇义、顾永忠：《建立讯问犯罪嫌疑人律师在场、录音、录像制度（试验）项目总报告》，载樊崇义、顾永忠：《侦查讯问程序改革实证研究——侦查讯问中律师在场、录音、录像制度试验》，中国人民公安大学出版社 2007 年版，第 199 页。

余　论

　　行文至此，并没有如释重负之感。童话的结尾总是说，从此王子和公主过上了幸福的生活，其实是有很多期待的成分在里面。

　　面对现代社会的合法性危机，重建式理论给出的答案是基于交往理性的具有激进民主意味的程序主义法律范式。这种社会理论或哲学方法无疑比法兰克福学院前辈们对现代性的批判更具建设性。程序正义意图通过动态的合法化基础——像一只旋转的陀螺，弥合形式性与实质性、事实性与有效性之间的分离感。但商谈的前提是无强制性的充分民主，以及对"有效性"标准的共识。遗憾的是：让利益相关者都能够平等、充分地参与讨论的社会机制尚未形成，"被参与"、"被表达"还是普遍存在的不满情绪。而且，我们现在似乎还没有认识到程序的保护作用对于承担改革风险责任的决策者有多么重要，并不擅于运用程序机制解决诸如试点这样的棘手问题。

　　程序主义需要生存的土壤，而我国法律文化中的反程序主义倾向无疑是建构试点程序的阻力所在。即使试点程序果真搭建起来，也有流于形式的危险存在。比如，程序中缺乏交涉和裁量的余地，信息的交流反馈只是走一个过场，那么程序参与者很快会失去利用程序的兴趣，如何还能奢望经由程序的试点具有权威性和获得公众的普遍认同？所以，对程序主义的信赖是前提。如同法治的信仰不可能在短时期确立一样，程序主义观念的形成也需要假以时日。

　　在普通中国人的观念中，长久以来实质性压倒一切。大家都知道"木兰替父从军"的故事，根据当时的军规，妇女不得进军营，违令者斩，而且全村人连坐。但木兰非但没有受到处罚，而且荣升了将军，衣锦还乡。因为，第一，木兰替父从军，是孝。在中国人观念中，百善孝为先。第二，木兰立下了赫赫战功，是忠。自古忠孝难两全，而木兰做到了，所谓的军规早被抛到九霄云外了。时至今日，这种观念确实发生了一些转变。近来网上正在进行"诈骗救妻案"的热烈讨论，① 主题是：守法和救妻你选哪个？一方观点认为：鉴于公众的同情与援助，鉴于那么多好心人的资助与理解，鉴于违法款项全部退赔，鉴于廖丹家庭拖累过重的实际情况，鉴于公众的舆论，鉴于妻子的病情离不开照顾，鉴于良心驱使下的违法，希望有关法律部门能对廖丹予以轻判、免判。另一方则主张：道德的归道德，法律的归法律，以帮助公众养成"规则意识"。

其实，当形式与实质出现纠缠时，程序主义的观念就开始生长了。

富勒曾经虚拟过一个案件——洞穴探险者案。五名洞穴探险者被困在洞穴中，并得知无法在短期内获救。为了维生以待救援，五人约定以掷骰子的方式选出一名牺牲者，让另外四人杀死后吃掉他的血肉。成员中的威特莫尔是当初最早提出此建议的人，却在掷骰子前撤回同意。但另外四人执意掷骰子，并且恰好选中威特莫尔作为牺牲者。获救后，此四人以杀人罪被起诉。他们该被判有罪吗？富勒虚构了五位大法官的五份判决意见，面对同一事实，五人意见均不同。后来，美国学者萨伯又续写了这个故事，把时间延伸到五十年后，本案再审，社会情境变迁，萨伯虚构了九位大法官的判决，依然各不相同。② 法律、道德、公义、人情复杂地交织着，谁会更胜一筹？实质性还是形式性？在故事中，答案是可以悬置的，但现实中是不行的。富勒的故事是以一些真实案例为基础的——霍尔姆斯案和杜德利案，在现实版的案件中，形式性都得到了尊重，但被告在被判决有罪后，要么立即得到赦

---

① 据《京华时报》2012 年 7 月 12 日报道，5 年前，下岗工人廖某的妻子患尿毒症，透析仅半年后廖某已花光了所有积蓄。为了让妻子活下去，廖某找人刻了医院公章，并用这个假公章到医院给妻子做了将近 4 年的"免费"透析治疗。2012 年 7 月 11 日廖某因诈骗罪受审，廖某称愿意卖房退赔，检方建议判处其有期徒刑 3 年到 10 年。

② ［美］萨伯：《洞穴奇案》，陈福勇、张世泰译，三联书店 2009 年版，第 57 页。

免，要么只是象征性的轻微刑期。这也许是可以两全的最好办法了。

　　毋庸讳言，形式正义与实质正义的争论会长期地存在下去。当程序主义理论主张，在价值多元的现代社会只能通过程序实现合法化时，考夫曼教授却说：最近一些时候，德国有些哲学家和法哲学家，其中主要是哈贝马斯，用论辩伦理学来替代亚里士多德创立的旨在寻求"最高道德"的实质伦理学，按照这种理论，只要仅仅在论辩伦理学方面正确地达成一致，那么完全不道德的东西也能够合理化，对于如此建立的根本没有内容的程序伦理学必须予以反驳。① 季卫东教授认为，至于哪一种看法更正确，完全是一个仁者见仁，智者见智的问题。所以"争论还将长期持续下去，如果这个问题真的那么容易就被解决，许多法学理论家面临的恐怕是取代正统性危机的失业危机。"② 但在中国当今的特定条件下，实质正义的取向仍然过于浓厚，所以更加紧迫的任务不是增进实质性，而是形式性以及正当过程。

　　司法改革的创新性与刑事司法的法定性不可避免地存在着紧张关系。试点可以积累立法所需的实践经验；克服了立法环节的繁复和漫长等待，可以用来应对所谓"规范不能"的状态。③ 但是，"司法违法"比"司法滞后"危害犹烈，因为它是对法秩序的破坏，正如耶林所说，"世上不法之事莫过于执法之人自己破坏法律……此乃天底下最悖公理之事。"④ 况且，还有来自试点伦理的拷问。所以，当任何实质性标准都无法说服对方的时候，不如尝试一下程序主义的分析工具和解决方案。

　　让陀螺旋转起来，也许真的可以使刑事司法改革试点摆脱困局。

---

① ［德］阿图尔·考夫曼：《现代法哲学——告别演讲》，米健译，法律出版社 2000 年版，序部分第 1—2 页。
② 季卫东：《法律程序的意义——对中国法制建设的另一种思考》，中国法制出版社 2004 年版，第 130 页。
③ 法律保留原则的判断标准之一是重要性，但对于某些事物，因欠缺充分认识与结论，无法确定是否应正式实施，以致暂时只能作为"试验"来推行新兴事物。这种试验性质的事物还处在变动不居的发展形成阶段，不具有规范成熟度，属于规范不能的事物。转引自许宗力：《法与国家权力（一）》，台湾元照出版有限公司 2006 年版，第 193 页。
④ ［德］耶林：《为权利而斗争》，胡宝海译，载梁慧星：《民商法论丛》（第 2 卷），法律出版社 1994 年版，第 12—59 页。

附录：试点样本汇总

样本一：附条件不起诉

附条件不起诉是一个较为完整的试点样本，试点经历了起步、发展、相对成熟三个时期，最后被写入刑事诉讼法。2012 年《刑事诉讼法》修订，新增了未成年人刑事案件诉讼程序，第 271、272、273 条规定了未成年人附条件不起诉制度。[①] 该制度的增设相当程度上得益于实务部门对办理未成年人刑事案件创新机制的探索。

我国检察机关从 1992 年起开始探索构建符合我国国情的附条件不起诉制度，在新《刑事诉讼法》确立附条件不起诉制度之前，实务中也称暂缓起诉、暂缓不起诉或缓起诉。我国附条件不起诉制度的探索始于未成年犯罪，后来扩展到在校大学生以及包括成年人在内的轻微刑事犯罪。试点范围由上海市长宁区人民检察院、湖北省武汉市江岸区人民检察院、河北省石家庄市长安区人民检察院逐步扩展到山东、河南、吉林、江苏、辽宁等全国 1/3 的检察机关。[②]

实务部门开展对附条件不起诉制度的探索既有理论背景也有实务背景。

---

① 具体内容包括：未成年人附条件不起诉制度的适用条件、程序以及公安机关的复议复核权、被害人的申诉权、未成年犯罪嫌疑人及其法定代理人的异议权；未成年人附条件不起诉制度的监督考察主体、考验期限以及被附条件不起诉人应当遵守的规定；未成年人附条件不起诉的撤销和最终不起诉决定的作出。

② 转引自孙力：《暂缓起诉制度研究》，中国检察出版社 2009 年版，第 4 页。

理论方面，随着人们刑事司法理念的转变，报应刑的观念日趋淡化，"恢复性司法"的观念逐步得到认同。"原来采起诉法定主义的国家纷纷扬弃绝对起诉法定主义，并在保留起诉法定主义合理因素的同时，采取了起诉便宜主义。"① 附条件不起诉作为一种审前的程序分流机制，是检察官裁量权的体现。实务方面，由于我国正处于社会转型期，社会矛盾凸显，刑事案件高发，就未成年人犯罪来看，出现了犯罪主体低龄化、类型多样化、数量上升化的态势。从未成年人的身心特点和社会整体和长远利益的考虑，对涉罪未成年人案件的处理，应当本着"教育、感化、挽救"的方针；《联合国少年司法最低限度标准规则》也规定有"最大限度的避免监禁"的原则。因此，在刑事程序方面，对涉罪未成年人适用非刑罚化处理原则，尽可能适用不起诉等分流措施。附条件不起诉的试点正是在此背景之下产生的。

由于附条件不起诉试点涉及地点较多且延续时间长，可以将试点过程划分为两个阶段：第一个阶段：起步期，时间为 20 世纪 90 年代初，以上海市长宁区人民检察院为代表；第二阶段，发展期，时间为 2000 年之后，试点地区开始逐步增加，扩展到全国三成以上检察机关。

起步期。上海市长宁区人民检察院是最早探索暂缓起诉的试点单位。② 1992 年 7 月，长宁区人民检察院对涉嫌盗窃的一名 16 岁犯罪嫌疑人耿某宣布延缓起诉，考察期为 3 个月，并在区"关心下一代协会"中聘请周迅、陈迅为耿某在缓诉期间的观护员。在考察期内，耿某表现良好，后长宁区人民检察院决定对其从宽处理，按当时刑事诉讼法的相关规定，实行"免予起诉"。为避免争议，长宁区人民检察院将暂缓起诉改称为"诉前考察"。③

发展期。2000 年 12 月，湖北省武汉市江岸区人民检察院开始对未成年犯罪嫌疑人暂缓起诉的试点。首件案例是两名 15 岁初三学生与他人合谋的抢劫案，两名涉罪未成年人在深夜抢劫三轮车司机 13 元钱，并用砖头砸破

---

① 宋英辉：《刑事诉讼原理》，法律出版社 2003 年版，第 279—280 页。
② 李郁：《上海长宁区检察院最早探索暂缓起诉》，载《法制日报》2003 年 8 月 19 日。
③ 严明华：《未检制度的诞生与成长——上海市长宁区人民检察院未成年人检察工作简史（1986—2010）》，2011 年，第 23 页。

其头部。武汉市江岸区人民检察院认为，两名学生已构成抢劫罪，但由于他们系未成年人，且系初犯，最终决定对二人暂缓起诉，考察期限为 5 个月。两名学生在暂缓起诉期间，参加了初中毕业补考。同时期还有河北省石家庄市长安区人民检察院推出的"社会服务令"制度，通过考察未成年犯罪嫌疑人社会服务期间的表现，决定是否对其作出不起诉决定。① 这种新的办案方式引起了当时司法界及法学界的广泛关注。②

随后，暂缓起诉的做法也先后推行到山东、河南、上海等地。同时，对暂缓起诉制度的适用范围和对象也从仅仅适用于未成年人犯罪案件，扩大为未成年人犯罪案件、在校学生犯罪案件和轻微刑事案件，甚至出现了对单位犯罪适用暂缓起诉的探索；适用暂缓起诉的人员和案件数量有了明显增多；出现了决定暂缓起诉的听证制度。③

对于附条件不起诉的试点，学界和实务部门有肯定论和否定论两种观点：肯定论主张，附条件不起诉试点体现了先进的司法理念，是积极可行的。④ 第一，有利于节约司法资源，符合诉讼经济的原则。第二，有利于犯罪嫌疑人的人格矫正，是司法人性化的体现。尤其对于涉罪的未成年人而言，他们尚处于生理、心理发育期，依据"教育、感化、挽救"的方针和"教育为主、惩罚为辅"的原则，附条件不起诉有利于促使涉罪的未成年人真正悔改，树立自重的观念，培养积极的生活模式，重返社会。第三，试点有法律依据，是对现有不起诉制度的创新，是检察机关行使自由裁量权的范

---

① 崔丽：《保护未成年人措施碰撞现行法律》，载《中国青年报》2003 年 6 月 18 日。
② 转引自孙力：《暂缓起诉制度研究》，中国检察出版社 2009 年版，第 122 页。
③ 各地试点案例可参见孙力：《暂缓起诉制度研究》，中国检察出版社 2009 年版，第 122—126 页。
④ 参见上海市长宁区人民检察院未成年人刑事检察科：《缓诉在未成年人案件中的地位及运用》，载《青少年犯罪问题》1995 年第 1 期；韩红：《"自由裁量"有利于社会》，载《法制日报》2003 年 8 月 19 日；李巧芬、刘中发：《暂缓起诉的实践与探索》，载《人民检察》2006 年第 7 期；傅延威、李明生、曲若玲：《附条件不起诉之我见》，载《检察日报》2009 年 9 月 11 日；武兵、杨英丽：《"附条件不起诉"的是与非》，载《民主与法制》2009 年第 7 期。

围。否定论则认为，附条件不起诉试点于法无据，应当予以禁止。① 理由是：其一，原《刑事诉讼法》第 142 条第 2 款并非附条件不起诉的法律根据。附条件不起诉与酌定不起诉的最大区别在于酌定不起诉不需附加任何条件。其二，试点是对现行法的超越，属于"违法实验"。其三，试点会造成检察机关裁量权的滥用，会出现如同"免予起诉"一样的司法权滥用。

附条件不起诉试点在 2004 年出现了停滞现象。2004 年 7 月 2 日，最高人民检察院发布《关于严格依法履行法律监督职责、推进检察改革若干问题的通知》，指出"暂缓起诉制度在现行法律中没有规定，在实践中不宜推行。一些地方基层检察机关结合当地情况，对犯罪情节较轻、可能判处三年以下有期徒刑的未成年人犯罪案件，试行暂缓起诉制度，产生了一定的社会影响。这个举措的出发点是好的，但鉴于暂缓起诉没有法律依据，目前不宜扩大推行，各地也不要再行新的试点。"但 2008 年后情况又发生了变化。2008 年 12 月，中共中央转发《中央政法委员会关于深化司法体制和工作机制改革若干问题的意见》，该文件围绕优化司法职权配置、落实宽严相济刑事政策、加强政法队伍建设、加强政法经费保障四个方面，提出了 60 项改革任务，其中包括：完善快速办理轻微刑事案件的工作机制、适应未成年人案件实际特点的办案机制，建立刑事和解、暂缓起诉、前科消灭等符合宽严相济刑事政策要求的制度。② 据此，暂缓起诉试点纳入国家司法体制机制改革的总体布局。由于政策的波动，实务部门出现了认识上的模糊，行动上表现为：有的地区仍在试点，有的地区则采取了观望的态度。媒体报道中，实务部门在谈及附条件不起诉试点时表现出非常审慎的态度。③ 从整体规模

---

① 刘桃荣：《对暂缓起诉制度的质疑》，载《中国刑事法杂志》2001 年第 3 期；沈春梅：《暂缓不起诉不宜推行》，载《人民检察》2003 年第 4 期；李爱荣、陈建彬：《法律的界限——从"暂缓起诉制度"的试行谈起》，载《广西政法管理干部学院学报》2003 年第 3 期；游伟：《"附条件不起诉"不宜提倡和推广》，载《检察风云》2010 年第 16 期；杨涛：《"附条件不起诉"存在法律瓶颈》，载《检察风云》2010 年第 16 期；李克杰：《制度创新不是基层司法机关职责》，载《检察风云》2010 年第 16 期。

② 谭世贵：《中国司法改革的回顾与反思》，载《法治研究》2010 年第 9 期，第 3—5 页。

③ 王军、樊荣庆：《未成年人检察工作深化发展的路径选择》，载《人民检察》2011 年第 23 期，第 46—47 页。

看，全国有近 20 个省 200 余个分市院和基层院开展了附条件不起诉改革试点，其中既有省级院统一部署的试点，也有分市院和基层院自行开展的试点，试点的反复并没有影响附条件不起诉制度被写入刑事诉讼法。

样本二：普通程序简化审

刑事案件普通程序简化审[1]是指对某些适用普通程序的刑事案件，在被告人认罪、基本事实清楚、证据确凿的前提下，审理程序的简化。简化审既是庭审方式的改革，也是公诉改革的组成。

普通程序简化审 1999 年 5 月最初在北京市海淀区法院、检察院试行。[2]试点产生的背景和动因可以简单归纳为：刑事案件数量攀升，司法资源捉襟见肘，诉讼效率亟待提高，繁简分流大势所趋。具体讲，20 世纪 90 年代，我国治安形势在经历了 80 年代的"严打"后依然十分严峻。刑事审判任务随之加剧，就北京市海淀区人民法院而言，1995 年全院办结刑事案件 1139起，2000 年则高达 2200 件。为公正、高效审理这些案件，海淀区人民法院首先积极适用刑事简易程序，将大量案件从普通程序中剥离出来，但审判压力仍未得到根本缓解，而且随着严打整治斗争的深入开展，预计案件数量仍会上升，因此，需要另辟蹊径。调研发现：普通程序案件中，事实清楚、证据确凿、被告人认罪或者对指控事实没有异议的案件有将近 50%，但因对被告人量刑可能在 3 年以上，故不能适用简易程序。因此，这部分案件成为提高审判效率的突破口。1999 年 5 月起，海淀区人民法院以刑一庭为主，着手与海淀区人民检察院展开配合，开始了普通程序简化审的实务探索。同时，普通程序简化审也是对世界范围内刑事诉讼发展趋势的顺应。从 20 世纪中期以来，许多国家和地区的刑事司法改革都将诉讼程序分为普通和特殊

---

[1]　各地在试点中对此有不同的叫法，如："普通程序简易化审理"、"普通程序简化审理"、"普通程序快速审理"、"被告人自白案件审理"、"普通程序简易化操作"、"被告人认罪案件简化庭审方式"等。鉴于"普通程序简化审"这一提法比较简明，而且已经被普遍接受，因此，本文一般用此简称。

[2]　海检研：《普通程序简易化审理的构想与实践》，载《检察日报》2000 年 7 月 12 日；安克明、陶元迪：《刑事普通程序简便审》，载《人民法院报》2001 年 10 月 8 日。

两大部分，使刑事案件按照一定的标准进行必要的繁简分流。① 在按照特殊的简易程序处理的案件中，注重在确保最低限度的公正性前提下，促使诉讼进程加快，缩短结案周期。

简易审与简易程序有本质区别。简易审是在保持程序完整的基础上，由控、辩、审三方共同参与，对有关程序具体内容的简化。但适用范围广泛。从理论上讲可以适用于基层人民法院审理的各种刑事案件。② 在最高人民法院和最高人民检察院充分肯定普通程序简化审理改革的前提下，在地方检察机关和法院试点的基础上，2001 年 8 月，最高人民法院在山东省潍坊市召开了专门的会议，海淀区人民法院被邀请参加并介绍了普通程序简化审的运行情况。2002 年 5 月 24 日，全国人大法制工作委员会、最高人民法院主管领导到海淀区法院对刑事普通程序简化审进行调研。2002 年，北京市人民检察院制定了《北京市人民检察院公诉处关于试行普通程序被告人认罪案件简化审理的意见》，普通程序简化审理开始在北京市全市检察机关公诉部门推广。2003 年 3 月 14 日，最高人民法院、最高人民检察院、司法部联合发布了《关于适用普通程序审理"被告人认罪案件"的若干意见（试行）》（以下简称《意见》），普通程序简化审试点正式在全国推行。在此之后，适用普通程序简化审的地区不断增多，普通程序简化审的适用比例也呈上升趋势。以北京市海淀区为例，2005 年适用普通程序简化审案件的比例为3.2%，2007 年上升至 16.5%。简化审案件增多的重要原因之一是相关制度的完善，即自 2006 年 6 月开始，海淀区人民检察院开始试行对于被告人在审查起诉阶段认罪，符合《关于适用普通程序审理"被告人认罪案件"的若干意见（试行）》规定的案件，在起诉时直接移送卷宗，而不再移送主要证据复印件，并移送被告人认罪案件建议书，这种操作制度上的完善使得检

---

① 如德国刑事诉讼法中的处罚令程序和速审程序；韩国刑事诉讼法确定了三种简易程序：一般简易审判程序、略式程序和即决审判；美国约 90% 案件不经审判通过辩诉交易处理；意大利的直接审判、迅速审判、刑罚令处罚、简易审判、辩诉交易五种简易程序。

② 参见北京市海淀区检法两院适用普通程序简易化审理方式课题组：《普通程序简易化审理方式的构想与实践》，载陈兴良：《刑事法判解》（第 3 卷），法律出版社 2001 年版，第 440—461 页。

察官建议适用普通程序简化审的积极性更高。

对于"普通程序简化审"的法律属性，有学者认为，普通程序简化审并不是法定的普通程序和简易程序之外的一个独立程序，而是普通程序的一种灵活处置。它既与法治国家在刑事诉讼中越来越强烈地追求诉讼效率的现代趋势完全一致，又反映了在国内司法改革过程中提高诉讼效率的客观需要，试点不是新的刑事诉讼程序的创制。[①] 但反对者认为，简化审是"法外造法"，因为以司法解释的形式确认简化审，不符合程序法定原则。由于《意见》涉及刑事诉讼方式和当事人的基本权利，按照我国的立法程序已不属于司法解释的权限，所以有司法解释权的"两高"无权作出这样的规定，只能就如何具体运用法律、法令的问题进行有关解释，而作为行政机关的司法部因没有司法解释权更是无权作出这样的规定。所以《意见》从其制定主体和位阶上，与法治及程序法定原则的基本要求相冲突，也与我国现行的立法体制不符，是一种典型的"法外造法的行为"，也不符合国际上的通行做法。[②]

近十年来，学者和实务界人士对完善试点方案提出了一些建议，主要集中于：适用范围进一步扩大；赋予犯罪嫌疑人、被告人及其辩护人普通程序简化审启动权；审理方式应进一步完善；确保被告人实现知悉权；建立详尽的认罪减刑规则；建立证据开示制度；赋予检察机关量刑建议权；进一步加

① 孙长永：《试论"普通程序简化审"》，载《学术研究》2001 年第 12 期；徐建东：《"刑事普通程序简化审"之思考》，载《审判研究》2002 年第 7 期；周国均、李静然：《试析普通程序简化审及其完善》，载《法律适用》2004 年第 12 期。
② 林少平、卢赛环：《理性的选择和现实的期待——对刑事案件普通程序简化审的思考》，载《西南政法大学学报》2007 年第 1 期；王超：《普通程序简易审改革质疑》，载《法商研究》2002 年第 3 期。

大当庭宣判的力度等。① 除此之外，对于试点研究方法的改进，也对试点内
容的完善起到了一定的促进作用。有学者从 2004 年起即着手进行上海试点
情况的实地调查和评估，② 也有学者对北京、四川等地的试点进行了实证研
究。③ 实务部门也进行了相关实证研究，如作为最高人民检察院检察理论研
究所 2008 年重点课题的《认罪案件办理机制研究》，研究者即采用了实证
研究的方法。④ 实证研究方法的运用，使得对试点效果的评估更具客观性和
说服力，对于试点内容的完善也更加关注细节和有针对性。

此外，在一些地方司法机关对简化审进行探索的基础上，为总结实践经
验，进一步简化程序，以在更大范围内加快办案速度。最高人民检察院检察
理论研究所"辩诉交易制度研究"课题组对"简化认罪轻案的办理程序"
进行了试验式的实证研究。⑤ 目的是探讨如何借鉴国外辩诉交易制度的合理
内核，完善我国的认罪轻案办理程序，提出《关于建立认罪轻案程序的立
法建议》。该课题组拟定了《认罪轻案办理程序实施细则（标准条款）》和

---

① 龙宗智：《论刑事案件普通程序简易审》，载《人民检察》2001 年第 11 期；孙长永：《试论
"普通程序简化审"》，载《学术研究》2001 年第 12 期；北京市东城区人民法院研究室：《简
化适用刑事普通程序的探索与实践》，载《国家检察官学院学报》2003 年第 3 期；周国均、
李静然：《试析普通程序简化审及其完善》，载《法律适用》2004 年第 12 期；田园："普通
程序简化审"程序存在的问题及其完善》，载《法制与社会》2007 年第 8 期；孙力、李巧芬：
《认罪案件处理程序研究——以北京市海淀区人民检察院办案实践为视角》，载《人民检察》
2008 年第 14 期；许文辉、陈运红：《普通程序简化审及其完善》，载《人民检察》2010 年第
2 期。
② 徐美君：《刑事诉讼普通程序简化审实证研究》，载《现代法学》2007 年第 2 期。
③ 郭志媛：《问题与对策："普通程序简化审"改革的实证分析》，载徐昕：《司法》（第 2 辑），中
国法制出版社 2007 年版，第 157—176 页；左卫民：《中国简易刑事程序改革的初步考察与反
思——以 S 省 S 县法院为主要样板》，载《四川大学学报（哲学社会科学版）》2006 年第 4 期，第
129—137 页。
④ 娄云生、马静华、李斌：《认罪案件办理机制研究——以建立全程性速审程序为中心》，载《人
民检察》2010 年第 3 期，第 36—37 页。
⑤ 张智辉：《简易程序改革研究——辩诉交易制度研究结题报告》，中国检察出版社 2010 年版，第
1—5 页。

《认罪轻案办理程序实验方案》，并在全国选择了八个单位进行试点，① 以校验立法建议的可行性，发现不足之处并加以完善。各试点单位与当地的政法委、公安机关、法院和司法局联系和配合，联合签发了有关认罪案件快速处理的具体操作程序，有效地推进了认罪轻案快速处理程序改革的试点工作。八个基层检察院近一年的试点工作表明，课题组拟定的认罪轻案程序基本可行。2009 年 7 月，课题组召开了"认罪轻案程序改革研讨会"，对近一年的试点工作情况进行了全面总结，形成了《认罪轻案办理程序实施细则》和《关于建立认罪轻案程序的立法建议》。相比于《关于适用普通程序审理"被告人认罪案件"的若干意见（试行）》，试点主要有以下创新：第一，诉讼程序全程性简化。即不仅简化了审判程序，而且简化了审查起诉程序尤其是侦查程序。第二，强调律师必须参与。第三，办案更快速。期限更短，速度更快。第四，要求制作认罪答辩笔录。第五，进行证据开示。第六，增设认罪答辩确认程序等。

进一步完善简易程序是 2012 年刑事诉讼法修改的重点，普通程序简化审的试点为法典相关内容的修订奠定了基础。通过总结最高人民法院、最高人民检察院在试行"被告人认罪"案件普通程序简化审中取得的经验，2012 年修法扩展了简易程序适用的范围，同时，为加强对被告人权益的保护，明确规定了不得适用的例外条款，以及在庭审程序中确立了被告人同意适用简易程序的确认程序。

样本三：零口供

"零口供"并非法律名词，而是得名于辽宁省抚顺市顺城区人民检察院 2000 年 8 月出台的《主诉检察官办案零口供规则》（以下简称《零口供规则》）。《零口供规则》曾被认为是"沉默权"在我国的首次确立，颁行后

---

① 课题组在东部、中部和西部等发展程度不同的地区选择了 8 个基层检察院，即北京市石景山区人民检察院、重庆市合川区人民检察院、河北省承德县人民检察院、湖北省武汉市汉阳区人民检察院、江苏省无锡市惠山区人民检察院、江苏省苏州市吴中区人民检察院、江西省上饶市婺源县人民检察院和浙江省绍兴市上虞市人民检察院。

立刻引起广泛讨论。①

引发试点的动因主要有两个方面：第一，实务部门对"唯口供"观念的反思。长期以来，我国执法办案人员存在"重口供、轻证据"、"口供乃证据之王"的"唯口供"证据观。顺城区人民检察院办案人员认为，口供"对照式"的办案模式有两个缺陷：一是对口供过于依赖，一旦犯罪嫌疑人或被告人翻供，案件的证据体系就会坍塌。二是导致刑讯。为了解决翻供问题，往往靠"口供还原"，即让"罪犯"如"实"交代，不说就是不老实，这就是刑讯逼供顽症的深层原因。第二，主诉检察官办案责任制的压力。主诉检察官是指在检察长领导下，由主诉检察官独立承办案件，对事实、证据的认定和所作决定负责的办案工作新机制。主诉检察官改革的实质是检察权配置方式的变化：即将过去属于检察长和科处长的一部分对案件的决定权划归检察官，办案检察官既有办案职责，又有相对独立的办案决定权，是一种责、权、利的统一。2000 年 5 月，顺城区着手推行主诉检察官办案责任制，起诉科的"主诉"们普遍感受到了一种办案质量高要求的压力，于是，对"唯口供"证据观的反思被外化为了办案的规则。因此，简单地讲，"零口供"推出的起因是顺城区人民检察院意图改变办案人员对口供的过分依赖，提高我们办案人员运用证据的能力，而不是要探索沉默权在我国刑事司法中

---

① 相关文章参见黄广明：《"零口供"惊世骇俗出台》，载《南方周末》2000 年 9 月 21 日；何家弘：《"零口供"与沉默权》，载《人民检察》2001 年第 4 期；汪建成、孙远：《关于"零口供"规则的思考》，载《人民检察》2001 年第 5 期；蔡虹：《"零口供"与沉默权》，载《法学评论》2001 年第 11 期；马楠：《"零口供规则"若干问题之我见》，载《河北法学》2001 年第 5 期；杨旺年：《"零口供"的科学性解评——兼论正确对待口供、运用口供》，载《西安政治学院学报》2004 年第 5 期；陈智：《"零口供规则"的合理性及合法性分析》，载《法制与社会》2008 年第 1 期；杨鸿雁：《解读"零口供规则"》，载《贵州警官职业学院学报》2002 年第 6 期；黄亨：《解读"零口供"规则——兼论我国侦查取证模式改革》，上海交通大学 2010 年硕士学位论文。

的应用。①

《零口供规则》的核心内容有两个版本的区别。② 2000 年 8 月版顺城区人民检察院《零口供规则》第 3 条对零口供的解释是：零口供的核心内容是将犯罪嫌疑人的有罪供述作假定排除，以直接、间接证据形成的证据锁链作为定案的惟一标准和依据。简单地讲，就是当侦查机关将犯罪嫌疑人的口供呈至检察机关审查起诉时，检察机关视其供述为"零"。办案人员通过在案的其他证据进行推论，以证明其有罪。2001 年 3 月版是顺城区人民检察院对《主诉检察官零口供规则》进行的第五次修改，最大的改动是审讯时已不再是"允许其保持沉默"而是"在鼓励其如实陈述的同时，不强迫其做不利于本人的陈述。"零口供"被重新定义为：认定犯罪事实可不依赖犯罪嫌疑人的有罪供述，使有罪供述对犯罪事实的影响为零。与 2000 年版的区别在于：不再把口供视为零，而是把对口供的依赖降到最低点。犯罪嫌疑人在接受审讯时不再允许其保持沉默，原来的绝对的"零口供"演变成了现在的相对"零口供"。作出这样修改的原因主要来自两个方面：一是我国《刑事诉讼法》规定，犯罪嫌疑人的口供是证据的一种，在审查起诉阶段不采信口供没有法律依据。二是由于现有的侦查条件、技术手段达不到完全抛开口供，侦查机关通过犯罪嫌疑人的口供可以帮助办案人员取得更多的线索。另外，从案件范围看，也并非所有的案件都可以适用《零口供规则》，比如，被害人死亡的案件、受贿案件等就不在适用范围之内。从 2000 年 8 月至 2001 年 3 月，顺城区人民检察院办理的 200 多个案件中，采用"零口

---

① 关于零口供与沉默权的关系，学界普遍认为，《零口供规则》与原本意义上的沉默权并不是一回事，其背后隐藏的是"二者在运行机制、实施效果以至理论基础等诸多方面的巨大差异"。具体讲，沉默权是一项贯穿于整个刑事诉讼过程始终的权利。与此相反，"零口供"规则的适用范围则仅限于人民检察院审查批捕和起诉阶段，而对于在此前和之后的侦查及审判阶段却鞭长莫及。由于"零口供"规则的适用范围有限，导致其具体操作机制也与沉默权大相径庭。也有学者婉转表达为"新闻界的'厚爱'令法律人感动，但是面对一片喝彩的声音，法律人又难免诚惶诚恐，因为此中颇有些'错爱'。"具体参见汪建成、孙远：《关于"零口供"规则的思考》，载《人民检察》2001 年第 5 期；何家弘：《"零口供"与沉默权》，载《人民检察》2001 年第 4 期。

② 笔者在顺城区检察院人员的大力协助下，通过档案查找到了五个版本的《零口供规则》。

供"规则办理的不到 20 件。

《零口供规则》出台后即引起轰动。有学者认为，虽然《零口供规则》中向犯罪嫌疑人宣布沉默权的做法并无直接的法律依据，但在起诉中宣布被告人有权保持沉默，不能被视为违法，顺城区人民检察院的做法是在法律无明确规定的情况下，打了一个法制范围内的"擦边球"。在国内就沉默权问题仍存在激烈争论的时候，它将理论上的某种主张引向实践，具有重要的先导性意义。① 批评的意见集中为两点，第一，《零口供规则》无视法定证据类型。1996 年《刑事诉讼法》有七种法定证据种类，犯罪嫌疑人、被告人供述和辩解是我国的法定证据类型，所以这一试点有悖于现行立法的规定。第二，《零口供规则》与刑事诉讼法有关犯罪嫌疑人、被告人有如实回答义务的规定相抵触，所以试点机关是"违法执法"，是一种所谓的"良性违法"。

《零口供规则》出台后，除了引发学界广泛的争论，一些实务部门也做了类似的尝试。从媒体报道看，在 2001 年左右，一些地方也出现了所谓的"零口供第一案"。② "零口供"成为了一个专有名词，但从报道案件的内容看，"零口供"的含义已经基本演变成了它的字面含义，就是没有犯罪嫌疑人或被告人口供，或者虽然有口供，但没有犯罪嫌疑人或被告人供述其实施或参与实施犯罪行为——有罪供述的口供，而只有辩解。如，广东省开平市人民检察院③所登载的"零口供"案例，当中特别提到"事实胜于狡辩，最终，王尚喜在这种几乎'零口供'的情况下，被起诉到法院。"

2012 年 4 月，笔者通过电话访谈了解到《零口供规则》后期的一些发展情况。据试点检察院相关负责人介绍，《零口供规则》在该院早已停止适用。主要原因是：近些年来主诉检察官制度在一些基层检察院已经推行不下

---

① 龙宗智：《"零口供规则"意义何在》，载《南方周末》2000 年 9 月 28 日。

② 《北京商业贿赂第一案侦破内幕：零口供揪出巨贪》，载 http://news.qq.com/a/20060803/002025.htm；《大案纪实：零口供突破京城商贿第一案》，载 http://www.qianlong.com/2006 - 8 - 6，2012 - 4 - 5。

③ 载 http://jcy.kaiping.gov.cn/html/yfzl/125.html.2012 - 4 - 5。

去，因为基层本来人员就少，通过司法考试取得检察官资格的人更少。如顺城区人民检察院现在公诉科有 11 人，原来只有 3 名同志有检察官资格，另外有 1 人刚通过司法考试还没有任命。以现在队伍的状况，难以承担主诉检察官的职责。因此，作为主诉检察官办案的《零口供规则》也就慢慢不了了之了。另外，从访谈中还了解到，因为 2000 年《零口供规则》出台时，媒体将其与沉默权挂钩，用这位负责人的话说，"媒体把《零口供规则》炒成了沉默权"，结果凸显了《零口供规则》与刑事诉讼法内容上的冲突，"上边也不是很支持"，这些因素导致了《零口供规则》逐渐淡出了人们的视线。

样本四：刑事和解

2012 年《刑事诉讼法》在新增的特别程序中规定了公诉案件当事人和解诉讼程序。① 这一特别程序拓展了刑事案件中可以由犯罪嫌疑人、被告人与被害人和解的案件范围，为公诉案件提供了一种新的处理方式，也体现了立法者对实务探索的认可。

传统的公诉案件办案方式是以确定犯罪者的刑事责任和对犯罪者适用刑罚为核心。这一方面确实有利于打击犯罪和维护社会秩序，但同时也面临着诸多问题，例如，刑罚化的处理方式难以真正化解当事人之间的内心矛盾，有时甚至还会激化矛盾，酿成更严重的案件；对于被告人而言，可能会由于关押场所的交叉感染，导致重新犯罪和严重犯罪；对于被害人而言，因犯罪所造成的物质损失大多难以补偿，有些人不得不通过上访甚至私力救济的手段寻求出路。因此，刑事司法应致力于促进社会关系恢复与矛盾化解，在打击犯罪的同时，切实保障和维护被害人权利，并有利于犯罪者回归社会和防止重新犯罪。正是基于此种原因，恢复性司法渐成一种国际趋势。

2002 年以来，在构建和谐社会和贯彻宽严相济刑事政策的背景下，我

---

① 新《刑事诉讼法》第 277、278、279 条分别规定了适用当事人和解的条件与案件范围；公检法机关对和解协议的审查与制作和解协议书；当事人和解案件的处理。

国公检法机关开始探索在公诉案件中鼓励当事人和解的办案方式。这种办案方式有别于传统的案件处理方式，通过加害人与被害人在平等、自愿的基础上的对话、协商，加害人以赔礼道歉、经济赔偿、提供劳务等方式取得被害人谅解，被害人对加害人表示宽恕，达成和解，从而化解加害人与被害人之间的矛盾、修复被犯罪所破坏的社会关系；加害人也可以得到宽缓处理，有利于其真心悔过和回归社会。

较早开始刑事和解试点的地区是北京和上海。2002 年北京市朝阳区人民检察院率先制定了《轻伤害案件处理程序实施规则》，进行了刑事和解方面的尝试。2003 年 7 月北京市政法委下发了《关于北京市政法机关办理轻伤害案件工作研讨会纪要》，对办理轻伤害案件进行规范。① 2002 年 7 月和 2005 年 4 月，上海市杨浦区司法局先后与区公安分局和区检察院联合制定了《关于对民间纠纷引发伤害案件联合进行调处的实施意见（试行）》和《关于在办理轻微刑事案件中委托人民调解的若干规定（试行）》。此后，杨浦区的做法得以成功推广，2006 年 5 月上海市级公检法司四家会签了《关于轻伤害案件委托人民调解的若干意见》，对轻伤害案件委托人民调解的适用范围、基本原则、管辖、期限以及调解程序做了明确规定。文件发布后，上海市人民调解组织接受委托调解的轻伤害案件呈逐年上升趋势，由 2006 年的 602 件增长到 2008 年的 2497 件，调解成功率达 96% 以上。②

开展刑事和解试点的地区另外还有浙江、江苏、湖南、广东等地，但在模式上有所差别。从检察系统看，2006 年 12 月 28 日，最高人民检察院发布的《关于在检察工作中贯彻宽严相济刑事司法政策的若干意见》，对轻微刑事案件中达成和解的处理方式作出了更为明确的规定。截至 2009 年，全

---

① 该规范明确了"对确因民间纠纷引起的轻伤害案件，犯罪嫌疑人、被告人的犯罪情节轻微，有悔罪表现，已全部或部分承担被害人医疗、误工等合理赔偿费用，被害人不要求追究其刑事责任，双方自愿协商解决的，可由双方自行协商，并达成书面赔偿协议。此类案件在被害人向政法机关出具书面请求后，可以按照规定作出撤销案件、不起诉、免予刑事处罚或判处非监禁刑等从宽处理"。

② 《轻伤害案件人民调解成功率达 96% 以上》，载上海政法综治网 http：//www. shzfzz. net/node2/zzb/jrgz/xw/userobject1 ai51020. html. 2012 – 5 – 4。

国大部分省、自治区、直辖市检察机关都开展了刑事和解的试点。[①]

在刑事和解的试点过程中，北京师范大学宋英辉教授所带领的"刑事和解制度研究"课题组在8个基层检察院进行了为期一年的刑事和解实验，实验的地点包括：江苏省南京市的3个基层院、无锡市的4个基层院和河北省石家庄市的1个基层院。这些地区在实验前均已开展了规模大小不一的刑事和解的试点[②]，在实验方法上，课题组采用了类似"原生态"的方式，仅就如何区分实验组与对比组以及如何收集实验信息进行了组织安排，而对案件办理不进行干预，即各单位保留原来各自的试点模式。课题组共跟踪了1493个案件，其中751个案件纳入实验组，另外742个案件纳入对比组。课题组还对和解成功的案件进行了为期半年的追踪和回访。[③]

刑事和解试点引发了相当多的争议，除了一般试点都会面对的"司法造法"，违反法定原则的质疑外，刑事和解在试点内容上还面临着"以钱赎刑"的实质性追问。有学者从刑事和解与"以钱赎刑"、公民适用法律一律平等、法定原则、罪刑相适应、无罪推定、诉讼公正、传统刑事司法的价值目标七个方面进行了回应。认为"以钱赎刑"是金钱与刑罚的交易，刑事和解和"以钱赎刑"是两个问题。从刑事和解实践看，和解的赔偿问题仅仅是民事部分的问题，之所以不起诉或从轻、减轻甚至免除处罚，是因为行为人本身悔罪情况好且危害小，不能与"以钱赎刑"划等号。而且刑事和

[①] 陈国庆、石献智：《"刑事和解"若干问题辨析》，载宋英辉：《刑事和解实证研究》，北京大学出版社2010年版，第121页。

[②] 如2004年4月，江苏南京雨花台区人民检察院积极探索轻微刑事案件非刑罚处罚方法，并正式会签了《雨花台区轻微刑事案件联合调解会议纪要》。崔洁、肖水金、雨检：《和解五类案件共建和谐社会》，载《检察日报》2005年12月8日；江苏省无锡市惠山区人民检察院大胆借鉴国外先进司法理念，于2005年6月21日启动对恢复性司法的实践探索，出台了恢复性司法操作规则，明确规定恢复性司法必须在犯罪人、被害人等各方自愿同意的情况下，才可适用，未达成协议前犯罪人、被害人有权随时退出恢复性司法。同时以《恢复性司法和谈告知书》、《恢复性司法圆桌和谈规则》等配套规程来确保各方的自愿性。李明耀、林春鸿：《恢复性司法让社会更和谐》，载《检察日报》2006年4月3日。

[③] 宋英辉等：《刑事和解实证研究总报告》，载宋英辉：《刑事和解实证研究》，北京大学出版社2010年版，第4—6页。

解也没有违背无罪推定、罪刑法定、程序法定的刑事法律基本原则。[1] 还有学者针对有关"刑事和解"其他方面的批评做了回应，如是否存在损害公共利益、削弱一般预防、漠视正当程序、违反平等原则、无法节约资源、剥离自愿性、法网扩大化、社区虚幻化等。[2]

2006 年 12 月和 2010 年 2 月，最高人民检察院、最高人民法院分别出台了《关于在检察工作中贯彻宽严相济刑事司法政策的若干意见》、《关于贯彻宽严相济刑事政策的若干意见》。两个文件对轻微刑事案件范围和和解处理方式作出了明确规定，统一了各地试点做法，也一定程度地平息了试点争议。各地探索的经验为刑事和解写入刑事诉讼法奠定了实践基础。

样本五：三项制度

"三项制度"试点是侦查讯问过程中律师在场、录音、录像试点的统称。2012 年《刑事诉讼法》修改新增了讯问犯罪嫌疑人时的录音、录像制度。[3] 修法增加这一制度旨在规范侦查行为，提高侦查水平，防止出现刑讯逼供等非法取证行为，更好地保障犯罪嫌疑人的合法权利；同时，也意在固定证据，保障供述的真实性、稳定性，以及为非法证据排除提供证明材料。实践探索为新增讯问犯罪嫌疑人时的录音、录像制度奠定了基础，这当中既有实务部门的实践也有学者的试验。

从以往的司法实务分析，导致刑讯的原因是多方面的，但侦查的封闭性是其中的重要原因，并且，这也是导致翻供率较高的原因。因此，打破侦查的封闭性，建立侦查讯问的监督和证明机制，不仅可以有效地遏制刑讯逼供，实现司法公正，也可以对讯问的过程起到证明作用，有利于提高讯问质

---

[1] 宋英辉：《关于刑事和解的几个理论问题》，载宋英辉：《刑事和解实证研究》，北京大学出版社 2010 年版，第 131—136 页。

[2] 杜宇：《"刑事和解"：批评意见与初步回应》，载《中国刑事法杂志》2009 年第 8 期，第 3—15 页。

[3] 2012 年《刑事诉讼法》第 121 条规定："侦查人员在讯问犯罪嫌疑人的时候，可以对讯问过程进行录音或者录像；对于可能判处无期徒刑、死刑的案件或者其他重大犯罪案件，应当对讯问过程进行录音或者录像。录音或者录像应当全程进行，保持完整性。"

量，这也正是讯问犯罪嫌疑人律师在场、录音、录像的试验项目开展的初衷所在。

2002 年初，经中国政法大学诉讼法学研究中心申报，由联合国开发署资助的刑事审前程序改革示范项目获准立项。课题组将研究的重点放在侦查讯问环节。① 2002 年 2 月至 2004 年 9 月是试点的第一个阶段，课题组在北京市海淀区公安局、广东省珠海市人民检察院对 244 名犯罪嫌疑人开展了讯问律师在场的试验。在此基础上，2005 年 4 月至 2005 年 12 月，即试点的第二阶段，在美国福特基金会的支持下，课题组又分别在北京市海淀区、河南省焦作市、甘肃省白银市对 382 名犯罪嫌疑人进行了侦查讯问全过程的律师在场、录音、录像的试验，简称为"三项制度"试点。

第一阶段试点（2002 年 2 月至 2004 年 9 月），课题组的合作单位是北京市海淀区公安局、广东省珠海市人民检察院。本着"先易后难，循序渐进"的试验原则，在试验的初期仅在侦查人员对犯罪嫌疑人采取强制措施后的第一次讯问中安排律师在场，以后的讯问不再安排律师参加。经过一段适应期，课题组选择了一些案件安排律师参与全过程的讯问活动。在案件的选择上，也是先简单案件后复杂案件。律师在场的职责，由先观察、记录，发展为可以提供咨询。这一阶段共对 244 名犯罪嫌疑人开展了讯问律师在场的试验，其中 21 名犯罪嫌疑人在侦查阶段的历次讯问都安排律师到场参加，另外 223 名是第一次讯问时律师在场。这场试验被称为侦查活动的一次"革命"。② 第二阶段试点（2005 年 4 月至 2005 年 12 月），课题组运用了四种侦查方式并存模式，即将讯问中律师在场、录音、录像、传统讯问方式提供给犯罪嫌疑人，由其进行选择。并在北京市海淀区、河南省焦作市、甘肃省白银市三个代表不同发展状况的地区同时开展试点。侦查讯问过程中律师

① 顾永忠：《侦查讯问时律师在场（试验）》，载樊崇义：《刑事审前程序改革实证研究——侦查讯问程序中律师在场（试验）》，中国人民公安大学出版社 2006 年版，第 192 页。
② 试验的具体案件和程序参见顾永忠：《侦查讯问时律师在场（试验）》，载樊崇义：《刑事审前程序改革实证研究——侦查讯问程序中律师在场（试验）》，中国人民公安大学出版社 2006 年版，第 199 页。

在场、录音、录像虽然没有法律层面的规定，即使在试点广泛开展后，也只有检察机关、公安机关的内部工作制度加以制约，但基本是在法律框架之内，而且因为这一制度意在增强侦查权的透明度、保护当事人合法权益，所以在理论上并没有受到过多的质疑。主要的争论在于录音录像资料的法律性质，一般认为，就证明案件事实来讲，作为讯问同步录音录像的音像资料，与讯问笔录一样，本质上都是固定和保全犯罪嫌疑人供述和辩解的一种方式，所以，并不是一种独立的证据种类，也不属于视听资料的一种表现形式，至多可以起到印证的功能。但对于证明口供的合法性则可以起到证据的作用。

三项制度试验对侦查讯问程序的改革起到了推动的作用。但同时，课题组的试验也是在总结司法实践中一些侦查部门经验的基础上展开的。在课题组第一阶段的试点前，我国司法实务部门已有对讯问中录音录像制度的探索。如浙江省检察机关自 1999 年起就探索尝试在职务犯罪首次讯问中同步录音录像，2003 年又推广到全部职务犯罪讯问工作中，并要求录音录像带要在检察机关内部随案移送。① 试点部门认为，这一做法有利于固定证据，有利于维护犯罪嫌疑人的合法权益，有利于提高侦查人员的讯问水平。

2005 年 5 月开始，根据中央政法委的统一部署，全国检察机关普遍开展了"规范执法行为，促进执法公正"专项整改活动，集中整改执法不规范的突出问题。为加强执法规范化建设，2005 年 12 月，最高人民检察院印发了《人民检察院讯问职务犯罪嫌疑人实行全程同步录音录像的规定（试行）》，随后又印发了相关的技术规范。2006 年 3 月开始逐步推行全程录音录像工作；2007 年 10 月全面实施。最高人民检察院朱孝清副检察长认为，检察机关出台这一举措既是对部分检察院实践经验的总结，同时也是从三项

---

① 浙江省检察机关其后又尝试将同步录像范围从职务犯罪嫌疑人扩大到重要证人，并逐步实行讯（询）问人员与录像人员分开，确保全程、同步。参见：《浙江省人民检察院工作报告（摘要）》，载《浙江日报》2008 年 1 月 31 日。

制度试点项目中受到的启迪。①

样本六：人民监督员制度

人民监督员制度是检察机关为强化自侦案件外部监督进行的一项改革探索，2003 年开始局部试点，2010 年开始在全国检察机关推行。具体是指检察机关将实务中易发生滥用职权的关键环节，通过规范程序纳入人民群众监督之下，力求从制度上保证检察权特别是职务犯罪侦查权的正确行使。2012 年《刑事诉讼法》修订，人民监督员制度没有被纳入新法，参与立法的学者解释，原因是由于人民监督员制度全面推进不到两年时间，有些问题还需要进一步研究与实践，等成熟以后，再通过立法解决。②

人民监督员制度试点的动因是强化检察权的外部制约，规范检察权的运行。在检察机关所承担的审查批捕、起诉、预防、查办职务犯罪、诉讼监督等职能中，查办职务犯罪工作的外部监督较为薄弱，从立案侦查、决定逮捕到审查起诉，都由检察机关一家办理，被人比喻为"一竿子插到底"。实践中也确有少数办案人员执法不严、执法不公，严重损害了国家法律的权威性和严肃性，破坏了检察机关的形象和公信力，迫切需要采取有效措施加以解决。因此，创设人民监督员制度的根本目的是为完善检察机关的外部监督体系，③ 使作为国家法律监督机关的检察院也能受到有效的外部监督，从而提高检察机关的执法水平和执法公信力。

---

① 最高人民检察院朱孝清副检察长在 2006 年 3 月 30 日 "侦查讯问程序改革国际研讨会开幕式"上的发言，载樊崇义、顾永忠：《侦查讯问程序改革实证研究——侦查讯问中律师在场、录音、录像制度试验》，中国人民公安大学出版社 2007 年版，第 206 页。

② 田骁、王丽：《探寻人民监督员制度与新刑诉法对接路径》，载《检察日报》2012 年 5 月 7 日。

③ 人民监督员监督的范围是检察机关具有终局性决定权，且容易产生问题的环节，具体包括：（1）应当立案而不立案或者不应当立案而立案的；（2）超期羁押的，或者检察机关延长羁押期限的决定不正确；（3）违法搜查、扣押、冻结的或者违法处理扣押、冻结款物的；（4）拟撤销案件的；（5）拟不起诉的；（6）应当给予刑事赔偿而不依法予以赔偿的；（7）检察人员在办案中有徇私舞弊、贪赃枉法、刑讯逼供、取证等违法违纪情况的。对人民监督员的表决意见人民检察院应当认真研究采纳。检察长不同意人民监督员的表决意见，应当提交检察委员会讨论决定。检察委员会的决定与人民监督员表决意见不一致的，应当向参加的人民监督员作出说明，取得人民监督员的理解和支持。

最高人民检察院主导的人民监督员试点始于 2003 年 8 月，初期的试点地区为：天津、辽宁、河北、内蒙古、黑龙江、浙江、福建、山东、湖北、四川 10 个省、自治区、直辖市。其中，四川、福建、湖北在全省检察机关全面进行试点，其他 7 个省份是在部分地市、区县级检察院试点。全国共有 10 个省级院、105 个地市级院、510 个区县院共 625 个单位试点实行人民监督员制度。截至 2003 年底，通过各地机关、团体、企业事业单位的推荐，并征得本人同意，试点检察院选任了 4688 名人民监督员，并分别向他们颁发了证书，使他们可以持证履行监督职责。人民监督员中有各级人大代表、政协委员，民主党派和无党派人士，有工人、农民和少数民族人员。[①] 2004 年 8 月最高人民检察院下发《关于进一步扩大人民监督员制度试点工作方案》的通知。2010 年 10 月起，人民监督员制度在全国检察机关全面推行。其间，最高人民检察院对原来制定的《关于人民检察院直接受理侦查案件实行人民监督员制度的规定（试行）》、《关于人民监督员监督"五种情形"的实施规则（试行）》等一系列规范性文件进行梳理，整合修订为 2010 年 10 月 29 日下发的《最高人民检察院关于实行人民监督员制度的规定》，进一步规范了人民监督员的选任、监督范围、监督程序、监督效力等问题。

在检察机关启动试点过程中，2007 年 9 月，徐昕教授领导的西南政法大学司法研究中心（简称 CJS）与四川省人民检察院合作共建了检察改革实证研究基地，着手进行人民监督员四川广安模式的实证研究。在实证研究中，CJS 的研究人员采用了试验试点的方法，但又与其他学术机构主导的研究型试点有所不同。广安的研究型试点中，CJS 首先对实务部门已经开展了近三年的人民监督员试点进行了评估，然后提出完善方案，即所谓的再试点方案，在此方案基础上，CJS 研究人员主持和参与再试点，之后再进行评估，最后将试点经验进行推广。这一过程可以表述为：确定改革项目—策划试点评估—评估试点—设计再试点方案—执行再试点—评估再试点工作—制

---

① 宗边涛：《最高人民检察院副检察长邱学强在接受采访时指出：人民监督员制度是检察改革的重要举措》，载《检察日报》2003 年 12 月 24 日。

度推广。① 这是所有试点样本中，实践型试点与研究型试点结合最紧密的一个案例。

试点中产生的问题：一是人民监督员制度的合法性问题。有论者认为，虽然没有法律上的直接规定，但人民监督员制度是把《宪法》和《人民检察院组织法》规定的人民群众的法定监督权利具体化、经常化，因此具有合法性。② 二是人民监督员的选任方式仍未完全走向检察体制之外。在试点阶段，为提高效率、方便操作，人民监督员由地方各级试点检察院选任。随着人民监督员制度的发展，有人提出"自己选人监督自己"会影响监督的力度和效果。对此，试点过程中进行了许多摸索试验，在总结经验的基础上，全面推行人民监督员制度时规定，人民监督员由上级人民检察院统一选任。同时，一些地方还在试点由党政机关、人民团体、社团组织等单位的人员组成选任委员会，协助检察机关选任人民监督员，真正实现在检察体制外选任人民监督员。截至 2011 年，各地人民监督员共监督案件 35514 件，提出不同意检察机关原拟定意见的 1653 件，检察机关采纳 908 件，占 54.93%。人民监督员参与案件监督，在一定程度上提高了办案质量，截至 2011 年 7 月，各地人民监督员对检察机关执纪、执法、队伍建设等提出各类建议 28412 件。据统计，2003 年至 2009 年，全国检察机关办理的职务犯罪案件起诉率由 80.8% 上升到 91.6%；不诉率和撤案率分别由 19.2% 和 5.7% 下降到 8.5% 和 2.8%。③

样本七：未成年人刑事司法改革试点

由于未成年人在生理和心理等方面与成年人存在很大区别，对未成年犯罪嫌疑人、被告人应当适用不同于成年人的诉讼程序。2012 年刑事诉讼法修

① 具体内容参见徐昕：《导言：通过试点推进司法改革》，载《云南大学学报法学版》2008 年第 2 期；龚珊：《司法改革方法的本土化探索——以人民监督员实证研究项目为例》，载《云南大学学报法学版》2008 年第 2 期。
② 高一飞：《检察改革措施研究》，中国检察出版社 2007 年版，第 28 页。
③ 中央政法委员会政法研究所编：《司法在改革中前行》，中国长安出版社 2011 年版，第 59 页。

改新增"特别程序"一编，其中用 11 个条文专章规定了未成年人刑事案件诉讼程序。① 立法机关表示，新增未成年人刑事案件诉讼程序的规定借鉴了多年来实务部门办理未成年人案件的经验，以循序渐进为原则，将成熟的制度吸纳入法，如附条件不起诉、合适成年人在场、犯罪记录封存等；对于一些尚不成熟的做法还将继续进行探索。同时，修法中对某些制度只做了原则性的规定，也为将来实务部门进一步的探索预留了空间，比如社会调查的法律效果、合适成年人制度的落实等。② 因此，新《刑事诉讼法》有关未成年人刑事诉讼程序的规定一方面是对原《刑事诉讼法》和有关司法解释的完善和梳理；另一方面，则是吸收和借鉴了多年来实务部门的试点经验。③ 这里介绍笔者参与调研的四个试点项目：合适成年人、刑事记录封存、律师参与审查批捕以及非羁押措施适用。

合适成年人试点

合适成年人试点的全称应当是合适成年人参与未成年人刑事诉讼程序试点，为表述方便简称为合适成年人。"合适成年人"（Appropriate Adult）一词源于英国。英国法律明确规定，在没有合适成年人参与的情况下，不能对

---

① 11 个条文分别规定了：（1）未成年人刑事案件的方针和特有原则；（2）未成年犯罪嫌疑人、被告人获得法律援助的权利；（3）未成年人社会调查制度；（4）未成年犯罪嫌疑人、被告人法定代理人及其他有关人员在讯问和审判时到场制度；（5）未成年犯罪嫌疑人、被告人适用逮捕措施的原则、程序以及分案处理原则；（6）未成年人附条件不起诉制度的适用条件、程序以及公安机关的复议复核权、被害人的申诉权、未成年犯罪嫌疑人及其法定代理人的异议权；（7）未成年人附条件不起诉制度的监督考察主体、考验期限以及被附条件不起诉人应当遵守的规定；（8）未成年人附条件不起诉的撤销和最终不起诉决定的作出；（9）未成年人刑事案件公开审理制度；（10）未成年人犯罪记录封存制度；（11）未成年人刑事案件除本章已有规定的以外适用《刑事诉讼法》的其他规定。

② 全国人大法制工作委员会刑法室王尚新主任在 2012 年 4 月 23 日"刑事诉讼法修改与预防青少年违法犯罪研讨会"的发言。

③ 2010 年 10 月至 2012 年 4 月笔者作为课题组成员参加了宋英辉教授主持的"未成年人刑事司法改革实证研究"项目，以下部分样本内容为课题组调查中了解到的情况，在此感谢课题组的其他撰稿人：何挺副教授、雷小政副教授、宋志军教授、上官春光副教授、曾新华博士。合适成年人试点情况可详见何挺：《"合适成年人"参与未成年人刑事诉讼程序实证研究》，载《中国法学》2012 年第 6 期，第 146—165 页。

未成年人进行逮捕、讯问、拘留和控告。讯问时如果没有合适成年人到场，未成年犯罪嫌疑人的供述不得被作为定案的根据。①

在 2012 年刑事诉讼法修改前，我国有关法律法规对讯问和审判未成年人时需要有成年人到场也有一些规定。② 而且实务部门也进行了合适成年人参与未成年人刑事诉讼程序的一些探索。从大部分试点地区的做法看，合适成年人参与是在讯问和审判未成年犯罪嫌疑人、被告人，其法定代理人无法到场时，依法由办案机关通知其他适格成年人到场，以维护未成年人合法权益，并履行监督、沟通、抚慰和教育等职责的制度。需要强调的是，我国各地探索的合适成年人参与机制，大多是法定代理人不能到场的替代和救济措施，因此，在我国，大多数试点中合适成年人的范围不包括父母和其他法定代理人。

合适成年人试点时间较长且产生一定影响的地区主要有上海市、昆明市盘龙区，试点其后也推及厦门市同安区、北京市海淀区、浙江、江苏、天津等地。上海市是我国未成年人刑事司法制度发育最为成熟的地区，也是试点合适成年人参与机制时间较长、规模最大的地区。结合司法实务的需求，并借鉴域外相关制度的经验，在充分论证的基础上，2004 年 4 月起，上海市长宁区率先在检察阶段试点合适成年人讯问时在场。长宁区人民检察院会同长宁区司法局法律援助中心、团区委权益部、区青保办、华东政法学院法律援助中心等单位进行协商，达成了《关于保障合适成年人参与制度实施的

---

① 根据英国《1984 年警察与刑事证据法》及执行守则 C（《警察拘留、对待及询问当事人执行守则》）的要求对未成年犯罪嫌疑人而言合适成年人可以是：（1）未成年人的父母或监护人；（2）当地政府指定的社会工作者；（3）其他年满或超过 18 周岁的有责任能力的成年人但不能是警察或受雇警署的人。警察讯问未成年犯罪嫌疑人必须有合适的成年人到场。合适成年人除了讯问时在场外在整个侦查程序中的重要环节均被要求在场。参见姚建龙：《权利的细微关怀——"合适成年人"参与未成年人刑事诉讼制度的移植与本土化》，北京大学出版社 2009 年版，第 22—24 页。

② 原《刑事诉讼法》第 14 条第 2 款规定，对于不满十八周岁的未成年人犯罪的案件，在讯问和审判时可以通知犯罪嫌疑人、被告人的法定代理人到场。《未成年人保护法》第 56 条第 1 款规定，公安机关、人民检察院讯问未成年犯罪嫌疑人、询问未成年证人、被害人应当通知监护人到场。原《公安机关办理刑事案件程序规定》第 182 条第 1 款规定，讯问未成年的犯罪嫌疑人，除有碍侦查或者无法通知的情形外，应当通知其家长、监护人或者教师到场。

工作协议》，并从以上单位的工作人员中遴选出 10 名志愿者作为首批合适成年人，并对他们进行了培训，内容包括合适成年人的性质、发展背景、角色定位等。2008 年 3 月又将合适成年人参与延伸至审判阶段。在此期间，上海市其他区县也开始进行合适成年人参与的探索。2010 年 4 月，上海市高级人民法院、人民检察院、公安局、司法局共同会签了《关于合适成年人参与刑事诉讼的规定》，将合适成年人参与机制确立为在全市推行并贯穿侦查、起诉和审判三个诉讼阶段的普适性未成年人司法制度。

昆明市盘龙区合适成年人试点作为"未成年人司法分流试点项目"的组成，由荷兰王国大使馆资助，昆明市盘龙区人民政府、英国救助儿童会共同合作开展。项目的实施机构包括盘龙区人民法院、区检察院、盘龙公安分局、区司法局、区教育局、团区委、区妇联、区民政局、盘龙区各街道办事处和乡人民政府、英国救助儿童会以及盘龙区未成年人司法试点项目办公室。2004 年 3 月 2 日，盘龙区政法委正式下发了《关于推行"合适成年人"参与制度的工作方案》。盘龙区合适成年人试点主要可以分为三个阶段：（1）2004 年 7 月至 2005 年 4 月的兼职合适成年人阶段。（2）2005 年 5 月至 2010 年 1 月的专职合适成年人阶段，成立了 10 人左右的专职合适成年人队伍。在此期间，盘龙区的做法还被推广到云南省德宏傣族景颇族自治州瑞丽市。（3）2010 年 1 月后的政府完全接手阶段。在这一阶段，盘龙区人民政府斥资承担起这一机制的日常运作，合适成年人减少为 6 人。盘龙区开展合适成年人参与试点的特征在于：（1）合适成年人讯问时在场主要体现在公安机关的侦查阶段；（2）合适成年人讯问时在场的覆盖面广泛，适用于所有在盘龙区内发生的未成年人涉嫌违法或犯罪的案件；（3）合适成年人可以在法定代理人到场的情况下参与讯问程序；（4）合适成年人采用社会公开招聘和专职人员担任的方法；（5）合适成年人除了讯问时在场外，还承担了社会调查、风险评估以及之后的帮教工作，并在整个未成年人刑事诉讼程序中尽量保持合适成年人的同一。

刑事记录封存试点

2012 年《刑事诉讼法》第 275 条增加了未成年人犯罪记录封存制度，对犯罪记录封存的条件和效力作出了明确规定，"犯罪的时候不满十八周岁，被判处五年有期徒刑以下刑罚的，应当对相关犯罪记录予以封存。犯罪记录被封存的，不得向任何单位和个人提供，但司法机关为办案需要或者有关单位根据国家规定进行查询的除外。依法进行查询的单位，应当对被封存的犯罪记录的情况予以保密。"刑事记录是未成年人持续性的污点标签，不仅影响他们的升学和就业，而且容易将他们推向社会的对立面。未成年人处于身心发育的成长期，可塑性强，对涉罪未成年人，国家和社会有责任为他们创造重新融入社会的成长环境。近些年来，在中央深入推进司法体制改革的背景下，中央政法部门出台了一系列有关办理未成年人案件的文件，这些文件明确要求建立未成年人刑事记录封存制度。[①] 在此背景下，一些地方司法实务部门开展了未成年人刑事记录封存的试点。从各地试点情况看，做法主要有两类，即未成年人轻罪犯罪记录消灭和未成年人相对不起诉污点限制公开。

轻罪犯罪记录消灭试点的地区主要有：山东省青岛市及德州市、山西省太原市以及贵州省瓮安县。具体做法是被法院判决有罪的未成年犯在服刑期满或免除刑罚后，符合特定条件的，由有关机关通过一定形式注销或者封存其有关刑事记录，并在未成年人复学、升学、就业以及担任无法律明文限制的职业时，任何单位和个人不得歧视。试点制度的主要内容包括决定主体、

---

① 2008 年 12 月中央政法委《关于司法体制和工作机制改革若干问题的意见》中要求 "有条件地建立未成年人轻罪犯罪记录消灭制度"；2009 年 3 月最高人民法院颁布的《人民法院第三个五年改革纲要（2009—2013）》要求 "配合有关部门有条件地建立未成年人轻罪犯罪记录消灭制度"；2010 年 8 月，中央综治委预防青少年违法犯罪工作领导小组、最高人民法院、最高人民检察院、公安部、司法部、共青团中央六部门联合制定的《关于进一步建立和完善办理未成年人刑事案件配套工作体系的若干意见》（以下简称 "六部门《若干意见》"）要求 "对违法和轻微犯罪的未成年人，有条件的地区可以试行行政处罚和轻罪记录消灭制度。非有法定事由，不得公开未成年人的行政处罚记录和被刑事立案、采取刑事强制措施、不起诉或因轻微犯罪被判处刑罚的记录"。

适用条件、适用程序以及效力等方面。

　　未成年人相对不起诉污点限制公开试点的地区主要有：上海市浦东新区、卢湾区、闵行区及杨浦区，福建省厦门市思明区。具体做法是对于由检察院作出相对不起诉决定的未成年人，符合特定条件的，《不起诉决定书》不送达相关学校和单位，不记入其人事档案，非经批准不得对外披露。将限制公开的范围界定为相对不起诉，是由于在司法实践中，被法定不起诉人和被证据不足不起诉人完全等同于无罪，但被相对不起诉人在实践中通常被当作有罪的人看待。从各地试点的情况来看，试点制度在申请条件和程序上存在一定差异。如申请相对不起诉污点限制公开的基本条件包括：第一，属于犯罪时已满 14 周岁且不满 18 周岁的未成年人。在有些检察机关，适用对象除了未成年人外，还包括一些已成年的在校大学生①。第二，被检察机关依据原《刑事诉讼法》第 142 条第 2 款规定作出不起诉决定的。适用程序分为"独立型程序"和"依附型程序"两大类，区分标准是以相对不起诉污点限制公开决定是否与不起诉决定同时作出。

律师参与未成年人案件审查批捕试点

　　2012 年《刑事诉讼法》在未成年人刑事案件诉讼程序中新增了律师参与审查批捕的制度，第 269 条明确规定，人民检察院审查批准逮捕，应当听取辩护律师意见；第 267 条规定，未成年犯罪嫌疑人没有委托辩护人的，人民检察院和公安机关应当通知法律援助机构指派律师为其提供辩护。这一制度不仅有其理论基础，同时也是对实践探索的充分肯定。

　　我国审查批捕程序存在的一个重要问题是缺乏辩方的有效参与，程序的封闭性较强，这可能直接影响到逮捕决定的准确性和适当性。对于未成年犯

---

① 如被不起诉人张某某涉嫌盗窃案。2008 年 2 月 21 日，张某某在其实习单位趁值班人员不在之际窃取了办公室内的一台电脑兼容主机（价值人民币 3990 元），张某某在被抓获后协助公安机关将所盗电脑主机追回，并归还被害单位。2008 年 3 月 7 日，厦门公安局思明分局以张某某涉嫌犯盗窃罪对其刑事拘留，并于 3 月 14 日提请思明区检察院批准逮捕，思明区检察院以没有逮捕必要不予批准逮捕，于 4 月 28 日依法对其作出相对不起诉，并对其实行污点限制公开制度。

罪嫌疑人而言，由于其心智发育尚不完全，在缺乏律师帮助的情况下，未成年犯罪嫌疑人往往无法准确、全面理解侦查机关、检察机关的讯问，以及预计到自己的回答可能产生的法律后果。而且，检察机关对于逮捕必要性的审查还要涉及与未成年犯罪嫌疑人的家庭背景、监管条件等相关的资料，如果缺乏律师参与，在相对封闭的审查批捕程序中，相关材料的完整性和全面性也难以保证。为实现"教育为主，惩罚为辅"的原则，尽量减少对未成年犯罪嫌疑人的审前羁押，我国一些地方开始试点律师参与未成年人案件审查批捕程序的机制。

从各地试点情况看，虽然做法上不尽相同，一般表现为：律师在公安机关报请批准逮捕之前或之后介入未成年人案件，这其中既有承担法律援助义务的律师，也有未成年人的监护人或其他近亲属委托的律师，从实务看，前者占绝大多数。律师介入审查程序后，有权在讯问时在场、会见未成年犯罪嫌疑人、提供法律咨询。同时，可以收集未成年人成长环境、一贯表现、犯罪原因及其他与审查逮捕有关的证据材料，并据此提出对该未成年人是否应予逮捕的意见，侦查机关可以根据律师提供的材料和意见作出是否取保候审的处理，检察机关可以作出是否批准逮捕的决定。

开展律师参与试点的地区主要有：重庆市沙坪坝区、上海市浦东新区和长宁区。试点单位均制定了相应的规范性文件，规定了律师参与的原则、条件、程序等。

表7 律师参与未成年人案件审查批捕试点统计表

试点机构和地区	试点时间	试点主要内容
上海市浦东区人民检察院	2009年2月起	检察机关与公安机关、司法局联合签署了《进一步推进未成年人刑事案件法律援助工作的协议》，开始对律师参与未成年人案件审查批捕程序进行探索。按照协议的相关规定，律师从公安机关提请批捕之前就可以介入未成年人案件的审查批捕程序。

续表

试点机构和地区	试点时间	试点主要内容
重庆市沙坪坝区人民检察院	2009年3月起	经历了三个发展阶段：（1）第一阶段2009年3月至6月：初步推行律师参与审查批捕程序，重点是确立检察人员讯问未成年人时律师在场。（2）第二阶段2009年7月至11月：主要内容是检察院通过扫描案卷让律师查阅以了解案件及未成年犯罪嫌疑人的基本情况，并在此基础上提出是否取保候审的意见。（3）第三阶段2009年12月以后：2009年12月22日，区人民检察院、区公安分局、区司法局联合制定了《未成年人刑事案件侦查、审查逮捕环节法律援助实施办法（试行）》，规定在公安机关第一次讯问未成年犯罪嫌疑人或者对其采取强制措施之日起，就要保证未成年犯罪嫌疑人获得律师援助。
上海市长宁区人民检察院	2010年7月起	上海市长宁区人民检察院未检科与区公安分局刑侦支队、区法律援助中心联合制定了《关于在刑事侦查及审查批捕阶段对未成年犯罪嫌疑人提供法律援助的实施意见》，保障律师在侦查和审查批准逮捕阶段可以参与未成年人案件。

涉罪未成年人适用非羁押措施试点

未成年人的身心尚未发育成熟，在思维观念和行为模式上容易受到外界因素的干扰。对涉嫌犯罪的未成年人适用逮捕措施可能带来的负面影响相对于成年人更加严重。而且，一旦中断学业和工作，他们复归社会可能遇到的障碍更多。因此，对于未成年犯罪嫌疑人应尽可能避免适用羁押措施，2012年刑事诉讼法第269条即规定了"对未成年犯罪嫌疑人、被告人应当严格限制适用逮捕措施"。然而，实务中的困境是：随着我国经济社会快速发展，人口流动日益频繁，尤其是东部发达地区。对于涉嫌犯罪的外来人员，即便符合法定的取保候审或者监视居住条件，由于他们往往无法提供适格的保证人，同时又交不起保证金，实践中办案机关也倾向于采取逮捕措施，从而造成大量涉嫌犯罪的外来人员被羁押，包括未成年犯罪嫌疑人。

在2012年刑事诉讼法修改之前，针对实践中未成年人适用强制措施存在的诸多问题，各地司法机关不断创新未成年人办案工作机制，积极探索扩大对涉罪未成年人适用非羁押措施的做法，开展涉罪未成年人适用非羁押措施试点的地方主要有上海市、江苏省无锡市和常州市。各地主要做法是，建立管护教育基地（以下称"管护基地"）①，以爱心企业、学校、敬老院等作为取保候审的社会支持机构，由其为在本地不具备取保候审条件的涉罪外来未成年人提供食宿、工作、教育条件和保证人。在取保候审期间，基地对管护对象进行监督管理。包括安排学校学习、提供力所能及的工作机会、进行技能培训、心理辅导，帮助他们确立积极的生活理想和人生目标。基地对管护对象在基地期间的表现出具情况证明，提供给办案机关。人民检察院决定不起诉、人民法院确定刑期或者刑罚执行方式时，将该情况证明作为考量因素。其后，这一机制也适用于不能提供保证人又不能交纳保证金的本地未成年犯罪嫌疑人。

管护基地并不限于未成年人的羁押替代功能，还包括：第一，为无法提供保证人且不能交纳保证金的涉罪未成年人提供保证人或者保证金，并对管护对象进行管护教育。有的地区对这一功能做了拓展，将符合条件的涉罪成年人也纳入其中。第二，对被检察机关作出不起诉决定的人（包括未成年人和外来人员）进行帮教、技能培训、心理矫治。第三，协助对法院判处刑罚的罪犯进行社区矫正，为不能赔偿被害人和无力缴纳罚金的罪犯提供打工挣钱的机会。② 除此之外，有的地区还将警察留置盘问的人员送到基地进行管护教育。各地对管护基地的探索可以按照不同的标准分成若干类型。其中，按照限制自由的程度，可以将管护基地分为开放式和半开放式两种。开放式，是指管护对象可以自由出入基地，但需要遵守基地相关纪律。上海市管护基地就采取开放式。半开放式，是指在基地期间，管护对象原则上不得离开管护基地外出活动；若有事确需外出，应经批准。多数基地属于这种类型。江阴市除有半开放式基地，也建立了开放式的"关爱教育基地"。按照是否集中监督，可以将管护基地分为集中监督式和个别监督式两种。集中监

---

① 也有的叫"观护基地"、"关护基地"等，名称虽有不同，但并无本质区别。

② 有的基地为两类人员预留工作岗位：一是判决后不能赔偿被害人的罪犯；二是被法院判处罚金的罪犯。让他们通过打工挣钱来赔偿被害人或交纳罚金。

督，是指将若干被取保候审人安排在一个基地进行监督，统一集中安排住处；个别监督，是指基地的各个保证人分别对各被取保候审人负责监督，并对其身份保密。在个别监督的情况下，被取保候审人就像是该基地的一个员工，不仅一般员工不了解他们的身份，被取保候审人之间也不知悉彼此的身份。除上海以外，都采取了集中监督的方式。上海市之所以采取个别社会化帮教监督模式，主要是考虑与刑事记录封存的衔接，以及避免交叉感染。

样本八：附条件逮捕

逮捕是刑事诉讼强制措施中最为严厉的一种，事关被追诉人基本人身权利的保障。审查逮捕是检察机关具有司法属性的职能之一，检察机关履行这一职能应尽可能实现追诉犯罪与保障人权的平衡。1996 年《刑事诉讼法》第 60 条规定了逮捕的三个条件：证据条件、处刑条件和社会危险性条件。但是对其中证据条件的理解——何为"有证据证明有犯罪事实"，理论界存在认识分歧，实务部门在操作上也尺度不一。而无论把握过严还是过宽，都难以实现追诉犯罪与保障人权的统一，甚至产生冤错案件。

在此背景之下，检察机关尝试将"有证据证明有犯罪事实"这一逮捕的事实证据条件做情形上的细化，推出了附条件逮捕试点。[①] 局部性试点最早可以追溯到 2003 年，上海市人民检察院与市公安局联合下发了《关于绝对不捕、相对不捕、存疑不捕和有条件批捕的适用条件的规定》，2005 年又下发了《关于有条件批准逮捕的实施细则》。附条件逮捕在全国范围产生影响源于 2005 年"全国检察机关第二次侦查监督工作会议"。在这次会议上，最高人民检察院有关领导指出，"有证据证明有犯罪事实"要以"证据所证明的事实构成犯罪"为原则，以"证据所证明的事实基本构成犯罪"为例外。会后，各地检察机关围绕此项精神，开展了附条件逮捕的试点。2006年最高人民检察院发布《人民检察院审查逮捕质量标准（试行）》，对附条

---

① 实践中，关于这一制度的称谓并不一致，有的称为"附条件逮捕定期审查制度"；有的称为"有条件逮捕"；有的称为"相对批捕"。

件逮捕做了进一步的明确。①

从试点中所发布规范性文件的内容和试点运行情况分析，第一，附条件逮捕是对逮捕事实证据条件的进一步细化，不是原则性的改变。但各地在把握上出现差异，确有某些地方性规范将证据条件区分为了"已达到批准（决定）条件"和"尚未达到批准（决定）条件"，或者模糊处理为"尚未达到逮捕的一般标准"，引发了理论界的强烈质疑。《人民检察院审查逮捕质量标准（试行）》第4条的表述则是相对清晰的，即对于重大案件，也首先要求证据已基本构成犯罪，虽有欠缺，但可进一步侦查取得。第二，检察机关审查批捕时，要将案件种类区分为一般案件和重大案件，考虑的因素包含案件性质、情节、手段、社会危害性、社会影响等。对一般案件适用较为严格的逮捕条件，扩大取保候审和监视居住等非羁押性刑事强制措施的适用，以减少审前羁押比例，对于重大案件可适用附条件逮捕。第三，所谓"附条件"是对于检察机关审查逮捕的工作机制而言的，不是改革法定逮捕条件，无论是一般案件还是重大案件，逮捕的处刑条件和危险性条件都必须坚持。具体讲，对于虽已基本构成犯罪，但证据尚有欠缺的，检察机关要向侦查机关发出补充侦查提纲，引导侦查机关及时补充取证，否则要及时撤销批捕决定。第四，对附条件逮捕进行程序上的权限控制，即需经检察委员会讨论决定，而且批捕后需报上一级检察院备案。但有些地区在试点中出于工作效率的考虑，将权限下发给了检察长或分管副检察长。

检察机关推出附条件逮捕试点所表达的初衷是，提高批捕质量，努力平衡追诉犯罪与保护人权的关系。② 但附条件逮捕试点实施后，仍引起了较大的争论。

---

① 第4条规定，"有证据证明有犯罪事实"，一般是指证据所证明的事实已构成犯罪。对于证据有所欠缺但已基本构成犯罪、认为经过进一步侦查能够取到定罪所必需的证据、确有逮捕必要的重大案件的犯罪嫌疑人，经过检察委员会讨论决定可以批准逮捕并应当采取以下措施：（1）向侦查机关发出补充侦查提纲，列明需要查明的事实和需要补充收集、核实的证据，并及时了解补充取证情况；（2）批准逮捕后三日内报上一级人民检察院备案；（3）侦查机关在侦查羁押期限届满时，仍未能取到定罪所必需的充足证据的，应当及时撤销批准逮捕决定。

② 贺恒扬：《疑难罪案的审查逮捕》，中国检察出版社2006年版，第3页。

肯定者认为，附条件逮捕并不是逮捕制度上的创新，更不是对现行逮捕制度的突破，而是基于对逮捕案件进行分流、分类处理的一项机制创新，是在现行刑事诉讼法规定的法律框架内对我国逮捕制度的深化与发展的一次实践和探索。① 或者说，附条件逮捕试点在对逮捕条件的把握上是与刑事诉讼法规定相契合的。因为，从历史解释的角度，1996 年《刑事诉讼法》"有证据证明有犯罪事实"较 1979 年"主要犯罪事实已经查清"，显然降低了证据标准，因为，这更加符合诉讼证明的规律。所以，对于法定逮捕条件应从审查批捕的角度去理解，而不应从提起公诉和定罪的角度去要求。那么，只要达到了最低限度的"有"的标准，就符合逮捕的事实证据条件，而不是必须要达到确实、充分的定罪标准。司法实务中，出于多种因素的考虑，一般将批捕标准按照起诉标准来要求，而附条件逮捕的所谓的"证据有所欠缺"，其实是就更严格的起诉或定罪标准而言的，而不是就法定逮捕标准再做降低要求，所以，不存在违反法律规定的情形。此外，附条件逮捕制度的实施一方面可以保证一般案件仍按"证据确实、充分"的高逮捕标准要求，尽可能降低审前羁押率；另一方面，遇有重大案件时，为保障侦查顺利进行，可以回归到法定逮捕条件，只要已基本证明有犯罪事实，而且，根据案件情况有进一步补充证据条件的，就可以通过检察引导侦查，实施附条件逮捕。试点机关认为该制度作为一项辅助措施，有助于推动检察机关从总体上适用更为严格的逮捕条件，提高审查逮捕案件质量，实现办理逮捕案件法律效果和社会效果的有机统一。②

否定者认为，附条件逮捕违反了刑事诉讼法的规定，破坏了法治原

---

① 苗生明、王伟：《附条件逮捕定期审查制度若干问题研究》，载伦朝平、甄贞：《附条件逮捕制度研究》，法律出版社 2008 年版，第 7 页。

② 以北京市为例，在 2006—2007 两年间，全市检察机关共对 938 名犯罪嫌疑人采取"附条件逮捕"措施，占同期逮捕总人数的 2.04%。其中，经工作仍达不到证据要求，予以撤销逮捕的 217 人，占 23.13%；而未及时撤销逮捕被作无罪处理的 24 人，占 2.56%，在全部已捕人数中仅为 0.05%，把对整体逮捕质量产生的冲击降到了微小的程度。张新宪：《附条件逮捕制度的建立过程及运行概况》，载伦朝平、甄贞：《附条件逮捕制度研究》，法律出版社 2008 年版，第 166 页。

则。理由是，附条件逮捕的本质是"以捕代侦"，使逮捕沦为侦查破案的需要。反对者从制度内容分析认为，附条件逮捕所考虑的，主要不在于逮捕的预防和程序保障功能。换句话说，这种"有条件逮捕"，将不可避免地被当作是一种侦查手段来加以适用的，其目的主要在于以此来获取犯罪嫌疑人的有罪供述。这必然会进一步加剧我们目前侦查实践中大行其道并弊端重重的那种"由供到证"的侦查模式。为了进一步补充、完善证据，侦查人员很有可能，甚至必定会将获取犯罪嫌疑人有罪供述作为侦查工作的核心，这就难免发生诸如刑讯逼供等违法取证的情况。这一改革措施是对现行法律的违反，并且由于其可能产生损害人权的后果，所以，不是"良性违法"，而是"恶性违法"。① 另外，反对者也对如何界定重大案件的范围，如何督促公安机关进一步补充证据等试点中暴露出的问题提出了质疑。

由于争议较大，2012 年刑事诉讼法仅对逮捕条件中危险性条件做了进一步细化。附条件逮捕仍在检察系统内试行，尚没有写入法典，试点效果还有待做进一步观察。

样本九：刑事审判程序改革

刑事审判程序改革试点是中国政法大学诉讼法学研究中心樊崇义教授与英国文化协会的合作课题。项目开展的动因是，1996 年《刑事诉讼法》修改对我国刑事审判方式进行了完善，刑事审判制度有了较大进步，庭审对抗性增强，为保证裁判公正、维护被告人的合法权益发挥了重要作用。但是，在司法实践中，也存在着一些问题，如证人出庭率低、法官庭外调查频繁、辩护权得不到保障等，困扰着庭审功能的发挥，成为制约刑事审判工作的瓶颈，因此有必要对审判方式作进一步的完善。刑事审判程序改革试点的开展时间为 2005 年 7 月 28 日至 2006 年 3 月 21 日，总体内容是研究我国刑事审

---

① 李奋飞：《对"有条件的逮捕"的质疑》，载 http://lifenfei. blogchina. com/304431. html. 2012 – 5 – 12。

判方式的改革，具体包括：如何完善证人出庭制度、保障辩护人的到位、对法官庭外调查取证的研究、如何发挥审判长在庭审中的作用、刑事判决书的制作以及对审判委员会的改革六个专题。在研究方法上，主要是通过试点法院①开展项目试验和案例总结等方式进行实证研究，研究目的是根据试点法院开展审判方式改革的做法和效果，形成研究项目成果及专家意见，为全国人大法工委作立法参考。

在刑事审判程序改革试点项目中，山东省东营市人民法院在试点方法上最具特色，主要采用了个案试点的方式，而且试点内容最完整，持续时间最长，在多个试点法院中最具代表性，下面以东营试点为代表对项目整体试点情况加以介绍。②

项目试点以东营市中级人民法院及所辖东营区人民法院、河口区人民法院作为基地，采用实证研究的方式展开，在试点中主要采用了以下研究方法：第一，问卷调查的方法。包括事前问卷调查和事中问卷调查。事前调查的目的是了解社会公众对刑事审判现状的评价，确定改革的重点，采用随机发放的形式，范围涉及法官、检察官、警官、律师以及公务员等。事中调查是通过向证人、辩护人发放调查问卷，收集诉讼参与人对审判程序改革的意见和建议。第二，对比分析的方法。将案件区分为试验组和对比组，并对两组案件实行全程录音、录像，然后对涉及改革内容的项目进行数据采集，进行比较研究。

---

① 参加试点的法院为山东省东营市中级人民法院、广东省佛山市顺德区人民法院，另外还有后期加入的江苏省徐州市中级人民法院、云南省昆明市中级人民法院、四川省成都市中级人民法院。

② 参见东营市中级人民法院刑事审判程序改革课题组：《刑事审判程序及审判前程序改革调研报告》，载樊崇义：《刑事审判程序改革调研报告》，中国人民公安大学出版社2008年版，第1—133页。

表 8　刑事审判程序改革试点各分项内容情况汇总表

分项内容	试点前状况	改革措施	试点效果
完善证人出席	3 年来该院所审结的 391 件刑事案件中，有证人出庭的案件 4 件，仅占全部案件的 1%，证人不出庭已成为刑事审判的常态。	第一，规定了应出庭证人的范围；第二，规定了证人补偿的标准；第三，明确了通知证人出庭的程序，确保必须出庭的证人能够按时出庭；第四，确立了附条件口证规则。	在 30 件对比组案件中，证人出庭率为零。试验组 30 起案件中，有 5 起案件的 7 名证人出庭作证，占 17%；有 3 起案件的 5 名应出庭证人或因流动人口住址不明、或因住外地路途遥远、或因有所顾忌不愿出庭而未到庭，占 10%；有 14 起案件因被告人认罪等原因无须证人出庭，占 47%。
保障辩护人到位	该市法院刑事辩护率为 70%，但全国平均数基本为 40%，刑事辩护率低成为困扰刑事审判工作的难题。	第一，加大对被告人及其亲属的说服工作；第二，加强与法律援助部门的沟通；第三，为辩护人工作创造有利条件。	对比组 30 起案件，47 名被告人，其中 72% 的被告人委托了辩护人，另 2% 属于指定辩护情形。试验组 30 起案件，45 名被告人，委托辩护占 78%，指定辩护占 9%。
法官庭外调查	当前的刑事审判实践中，法官庭外调查活动呈扩大之势，抽查案件显示，法官庭外调查高达 18%，具体做法不一，导致庭外调查无序。	第一，界定庭外调查的条件和范围；第二，规范庭外调查的手段和方式；第三，规范对调查结果的处理。	对比组 30 起案件中，庭外调查 5 件，占 17%；试验组 30 起案件中，只有 3 起案件进行了庭外调查，占 10%，且调查证据重新进行了庭审举证和质证。
发挥审判长的作用	调查显示，实践中习惯做法是审判长宣布开庭后交由主审法官主持，审判长的作用没有充分发挥。	明确审判长职责，强调庭审由审判长主持，对庭审审理中出现的问题均应由审判长表态作出决定。审判长组织合议庭评议。	对比目标组 30 起案件的法庭审理，试验组中，审判长主持整个庭审活动，突出了审判长的主导地位，较好地处理了庭审中的突发事件，保障了法庭审理活动的规范有序。

续表

分项内容	试点前状况	改革措施	试点效果
判决书的制作	裁判文书说理性较差；不能反映程序的公正与合法；繁简不当，千文一面；制作不规范。	制定了《关于进一步提高裁判文书质量的指导意见》，确立了文书公示查阅、评查、责任追究等制度。	通过对试点后裁判文书的抽查，质量大有提高，体现为：强化了判决说理；规范了文书格式等。
审判委员会改革	审判的直接性、亲历性原则无法体现；审判委员会委员成了行政级别和政治规格，导致业务水平不高，缺乏权威性。	明确审判委员会职责，严格界定讨论案件的范围和标准；建立委员考选制度；要求委员具体承办案件；确立委员旁听制度。	试验组中只有1件案件提交了审判委员会研究，审判委员会委员参加合议庭审理案件4起，起到示范作用。

此外，在刑事审判程序改革试点中，2004年左卫民教授带领四川大学中国司法改革研究中心与成都市中级人民法院合作的"刑事证人出庭作证试点与调研"项目，对于改革证人出庭制度也具有相当影响力，试点在成都市范围内8个刑事法庭中开展，以证人出庭率和出庭程序为研究重点。[①]

样本十：取保候审制度的改革与辩护律师作用的扩大

2006年3月至2007年8月，由陈瑞华教授主持，北京大学法学院与山东省平邑县人民检察院合作开展了"取保候审制度的改革与辩护律师作用的扩大"项目试点。

开展此项试点的动因是克服取保候审制度运行中存在的弊端。取保候审是刑事诉讼法规定的强制措施，其制度优势是在保证犯罪嫌疑人不被羁押的情况下，避免出现妨碍诉讼的情形，实现刑事诉讼的顺利进行。但由于缺乏有效的配套运行机制，导致取保候审适用比率过低，制度优势没有得到充分发挥。试点机构结合司法实务，意图通过强化律师参与，并赋予律师相应调

---

① 试点具体内容详见左卫民等：《刑事证人出庭作证试点调研报告》，载左卫民等：《中国刑事诉讼运行机制实证研究》，法律出版社2007年版，第301—354页。

查权来解决取保候审非公开和不透明的弊端。

试点的基本思路是进行取保候审的程序化建构，使其成为一种准诉讼化的构造。具体讲，就是将听证程序引入到取保候审的决定过程中，让律师充分参与其中，发挥律师的作用。在项目试验中，参与律师有四项权利：申请取保候审的程序启动权；对是否符合取保条件的调查取证权；听证程序的参与权；程序结果的知情权。根据这一试点思路，合作试点的平邑县人民检察院制定了《关于取保候审的若干规定》和《平邑县人民检察院关于对部分可以作出不捕决定的案件进行听证的规定》。经过一年试点，在完成试验组项目的采集后，项目组将其与三个对比组的数据进行了对比分析：一是试点单位同期未进行试验的对比组案件，目的是进行横向的考察；二是试点单位前两年的相关数据，目的是进行纵向考察；三是试点单位同省不同地区其他单位的数据，目的是进行试验效果的不同单位、相同时期或不同时期的横纵向考察。这样就可以最大限度地展示制度试验的效果。经过为期一年的项目试验，参与试点犯罪嫌疑人为 40 人，分布在侦查、批捕、审查起诉三个环节。决定取保候审总数为 10 人，取保候审率为 25%。[①] 数据对比显示，试验取得了积极效果：取保候审适用范围有所扩大；取保候审决定程序得以公开化，包括简易程序和听证程序；律师享有了调查权，可以积极参与程序并发挥有效作用。当然，试点也面临一些问题，诸如现行制度对试点产生制约影响，譬如律师调查权与现行法的冲突问题；试点中的诉讼文书与案卷管理制度的不协调等。另外，缺乏公安机关的有效参与，也一定程度上影响了试点效果的可靠性。但试点验证了一个较为关键的问题，即对诉讼效率的担心。试点结果表明，批量化的听证程序组织，每个试点案件耗费时间仅为10 分钟，当然，这没有计算前期的准备时间在内。

2008 年 5 月，试点项目组召集了"取保候审制度改革与辩护律师作用扩大"学术研讨会，对试点中所涉及的程序问题，以及程序背后的诉讼原

---

① 试验数据详见褚福民：《试验与现实之间——"取保候审制度的改革与辩护律师作用的扩大"项目报告》，载《刑法评论》2009 年第 1 期，第 86—105 页。

理问题进行了研讨，并对试点效果进行了评估。① 总体看来，律师参与取保候审听证的制度优势得到了较为普遍的认同，因为这可以增加决定的透明度，在一定程度上减少了暗箱操作，有利于当事人权益的保障。同时，听证程序使诉讼各方都可以加入到程序中来，有利于加强对犯罪嫌疑人的约束和吸收不满，有利于轻缓对办案人员考评的压力。此外，试点中也暴露出司法实务中取保候审的实体化倾向，取保异化为缓刑的预演，但这一弊端的克服非律师介入的听证程序所能解决。

2012 年刑事诉讼法修改，强调了人权保障原则，进一步完善了强制措施制度，扩大了取保候审的适用范围，增强了律师在批捕、变更强制措施程序中作用的发挥。这些变化进一步验证了"取保候审制度改革与辩护律师作用扩大"试点项目不仅符合我国刑事司法改革的趋势，同时，也为刑事诉讼法修改提供了经验支持。

样本十一：羁押场所巡视制度试点

2006 年 11 月至 2008 年 9 月，在陈卫东教授主持下，中国人民大学诉讼制度与司法改革研究中心与吉林省辽源市人民检察院、辽源市公安局共同开展了羁押场所巡视制度试点研究项目。羁押场所巡视虽然并非刑事诉讼中的法定环节，但与诉讼制度密切相关，是指由社会公众代表对羁押场所进行定期或不定期独立巡视、检查的制度。② 通过巡视羁押条件、查验羁押记录、与被羁押人进行单独访谈，以确认被羁押人是否受到了人道待遇、羁押是否符合法定条件与程序，目的是保障被羁押人的法定权利得到有效保护。

开展羁押场所巡视试点的动机是意图寻找体制外遏制刑讯逼供的有效制度。刑讯逼供是刑事司法制度中的顽疾，诉讼程序内已经进行了多种防控努力，如讯问中的同步录音、录像，非法证据排除等。同时，对诉讼体制外资源的利用也不应予以忽视。刑讯逼供的成因是多方面的，司法实务表明，羁

① 倪爱静：《取保候审：由非公开决定走向公开——取保候审制度改革与辩护律师作用扩大学术研讨会述要》，载《人民检察》2008 年第 13 期，第 48—50 页。
② 陈卫东：《羁押场所巡视制度研究报告》，载《法学研究》2009 年第 6 期，第 3 页。

押场所的封闭性一定程度地造成了刑讯逼供难以被发现和追究，因此，打破羁押场所的封闭性，无疑可以成为遏制刑讯的新思路。从域外经验看，英国最早实行羁押场所透明化制度，1981 年，针对警察羁押机构的独立巡视制度开始在英国建立。2002 年，英国通过了《警察改革法令》，羁押场所独立巡视制度正式上升为法律。同年，联合国通过《禁止酷刑和其他残忍、不人道或有辱人格的待遇或处罚公约》任择议定书，正式倡导联合国成员国采纳羁押场所独立巡视制度，以增强预防刑讯逼供的力度。2006 年 6 月 22 日起该任择议定书发生法律效力。英国已经批准《联合国反酷刑公约》任择议定书，目前，这种羁押场所独立巡视制度已经扩大到了英国的监狱、精神病院、移民归化场所、少年犯管教所等，实现了对羁押场所的完全覆盖。我国在 1986 年、1988 年分别签署、批准了《联合国反酷刑公约》，但尚未批准该任择议定书。

在此背景下，羁押场所巡视试点的制度设计理念是从我国国情出发，有效借鉴国外先进做法，实现联合国反酷刑公约精神，切实保障人权。[①] 试点初期的任务是选定合作试点机构和确定试点对象、地点。中国人民大学与吉林省辽源市人民检察院 2008 年初合作起草了《羁押场所巡视员制度操作规程（试行）》，并由辽源市人民检察院报请市政法委、人大常委会、政协批准同意。共同参与试点的单位除辽源市人民检察院，还有市公安局。试点中所确定的巡视对象和地点为辽源市公安局看守所。接下来的试点任务是选聘独立的试点巡视员。巡视是程序外的机制，目的是提高羁押场所的透明度，因此，巡视员应独立于司法机关并有一定的公众代表性。项目据此确定的选聘目标为市、县两级人大代表、政协委员和检察机关人民监督员。在符合上述条件的 40 名推荐备选人员中，首批确定了 20 名巡视员，其中人大代表 7 人、政协委员 7 人和检察机关人民监督员 6 人，他们本人所从事的职业有公务员、医生和社区代表等。在正式试点前，中外专家对 20 名巡视员进行

---

① 倪爱静：《遏制刑讯逼供的新尝试——吉林辽源羁押场所巡视制度试点概述》，载《人民检察》2008 年第 23 期，第 45—46 页。

了为期 2 天半的培训，旨在使各位巡视员掌握巡视的技能、工作程序与要求。另外，项目组也对参与试点的侦查人员、看守警察与检察官进行了试点前培训，使执法人员了解其在试点中的角色与要求。试点工作为期 6 个月（2008 年 7—12 月），巡视员共进行了 20 次巡视，采用突击检查的办法，事先不通知看守所，基本为每周巡视一次。巡视员可以巡查的地点包括牢房、讯问室、禁闭室、羁押人员活动区域等。另外，巡视员还可以从在押人员名册中任意选取两名在押人员进行秘密访谈。巡视结束后，巡视员制作《巡视员报告表》交巡视员办公室。①

试点项目结束后，项目组从研究目标、过程、方法、制度运行机制、被羁押人基本生活条件的保障状况与改进、被羁押人的诉讼权利保障等方面对试点进行了全面的总结评估，对试点中出现的问题进行了反思。从效果看，虽然试点项目对改善被羁押人生活状况的作用远远大于对于被羁押人诉讼权利保障的完善，但这与试点时间较短、巡视员自身的专业知识、传统观念影响等因素都有一定关系。但无论如何，遏制刑讯逼供是一项系统工程，需要各方面的综合力量，羁押巡视制度无疑有益于增强监管场所的透明度，这对保障被羁押犯罪嫌疑人的诉讼权利起到了积极的促进作用。

样本十二：量刑改革

我国刑事审判中没有独立的量刑程序，2012 年《刑事诉讼法》第 193 条第 1 款增加规定，法庭审理中对与量刑有关的事实、证据应当进行调查和辩论，与原法相比，核心变化是进行了定罪事实、证据与量刑事实、证据的区分。虽然第 193 条并没有将定罪与量刑程序做绝对区分，但为量刑程序的进一步修改完善奠定了基础，而且，这一修改也借鉴了以往量刑改革试点的实践经验。

量刑改革的动因是，长久以来，法官重定罪、轻量刑，普遍依据自己的

---

① 详细内容参见陈卫东：《羁押场所巡视制度研究报告》，载《法学研究》2009 年第 6 期，第 3—36 页。

量刑经验，适用"估堆式"量刑方法对被告人进行量刑。量刑失衡成为刑事审判实践中的普遍现象。量刑过程的不公开，量刑结果的不平衡，引发了人民群众的强烈不满，影响了法院的公信力和司法权威。在此背景下，人民法院根据中央司法改革总体部署，将量刑纳入法庭审理程序确定为重要的司法改革项目；检察机关开展了量刑建议试点；学术研究机构与实务部门合作开展了隔离式量刑程序的实验式研究。具体讲：

法院量刑改革。法院量刑改革正式始于 2005 年《人民法院第二个五年改革纲要》。① 此后，在对试点地区调研基础上，最高人民法院起草了《人民法院量刑指导意见（试行）》和《人民法院量刑程序指导意见（试行）》。2008 年 8 月最高人民法院下发了《最高人民法院关于开展量刑规范化试点工作的通知》，确定江苏省泰州市等 4 个中级人民法院，以及北京市海淀区等 8 个基层人民法院为量刑规范化试点单位。试点的目的是检验量刑指导意见所规定的各种罪名的量刑起点的准确性，以及常见量刑情节调节幅度的合理性。在第一批试点法院试点积累了一定的经验后，最高人民法院扩大了试点罪名的范围②，增加了强奸、诈骗、寻衅滋事、抢夺、窝藏赃物、敲诈勒索、非法拘禁、妨害公务、职务侵占、聚众斗殴 10 个罪名为试点罪名。量刑改革前后的变化可以参见表 9。

---

① 法院系统在 2005 年《人民法院第二个五年改革纲要》之前出现了一些零星的、有关量刑改革的试点，如 2002 年 3 月，福建省宁德市中级人民法院开始在刑事案件中实行"判决理由说明制度"，要求法院向控辩双方说明法官行使自由裁量权的详细理由。2002 年 9 月，上海市徐汇区人民法院首试"量刑答辩"，将对抗制引入量刑活动。2003 年 3 月，江苏省姜堰市人民法院制定了《刑事审判工作管理规范（试行）》应用于该院的量刑司法实践，这也是全国法院系统中最早的规范量刑的司法文件。此后，山东省淄博市淄川区人民法院在借鉴专家学者开发的电脑量刑研究成果和其他法院量刑经验的基础上，于 2004 年出台了《常用百种罪名量刑规范化实施细则》，并开发出"人民法院电脑辅助量刑系统"，供法官在量刑实践中具体运用。2004 年 5 月，江苏省高级人民法院制定了《量刑指导规则（试行）》，开始在全省范围内试行量刑改革。江苏省泰州市中级人民法院也出台了《刑事审判量刑指导意见》，逐步形成了江苏省三级法院的量刑规范化改革体系。

② 原来确定的交通肇事、故意伤害、抢劫、盗窃和毒品犯罪 5 个常见罪名在内的排在前 20 位的罪名约占全国刑事案件的 90% 以上。

表 9　量刑改革前后对比

	改革前	改革后
量刑的方法和步骤	估堆式	三步式：确定量刑起点；确定基准刑；确定宣告刑
法定刑幅度	比较宽泛	对法定刑幅度进行合理细化，明确了 15 种常见犯罪的量刑起点幅度
量刑情节的量化标准	没有	明确了 14 种常见量刑情节以及一些个罪的量刑情节的调节幅度
量刑意见和建议	控辩双方基本上不参与具体量刑问题	控辩双方可以就量刑问题发表意见和建议
量刑程序	与定罪程序混为一体	明确规定了相对独立的量刑程序

　　检察机关的量刑改革。与人民法院开展的量刑程序改革密切相关的是检察系统推出的"量刑建议改革"试点活动。其中，1999 年，北京市东城区人民检察院开始试行"公诉人当庭发表量刑意见"。[①] 随后，北京市丰台区人民检察院、上海市人民检察院、浙江省瑞安市人民检察院、江苏省常州市人民检察院、四川省郫县人民检察院、河北省石家庄市长安区人民检察院等也陆续建立了量刑建议或量刑答辩制的试点。经过一段时间的探索，上述检察机关量刑建议试点的成效逐步获得最高人民检察院的认可。2005 年 6 月，最高人民检察院发布《关于进一步加强公诉工作强化法律监督的意见》，指出：要在总结一些地方探索量刑建议经验的基础上，进一步积极稳妥地开展量刑建议试点工作，并将量刑建议改革试点列入深化检察改革三年规划。2010 年 2 月《人民检察院开展量刑建议工作的指导意见（试行）》在全国范围内进行试行。[②] 检法两家的量刑改革试点在 2010 年 9 月实现了并轨，最高人民法院、最高人民检察院、公安部、国家安全部、司法部联合会签了《关于规范

---

① 2009 年 7 月北京市东城区人民检察院与北京市东城区人民法院开展量刑答辩程序试点工作，将量刑答辩纳入法庭审理程序，为检察机关探索量刑建议改革，开拓刑事诉讼监督的新领域创造了更具现实性的条件。

② 王琳：《检察机关推进"量刑建议"的良好契机》，载《检察日报》2009 年 6 月 5 日。

量刑程序若干问题的意见（试行）》，2010 年 10 月 1 日起在全国试行。

学者开展的量刑试点研究。在实务部门进行量刑改革的同时，有学术研究机构也进行了相关的试点研究，但关联度较小。2009 年 6 月起，中国人民大学诉讼制度与司法改革研究中心与安徽省芜湖市中级人民法院、鸠江区人民法院合作开展了隔离式量刑程序的改革试点，试点期限为 7 个月。芜湖试点的模式与多数地区进行的量刑改革试点在做法上有所不同，实行隔离式的量刑程序，即采用定罪与量刑彻底分离的程序设计。① 此外，芜湖市中级人民法院也不是最高人民法院确定的量刑改革试点院，所以，研究机构的试点是在"保持程序原貌"的前提下开展的。② 芜湖试点的核心方法是实验研究，首先划分实验组和对比组；然后采用随机分配形式，分配案件；案件审理结束后，进行数据采集。项目组共采集了 60 件实验组案件与 47 件对比组案件的记录数据，包括对量刑过程透明度、满意度、时间指标、量刑结果的量化数据。对比结果显示，隔离式量刑程序更有助于增强量刑过程的透明度，而且也不会带来诉讼期限的过度延长，当然，更核心的效果是实现了刑罚的个别化，有助于犯罪人回归社会。当然试点结果也并非都在项目组的预料中，比如实验组的程序满意度低于对比组，这与被告人对隔离式量刑程序期望值过高有一定关系。③

量刑程序改革中也出现了一些争议：有法官担心，允许检察机关提出量刑建议会影响法院依法独立行使刑罚裁量权，进而影响司法权威；对基准刑概念缺乏统一的认识，造成实践中操作不一；量刑情节的调节方法仍存在理解上的歧义；基本犯罪事实与量刑情节事实界定不够明确等。有学者在调研后认为，量刑改革试点的积极意义似乎仅限于量刑透明性提升、结果公正性增强，但与改革预期尚有较大差距，在量刑情节和量刑证据的提出方面未有

---

① "相对独立的量刑程序"和"隔离式量刑程序"是量刑程序改革的两种选择模式。前者主张量刑是法庭调查和法庭辩论专门的环节，后者则主张先定罪、后量刑，定罪程序与量刑程序彻底分离。

② 陈卫东：《量刑程序改革理论研究》，中国法制出版社 2011 年版，第 15 页。

③ 张伯晋：《"隔离式量刑"：探索量刑程序改革新模式》，载《检察日报》2011 年 8 月 1 日。

明显变化；在量刑效果方面单纯因量刑原因提起的上诉方面还有所增加；在量刑程序运行的成本和效率方面，改革后的量刑程序耗费了更多的司法资源，而审判效率明显下降。①

样本十三：职务犯罪逮捕权"上提一级"

检察机关作为宪法规定的国家法律监督机关，其内部监督缺失一直受到诟病。检察机关在查办职务犯罪案件中，由于程序上缺乏外部监督制约，也因此出现了一些办案质量问题，② 公众反映强烈，影响了检察机关执法公信力。社会上也产生了"谁来监督检察院"的疑虑。

在此背景下，为了回答"谁来监督'监督者'"的问题，检察机关创新监督方式，在试行人民监督员制度的同时，尝试从诉讼程序着手建立有效的外部制约机制。其中，对如何建立职务犯罪侦查的外部监督制约机制，研究过三种方案。第一种主张将侦查权从检察机关分离出去；第二种考虑将职务犯罪案件的审查逮捕权交人民法院行使；第三种改由上一级人民检察院审查决定。经多方深入研究，最后认为第三种方案符合宪法规定的人民检察院上下级之间的领导关系，符合法律规定的人民检察院履行法律监督的职责，有利于检察权的统一行使。并且职务犯罪逮捕权"上提一级"，未改变现行公、检、法三机关的职责分工，是一种渐进的改革措施，不仅解决了同级人民检察院自侦自捕问题，而且改革成本也较小。

最高人民检察院于 2009 年 9 月，下发实施了《关于省级以下人民检察院立案侦查的案件由上一级人民检察院审查决定逮捕的规定（试行）》（高检发［2009］17 号）。2011 年 8 月，最高人民检察院召开侦查监督工作座谈会，再次对"上提一级"工作作出部署。由此，检察机关自侦案件批捕

---

① 左卫民：《中国量刑程序改革：误区与正道》，载《法学研究》2010 年第 4 期，第 151—152 页。

② 近几年的统计数据显示，检察机关自侦案件尽管批捕质量在不断提高，决定逮捕后不起诉案件的比例、法院作无罪判决的比例均逐年下降，但是仍分别高于公安机关 2.34% 和 0.28%。其中的重要原因就是，职务犯罪案件的侦查、审查决定逮捕、起诉由同一检察院的不同部门负责，"手足情深"容易重协调配合而轻制约把关。

建立了本级检察院和上级检察院双重审查程序，即侦查部门报请逮捕职务犯罪嫌疑人，要先送本院侦查监督部门审查提出意见，经检察长或检察委员会审查同意后，再报请上一级检察院审查决定逮捕。通过双重审查，防止错误逮捕。批捕上提一级后，审查批捕必要时应当讯问犯罪嫌疑人，以及听取其委托的律师的意见。对犯罪嫌疑人已被拘留的，上一级人民检察院应当在收到报请逮捕书后 7 日以内作出是否逮捕的决定；犯罪嫌疑人未被拘留的，应当在收到报请逮捕书后 15 日以内作出是否逮捕的决定，重大、复杂案件不得超过 20 日。

从后期效果看，逮捕权"上提一级"后，对逮捕权的监督制约力度增强，上级人民检察院加强了对下级院审查逮捕工作的监督制约，防止了错误逮捕和"以捕代侦"。总体上看，改革并未导致一些人担忧的办案力度下降。改革后职务犯罪案件的立案数稳中有升，侦查行为更加规范，办案质量明显提高。2010 年，全国检察机关共立案侦查各类职务犯罪案件 44085 人，同比上升 6.1%；决定起诉 40789 人，起诉率为 92.1%，同比增加 0.5 个百分点。[①]"上提一级"之后，审查逮捕决定权相对集中，有利于统一执法尺度，保证审查逮捕质量。2010 年 1 月至 2011 年 6 月，职务犯罪"上提一级"案件捕后判无罪率为 0.06%，比 2009 年下降 0.03 个百分点；不捕率为 8.5%，比 2009 年上升 4.4 个百分点；向自侦部门提出立案建议 2597 件，提出纠正违法 269 件次，自侦部门采纳率比 2009 年分别上升 1.7 和 0.6 个百分点。[②] 逮捕权"上提一级"虽然没有成为 2012 年《刑事诉讼法》修改的内容，但作为落实中央司法改革任务的组成部分，已通过司法解释进一步加以规范。

样本十四：人民陪审团

人民陪审团试点是指由一定人数的成员组成人民陪审团参与庭审活动，

---

① 赵阳：《职务犯罪案件批捕权上提一级后立案数量上升》，载《法制日报》2010 年 2 月 21 日。

② 李娜：《最高检侦监厅盘点职务犯罪案件"上提一级"改革错捕和"以捕代侦"现象得到遏制》，载《法制日报》2011 年 8 月 29 日。

陪审团的职责是就案件中所涉及的事实问题和法律问题发表意见、观点和主张，以供合议庭参考。与现行的人民陪审员制度相比较，区别在于人数规模不同和职能不同，人民陪审团不是合议庭的组成部分，不能与合议庭的成员一起共同行使审判权，其所作出的决断，不能直接成为裁判的基础和依据，而仅仅供正式的审判组织在作出裁判时参考。

2009 年年初，河南省高级人民法院最初开展了人民陪审团制度的试点，其他地区也有类似的试点活动，① 考虑到试点规模、时间、资料完整性等方面因素，在此，笔者选择了河南试点作为样本。

河南人民陪审团试点的动因很大程度上是基于对现行陪审制度的反思。我国现行的人民陪审员制度在设计和实际运行中存在一定的弊端，受到学界和实务部门的诟病，概括表现为：其一，陪审员选任上的"精英化"或"内部化"倾向，陪审员异化为"编外法官"，极大程度地丧失了民意的代表性；其二，审判中的"陪衬化"，即所谓的"陪而不审"。这些弊端的产生使得陪审制度失去了原本的设计作用。因此，如何解决民众参与司法，即司法的民主化问题是近年来诉讼制度改革的热点之一。在此背景之下，河南省人民法院进行了人民陪审团制度的试点。

人民陪审团制度经过 2009 年 2 月"梁红亚死刑上诉案"首次尝试后，2009 年 6 月起首先在刑事审判中开始了试点，试点地区是郑州、开封、新乡、三门峡、商丘、驻马店 6 个省辖市法院。同时，河南省高级人民法院出台了《关于在刑事审判工作中实行人民陪审团制度的试点方案》。到 2010 年 3 月，试点取得了阶段性的效果。② 河南全省通过人民陪审团制度审理刑

---

① 陕西省法院人民陪审团制度试点始于 2010 年 3 月，陕西省高院院长安东向"两会"提交了建立中国特色陪审团制度的建议案，受到了广泛关注。2010 年下半年，陕西全省确定了 3 个中级法院和 11 个基层法院，在刑事案件的审判中试行"人民陪审团"制度，2011 年 3 月 4 日陕西高院庭审首次出现 13 人人民陪审团，具体情况可参见徐伟：《陕西高院院长安东代表：分步实施人民陪审团制》，载《法制资讯》2010 年 3 月 31 日；宁军、宋飞鸿：《陕西高院庭审首次出现 13 人人民陪审团》，载华商网 http://news.sina.com.cn/c/p/2011 - 3 - 5/015322055506.shtml，2012 - 4 - 12。

② 邓红阳：《河南回应陪审团制质疑：与英美陪审制有本质区别》，载《法制日报》2010 年 3 月 26 日。

事案件 107 件，有 1000 余名人民陪审团成员。试点也显露出一些问题：其一，各地法院对试点的认同程度不一，在试点推行中有的地区积极主动，有的地区"进展迟缓"。其二，各地法院设计"人民陪审团"参加庭审的程序也不尽相同，做法各异。其三，人民陪审团的成员选任、经费等问题也是困扰试点推进的难题，需要协调解决。2010 年 3 月 25 日，河南省高级人民法院在开封召开全省法院人民陪审团试点工作现场会，下发了《关于开展人民陪审团制度意见（试行）》。这一举动意味着河南省高级人民法院在国内首开了人民陪审团制度试点的先河。在接受媒体采访时，河南省高级人民法院的负责人表示，人民陪审团制度是对现有人民陪审员制度的"团式改造"，陪审团成员的选任、职责都有别于现行法规定的人民陪审员制度，试点的目的在于更好地体现司法民主，更充分地发挥陪审制度的功能和作用。①

人民陪审团制度在试点伊始就受到质疑，代表性观点是汪建成教授在《法学》2009 年第 5 期发表的《非驴非马的"河南陪审团"改革当慎行》。作者认为，人民陪审团不管是从陪审模式选择上，还是从功能定位上；不管是从陪审人员构成上，还是从被告人权利保障上；不管是从适用审级上，还是从配套措施上都需要进行检讨。更为重要的是，作者强调了，学术虽无禁区，但改革应有宪法、法律依据，须遵循常理。作者实际上是对人民陪审团试点的合法性和正当性提出了质疑。赞同改革者在其后进行了回应，《政治与法律》2011 年第 3 期以"人民陪审团制度研究"为主题进行了主题研讨。② 赞同者认为，人民陪审团制度所产生的价值是多方面的：如在制度变革价值方面，人民陪审团制度就是完善现行人民陪审员制度的实践性表现，

---

① 邓红阳：《河南拟全面推行"人民陪审团"制度》，载《法制日报》2010 年 3 月 26 日；邓红阳：《全面解读河南试水人民陪审团制度　本报专访河南省高院院长张立勇》，载《法制日报》2010 年 6 月 10 日。

② 主题研讨文章包括汤维建：《人民陪审团制度试点的评析和完善建议》；吴英姿、王筱文：《陪审制、民意与公民社会——从河南人民陪审团实验展开》；张曙光：《人民陪审：困境中的出路——河南法院人民陪审团制度的贡献与启发》；刘加良：《人民陪审团制：在能度与限度之间》；许尚豪：《人民陪审团与法官的制度衔接与规则协调——以审判格式化与人格化的关系为视角》。

是对人民陪审员制度实行法律上的扬弃。试点制度保留了人民陪审员制度的人民性，同时克服人民陪审员制度的缺陷。另外，在司法民主价值方面，人民陪审团制度更具有民主特质。因为它的人数规模更大，所以民意代表性更强。至于在试点的正当性和合法性方面，赞同者的观点也是相当的旌旗鲜明，认为"人民陪审团制度是不违反我国法律规定的，其试点是有正当性依据的，理由也是充分的。"①

概括地讲，对人民陪审团制度试点的疑问可以归纳为两个方面：一是法律依据；二是与现行人民陪审员制度的关系。河南省高级人民法院院长张立勇曾作出回应。关于试点的合法性与正当性，张立勇院长认为，没有突破就不叫改革。一项新的改革措施符合宪法和法律的精神、基本原则、司法改革的总体发展方向就可以构成探索与创新的法律依据。人民陪审团试点是在法律规定的框架范围内进行的，没有违反法律的明文规定或者禁止性要求。"在构建符合中国国情的人民陪审制度上，现行的立法中没有答案，需要我们大胆地试验。""我们开展人民陪审团制度试点工作，如果能为将来相关的立法完善提供实践参考，就是对我们最大的鼓舞。"②

据媒体报道，2010 年 3 月，河南省法院的人民陪审团成员库已有 2.4 万余人，所审理的 107 起刑事案件无一信访。2010 年 5 月，人民陪审团审理的案件已突破刑事类，目前已扩展至民商事、行政等案件的审判领域，人民陪审团成员库人数已增至 15 万人，③ 全省已有 122 个法院使用人民陪审团来审理复杂、疑难案件，共公开开庭审理 361 件案件，其中 95% 的案件实现了服判息诉。河南省高级人民法院方面表示，人民陪审团成员库的目标

---

① 汤维建：《人民陪审团制度试点的评析和完善建议》，载《政治与法律》2011 年第 3 期，第 2—11 页。

② 邓红阳：《河南省高级法院院长回应质疑"人民陪审团"与国外陪审团有质的区别》，载《法制日报》2010 年 3 月 26 日；邓红阳：《能够解决问题就是一种好模式》，载《法制日报》2010 年 6 月 10 日。

③ 2012 年全国人民陪审员的总数是 8.3 万人。参见杨维汉、陈菲：《推进司法改革促进司法公正》，载《人民法院报》2012 年 4 月 2 日。

是突破 1000 万人。①

样本十五：非法证据排除

从世界范围看，非法证据排除规则为很多国家和地区所采纳，也被联合国国际刑事司法准则所确认。我国的法律、法规中对该规则作出了一定的规定，但由于具体操作程序的缺失，非法证据排除在相当长时间内并没有在实践中真正得以实施，非法取证现象屡禁不止，成为我国刑事司法中的一个顽疾。近年来，由刑讯逼供所引发的刑事错案频发，使得在技术层面上确立并实施非法证据排除规则的呼声日益高涨。

在此背景下，为探索在我国确立非法证据排除规则的可行性，了解实践中存在的困难并找出解决方法，构建出适合中国国情的非法证据排除规则，2009 年 3 月至 2011 年 8 月，在卞建林教授主持下，中国政法大学诉讼法学研究院与江苏省盐城市中级人民法院开展了"非法证据排除规则试点项目"。② 此外，该课题组在 2009 年 3 月，也与北京市朝阳区人民检察院开展过非法证据排除试点的合作。③

出于解决技术层面问题的实际考虑，课题组重点采用了实证研究的方法。当然，在正式实验前也进行了必要的前期准备工作。概括地说，可分为以下三个步骤：第一步，前期准备工作，包括选定合作试点机构和前期培训。盐城市中级人民法院从全市 9 个基层法院中选择 3 个基层法院④进行试点。2010 年 3 月，课题组对参加试点人员进行了为期 4 天的集中培训。第二步，课题组论证和设计了模拟的非法证据排除操作程序，具体包括启动程序、听证程序、决定程序和补救程序。课题组与江苏省盐城市中级人民法院

① 邓红阳：《全面解读河南试水人民陪审团制度　本报专访河南省高院院长张立勇》，载《法制日报》2010 年 6 月 10 日。
② 蒋安杰：《中国政法大学诉讼法学研究院与江苏盐城中院最早合作开展"非法证据排除规则试点项目"全国首家非法证据排除试行规则出炉》，载《法制日报》2011 年 2 月 23 日。
③ 与检察机关合作试点的目的在于研究检察机关在审查批捕、审查起诉中，发现和排除非法证据的可行性。由于实验案例全部在盐城法院试点中进行，因此，主要介绍盐城试点的情况。
④ 具体为东台市人民法院、射阳县人民法院和滨海县人民法院。

合作制定了《盐城市中级人民法院刑事诉讼非法证据排除规则（试行）》，盐城市中级人民法院将该规则印发至盐城市中级人民法院各部门和各县市区法院，要求各有关试点单位遵照执行。第三步，将整套程序在试点合作院予以实际操作，经过一段时间程序实验后，采集实验数据，与常规数据进行对比，进行实验效果的分析。试点中采用了两种分析对比模式：一是横向参照，将试点期间试点基层法院与非试点基层法院的案件进行比较；二是纵向比对，将试点基层法院在试点 6 个月期间和试点前 6 个月期间的案件进行比较。①

从试点结束后的案件数量看，3 个试点基层法院分别审结刑事案件 225 件、245 件和 183 件，提出排除非法证据申请的案件分别为 11 件、10 件和 13 件，共 34 件案件，但最后只有 1 件案件相关的非法证据被排除。尽管如此，从数据对比看，试点院试点期间，提出排除非法证据申请案件数和实际排除数都高于横向对比和纵向对比数据。另外，从试点内容看，整体试点程序的设计较为完整，尽可能地关注到了微观环节。如启动程序是整个程序的前提和基础，在设计上被细分为权利告知程序与被告人提出排除申请程序。听证程序的设计包括听证时间、听证组织、讯问人员出庭等因素。而试点最大的价值其实体现在，对我国非法证据排除规则的确立与实施进行了有益的探索。通过试点，发现了非法证据排除规则在实务运行中所存在的具体问题，包括：其一，执法人员的理念有待提升，"重打击、轻保护"的观念还一定程度的存在；其二，在非法证据的举证上，控辩双方均存在困难；其三，侦查、公诉、审判各环节办案人员工作压力加大；其四，法官对非法证据认定的自由裁量权难以统一；其五，一定程度存在被告人滥用权利现象。因此，试点单位对非法证据排除规则的实施提出了具体建议②：比如，进一

---

① 试点调查报告详见徐清宇：《盐城市中级人民法院实施"非法证据排除规则试点项目"报告》，载卞建林、杨宇冠：《非法证据排除规则实证研究》，中国政法大学出版社 2012 年版，第 73—99 页。

② 徐清宇：《非法证据排除规则的现实困境及其解决路径——基于"非法证据排除规则试点项目"的实践与思考》，载《政治与法律》2011 年第 6 期，第 17—23 页。

步合理界定非法证据的范围，明确非法言词证据的内涵和外延，将司法实践中常见的殴打、非法拘禁、威胁、引诱、欺骗、肉体和精神折磨等非法取证行为予以明文禁止。另外，还需要建立健全相关配套法律制度，因为非法证据排除规则并非一个孤立的法律制度，要保证其有效运作，必须建立健全与之相配套的一系列制度保障，包括依法保障律师权利、严格执行惩戒制度等。非法证据排除试点为 2010 年 7 月最高人民法院、最高人民检察院、公安部、国家安全部、司法部《关于办理刑事案件排除非法证据若干问题的规定》的实施，以及 2012 年《刑事诉讼法》中相关证据规则的修改提供了宝贵的实践经验。

参考文献

一、中文著作（按作者姓氏拼音排序）

1. 卞建林：《中国刑事司法改革探索：以联合国刑事司法准则为参照》，中国人民公安大学出版社 2007 年版。

2. 卞建林、杨宇冠：《非法证据排除规则实证研究》，中国政法大学出版社 2012 年版。

3. 蔡定剑：《国外公众参与立法》，法律出版社 2005 年版。

4. 曹海晶：《中外立法制度比较》，商务印书馆 2004 年版。

5. 曹卫东：《曹卫东讲哈贝马斯》，北京大学出版社 2005 年版。

6. 陈伯礼：《授权立法研究》，法律出版社 2000 年版。

7. 陈光中：《中国司法制度的基础理论专题研究》，北京大学出版社 2005 年版。

8. 陈瑞华：《法律人的思维方式》，法律出版社 2007 年版。

9. 陈瑞华：《刑事诉讼的中国模式》，法律出版社 2008 年版。

10. 陈卫东：《量刑程序改革理论研究》，中国法制出版社 2011 年版。

11. 陈卫东：《刑事诉讼制度论》，中国法制出版社 2011 年版。

12. 邓正来：《法律与中国——法学理论前沿论坛》（第 4 卷），中国政法大学出版社 2005 年版。

13. 樊崇义：《刑事诉讼法哲理思维》，中国人民公安大学出版社 2010 年版。

14. 费孝通：《乡土中国》，北京大学出版社 1998 年版。

15. 付池斌、卢埃林：《书本法不同于现实法》，黑龙江大学出版社 2010 年版。

16. 葛洪义：《法律与理性——法的现代性问题解读》，法律出版社 2001 年版。

17. 葛洪义：《法律方法讲义》，中国人民大学出版社 2009 年版。

18. 顾培东：《从经济改革到司法改革》，法律出版社 2003 年版。

19. 顾培东：《社会冲突与诉讼机制》（修订版），法律出版社 2004 年版。

20. 郭云忠：《法律实证研究导论》，北京大学出版社 2012 年版。

21. 郭志媛：《中国经验：以刑事司法改革试点项目为蓝本的考察》，北京大学出版社 2011 年版。

22. 韩大元：《公法的制度变迁》，北京大学出版社 2009 年版。

23. 季卫东：《法治秩序的建构》，中国政法大学出版社 1999 年版。

24. 雷小政：《法律生长与实证研究》，北京大学出版社 2009 年版。

25. 李德顺：《价值论》，中国人民大学出版社 2007 年版。

26. 李建明：《刑事司法改革研究》，中国检察出版社 2003 年版。

27. 刘广三：《刑事司法环境研究》，北京师范大学出版社 2010 年版。

28. 刘万奇：《与犯罪的较量：中国刑事诉讼的理念与现实》，吉林大学出版社 2002 年版。

29. 龙宗智：《相对合理主义》，中国政法大学出版社 1999 年版。

30. 卢建平：《刑事政策学》，中国人民大学出版社 2007 年版。

31. 马静华：《中国刑事诉讼运行机制实证研究（三）》，法律出版社 2010 年版。

32. 欧阳康：《社会认识论导论》，中国社会科学出版社 2010 年版。

33. 齐振海：《认识论探索》，北京师范大学出版社 2008 年版。

34. 瞿同祖：《中国法律与中国社会》，商务印书馆 2010 年版。

35. 任岳鹏：《哈贝马斯：协商对话的法律》，黑龙江大学出版社 2009

年版。

36. 宋英辉：《刑事诉讼原理导读》，法律出版社 2003 年版。

37. 宋英辉：《刑事和解实证研究》，北京大学出版社 2010 年版。

38. 宋英辉、王武良：《法律实证研究方法》，北京大学出版社 2009 年版。

39. 宋英辉等：《法律实证研究本土化探索》，北京大学出版社 2012 年版。

40. 沈岿：《公法变迁与合法性》，法律出版社 2010 年版。

41. 苏力：《制度是如何形成的》，北京大学出版社 2007 年版。

42. 孙国东：《合法律性与合道德性之间：哈贝马斯商谈合法化理论研究》，复旦大学出版社 2012 年版。

43. 孙笑侠：《程序的法理》，商务印书馆 2005 年版。

44. 谭世贵：《中国司法改革理论与制度创新》，法律出版社 2003 年版。

45. 王诚：《改革中的先行先试权研究》，法律出版社 2009 年版。

46. 王敏远：《刑事司法理论与实践检讨》，中国政法大学出版社 1999 年版。

47. 汪建成：《冲突与平衡：刑事程序理论的新视角》，北京大学出版社 2006 年版。

48. 万毅：《实践中的刑事诉讼法——隐形刑事诉讼法研究》，中国检察出版社 2010 年版。

49. 吴大英、任允正、李林：《比较立法制度》，群众出版社 1992 年版。

50. 卫磊：《刑事政策的当代发展》，中国法制出版社 2010 年版。

51. 谢佑平：《程序法定原则研究》，中国检察出版社 2006 年版。

52. 熊秋红：《转变中的刑事诉讼法学》，北京大学出版社 2004 年版。

53. 熊伟：《问题及阐释：现代法之合法性命题研究》，中国政法大学出版社 2012 年版。

54. 辛鸣：《制度论》，人民出版社 2005 年版。

55. 徐昕：《司法程序的实证研究》，中国法制出版社 2007 年版。

56. 杨斐：《法律修改研究——原则·模式·技术》，法律出版社 2008 年版。

57. 杨宇冠：《国际人权法对我国刑事司法改革的影响》，中国法制出版社 2008 年版。

58. 姚建龙：《权利的细微关怀》，北京大学出版社 2010 年版。

59. 易军：《关系、规范与纠纷解决——以中国社会中的非正式制度为对象》，宁夏人民出版社 2009 年版。

60. 易延友：《中国刑诉与中国社会》，北京大学出版社 2010 年版。

61. 尹伊君：《社会变迁的法律解释》，商务印书馆 2003 年版。

62. 张明杰：《改革司法——中国司法改革的回顾与前瞻》，社会科学文献出版社 2005 年版。

63. 甄贞：《程序的力量：刑事诉讼法学研究随想》，法律出版社 2002 年版。

64. 郑永流：《转型中国的实践法律观——法社会学论集》，中国法制出版社 2009 年版。

65. 周旺生：《立法学》，法律出版社 2004 年版。

66. 朱景文：《法理学》，中国人民大学出版社 2008 年版。

67. 左卫民：《中国刑事诉讼运行机制实证研究》，法律出版社 2007 年版。

68. 左卫民：《中国刑事诉讼运行机制实证研究（二）》，法律出版社 2009 年版。

69. 左卫民：《刑事诉讼的中国图景》，三联书店出版社 2010 年版。

二、中文译著（按国别排序）

70. ［美］本杰明·N. 卡多佐：《司法过程的性质》，苏力译，商务印书馆 2000 年版。

71. ［美］本杰明·N. 卡多佐：《法律的成长：法律科学的悖论》，董炯、彭冰译，中国法制出版社 2002 年版。

72. ［美］米尔伊安·R. 达马什卡：《司法和国家权力的多种面孔——比较视野中的法律程序》，郑戈译，中国政法大学出版社 2004 年版。

73. ［美］理查德·A. 波斯纳：《法律的经济分析》，蒋兆康译，中国大百科全书出版社 1997 年版。

74. ［美］E. 博登海默：《法理学：法律哲学与法律方法》，邓正来译，中国政法大学出版社 1999 年版。

75. ［美］罗斯科·庞德：《普通法的精神》，唐前宏等译，法律出版社 2001 年版。

76. ［美］罗斯科·庞德：《通过法律的社会控制》，沈宗灵译，中国商务出版社 2010 年版。

77. ［美］约翰·亨利·梅利曼：《大陆法系》，顾培东、禄正平译，法律出版社 2004 年版。

78. ［美］阿希尔·里德·阿马：《宪法与刑事诉讼：基本原理》，房保国译，中国政法大学出版社 2006 年版。

79. ［美］唐·布莱克：《社会学视野中的司法》，郭星华等译，法律出版社 2002 年版。

80. ［美］克雷格·布拉德利：《刑事诉讼革命的失败》，郑旭译，北京大学出版社 2009 年版。

81. ［美］劳伦斯·M. 弗里德曼：《法律制度——从社会科学角度观察》，李琼英、林欣译，中国政法大学出版社 2004 年版。

82. ［美］R. M. 昂格尔：《现代社会中的法律》，吴玉章、周汉华译，译林出版社 2001 年版。

83. ［美］P. 诺内特：《转变中的法律与社会：迈向回应型法》，张志铭译，中国政法大学出版社 2004 年版。

84. ［美］唐纳德·J. 布莱克：《法律的运作行为》，唐越、苏力译，中国政法大学出版社 2004 年版。

85. ［美］费正清：《中国的思想与制度》，郭晓兵译，世界知识出版社 2008 年版。

86. 〔美〕杰克·奈特：《制度与社会冲突》，周伟林译，上海人民出版社 2009 年版。

87. 〔美〕吉姆·帕森斯、梅根·戈尔登：《试点与改革：完善司法制度的实证研究方法》，郭志媛等译，北京大学出版社 2006 年版。

88. 〔奥〕尤根·埃利希：《法律社会学基本原理》，叶名怡、袁震译，中国社会科学出版社 2009 年版。

89. 〔比〕马克·冯·胡克：《法律的沟通之维》，孙国东译，法律出版社 2008 年版。

90. 〔英〕丹宁勋爵：《法律的正当程序》，李克强等译，法律出版社 1999 年版。

91. 〔英〕H. L. A. 哈特：《法律的概念》，许家馨、李冠宜译，法律出版社 2006 年版。

92. 〔英〕尼尔·麦考密克、奥塔·魏因贝格尔：《制度法论》，周叶谦译，中国政法大学出版社 2002 年版。

93. 〔法〕狄骥：《公法的变迁》，郑戈译，中国法制出版社 2010 年版。

94. 〔德〕拉德布鲁赫：《法学导论》，米健、朱林译，中国大百科全书出版社 1997 年版。

95. 〔德〕拉德布鲁赫：《法律哲学概论》，徐苏中译，中国政法大学出版社 2007 年版。

96. 〔德〕京特·雅科布斯：《规范·人格体·社会——法哲学前思》，冯军译，法律出版社 2001 年版。

97. 〔德〕阿图尔·考夫曼：《后现代法哲学——告别演讲》，米健译，法律出版社 2000 年版。

98. 〔德〕尤尔根·哈贝马斯：《合法化危机》，刘北成、曹卫东译，上海世纪出版集团 2009 年版。

99. 〔德〕尤尔根·哈贝马斯：《在事实与规范之间》，童世骏译，三联书店 2011 年版。

100. 〔德〕卡尔·拉伦茨：《法学方法论》（第 6 版），陈爱娥译，商务印书馆 2005 年版。

101. ［德］施米特：《政治的概念》，刘宗坤等译，上海人民出版社 2004 年版。

102. ［意］皮罗·克拉玛德雷：《程序与民主》，翟小波、刘刚译，高等教育出版社 2005 年版。

103. ［意］贝卡里亚：《论犯罪与刑罚》，黄风译，中国大百科全书出版社 1993 年版。

104. ［意］莫诺·卡佩莱蒂：《比较法视野中的司法程序》，徐昕、王奕译，清华大学出版社 2005 年版。

105. ［意］弗里德里希·卡尔·冯·萨维尼：《论立法与法学的当代使命》，许章润译，中国法制出版社 2001 年版。

106. ［日］棚濑孝雄：《纠纷的解决与审判制度》，王亚新译，中国政法大学出版社 2004 年版。

107. ［日］谷口安平：《程序的正义与诉讼》，王亚新、刘荣军译，中国政法大学出版社 2002 年版。

108. ［日］千叶正士：《法律多元——从日本法律文化迈向一般理论》，强世功等译，中国政法大学出版社 1997 年版。

109. ［日］川岛武宜：《现代化与法》，申政武等译，中国政法大学出版社 2004 年版。

三、中文期刊论文（按时间先后排序）

110. 郝铁川：《论良性违宪》，载《法学研究》1996 年第 4 期。

111. 童之伟：《"良性违宪"不宜肯定》，载《法学研究》1996 年第 6 期。

112. 阮露鲁：《立宪理念与良性违宪之合理性》，载《法学》1997 年第 5 期。

113. 曦中：《对"良性违宪"的反思》，载《法学评论》1998 年第 4 期。

114. 柯葛壮：《创设司法改革的"试验田"》，载《政治与法律》1999年第3期。

115. 张星久：《论合法性研究的依据、学术价值及其存在的问题》，载《法学评论》2000年第3期。

116. 顾培东：《中国司法改革的宏观思考》，载《法学研究》2000年第3期。

117. 严存生：《法的生成的几个问题》，载《华东政法学院学报》2002年第1期。

118. 王超、周菁：《试论我国司法改革中的越位问题》，载《南京师范大学学报（社会科学版）》2002年第2期。

119. 谢佑平、万毅：《法律权威与司法创新：中国司法改革的合法性危机》，载《法制与社会发展》2003年第1期。

120. 孟凡麟：《司法改革：司法本性的沦丧与重塑》，载《甘肃社会科学》2003年第2期。

121. 葛洪义：《论法的生成》，载《法律科学（西北政法大学学报）》2003年第5期。

122. 万毅：《转折与展望：评中央成立司法改革领导小组》，载《法学》2003年第8期。

123. 宁清华：《论司法改革的限度——对当前部分司法改革措施的宪法学思考》，载《四川行政学院学报》2004年第4期。

124. 秦前红：《宪政视野下的中国立法模式变迁从"变革性立法"走向"自治性立法"》，载《中国法学》2005年第3期。

125. 史立梅：《论司法改革的合法性》，载《北京师范大学学报（社会科学版）》2005年第6期。

126. 张千帆：《宪法变通与地方试验》，载《法学研究》2007年第1期。

127. 童之伟：《重提"违宪改革合理说"宜审慎——以过去数年之乡镇长直选"试点"为事证》，载《法学家》2007年第4期。

128. 陈瑞华：《社会科学方法对法学的影响——在北大法学院博士生

〈法学前沿〉课上的演讲》，载《北大法律评论》2007 年第 1 期。

129. 陈卫东：《羁押场所巡视制度研究报告》，载《法学研究》2009 年第 6 期。

130. 陈瑞华：《制度变革中的立法推动主义——以律师法实施问题为范例的分析》，载《政法论坛》2010 年第 1 期。

131. 苏宇：《略论"试点"的合法性基础》，载《政治与法律》2010 年第 2 期。

132. 常安：《"摸着石头过河"与"可改可不改的不改"——改革背景下的当代中国宪法变迁》，载《法律科学（西北政法大学学报)》2010 年第 2 期。

133. 郭云忠：《法律实证研究中的伦理问题——以刑事法为视角》，载《法学研究》2010 年第 6 期。

134. 谭世贵：《中国司法改革的回顾与反思》，载《法治研究》2010 年第 9 期。

135. 汪海燕：《论刑事诉讼法律规范的合法性危机》，载《中国政法大学学报》2011 年第 1 期。

136. 张红良、李和杰：《寻找正当程序与未成年人司法特殊性的平衡点》，载《人民检察》2011 年第 13 期。

137. 陈瑞华：《法律程序构建的基本逻辑》，载《中国法学》2012 年第 1 期。

138. 陈卫东：《未来五年我国司法体制改革的若干建议》，载《河南社会科学》2012 年第 2 期。

139. 何挺：《"合适成年人"参与未成年人刑事诉讼程序实证研究》，载《中国法学》2012 年第 6 期。

四、英文资料

140. Allen, Carleton Kemp. Law in the Making, 6th Edition, Oxford at the Clatrendon Press, 1958.

141. Boynton, G. R. and Chong Lim Kim, Legislative Systems in Developing Countries, Duke University Press, Durham, North Carolina, 1975.

142. Michael L. Mezey, Comparative Legislatures, Duke University Press, Durham, North Carolina, 1979.

143. Eres, Beth Krevitt, Legal and Legislative Information Processing, Greenwood Press, Westport, Connecticut. London, England, 1980.

144. Zander, Michael, The Law – Making Process, Weidenfeld and Nicolson, London, 1980.

145. Antony Flew, Thinking About Social Thinking, Oxford, Blackwell Press, 1985.

146. Marmor, Andrei, Interpretation and Legal Theory, Clarendon Press, Oxford, 1992.

147. Peter B. Kraska, W. Lawrence Neumen. Criminal justice and criminology research methods, Pearson Education, Inc. 2008.

后　记

　　六月离开师大的校园，心中怅然若失。蓝天依旧，绿草依旧，夹着书本匆匆走过的学生依旧，怎么这一切就只能成为记忆？宋英辉教授还是喜欢坐在教室的最后排，和蔼地听大家讨论问题吗？刘广三教授还会穿着那件帅气的黑色长风衣来给大家上课吗？厚厚的几本笔记是记忆的闸门，随手翻开，思绪的潮水立刻会打湿我的眼眶。

　　一路走来，最艰难的是论文的选题、构思、写作和修改。从着手收集资料，无疑就开始了一段探险：或是因为辨不清方向在原地兜圈，或是因为贪恋风景走上岔路，或是因为巨石沟壑寸步难行。今天回想起来，完成论文的过程，与其说是写作的过程，毋宁说是阅读和思考的过程。因困惑而阅读，因阅读而思考，因思考而领悟，然后又有了新的困惑，真所谓"学起于思，思源于疑"，而所谓"写"只是一种心路历程的记录。

　　感谢那些一路提携和陪伴我走过的人们，没有他们在迷失中指明方向，在困顿中给予扶持，我不知道还要跋涉多久。

　　感谢恩师宋英辉教授，老师严谨的治学态度、谦逊的处世风格，深深地感染着我。亲其师，信其道，老师的学术高度虽已无法达致，然心向往之。

　　感谢刘广三教授、史立梅教授、王超副教授、杨雄副教授、何挺副教授在论文开题和预答辩中给予的悉心指导，他们的点评令人茅塞顿开。感谢答辩委员会的卞建林教授、王敏远教授、刘玫教授、周欣教授和刘广三教授，他们的启发和鼓励让我明白，研究工作还只是开始，学无止境。

　　感谢我的领导，如果没有他们的支持，我不会在工作多年后，还有读书深造的机会。感谢温辉教授，感谢她耐心地帮我分析论文的结构，她深厚的宪法学功底令人佩服，她对文章的点评总是那么精准到位。感谢郭云忠教授，感谢他"逼"着我读了那么多的经典，感谢他总是毫不留情地指出我文章中的种种不堪（也包括这篇后记），以至每次稍有偷懒，他严肃的神情都会在眼前一闪。

感谢那些帮助我在故纸堆里翻找资料的人们，有些人甚至从未谋面，只有电话联系，他们的热心鼓舞着我努力走下去。感谢我的各位小师弟、小师妹，感谢他们的鼓励和无私帮助。

感谢我的父母，从报名考试，到开题、答辩，他们一直都在电话的那端惦念不已。感谢我的先生，如果没有他的鼓励，我不可能有勇气在不惑之年还能再做学生。感谢我可爱的女儿，今年她考上了理想的中学，我也顺利毕业了，看着女儿一天天健康成长，心中如春暖花开。

前方路还长，有阳光也有风雨，幸福会一直与我们同在！

刘　辉

2013 年 7 月